KB068614

THE FOURTH INDUSTRIAL REVOLUTION AND LAW

제4차
산업혁명과
법

양천수 저

박영사

머 리 말

　요즘 유행하는 '제4차 산업혁명'이 시사하는 것처럼, 현대사회에서 급격하게 발전하고 있는 과학기술은 과학기술영역을 넘어서 사회 전체에 엄청난 파장을 미치고 있다. 기존의 인간상, 사회질서, 규범성에 근본적인 문제제기를 하고 있다. 달리 말해, 오늘날 급속도로 발전하고 있는 과학기술이 우리에게 근원적인 철학적·법적 문제를 던지고 있는 것이다. 이러한 상황에서 우리 법학도, 지난 19세기의 정신과학이 그랬던 것처럼, 현대 과학기술이 던지는 중대한 문제를 진지하게 성찰하고 어떻게 이에 대응해야 할지를 고민해야 한다. '설명'과 '이해'를 방법론적으로 구분함으로써 자연과학의 도전에 맞서 정신과학의 독자성을 정립하고자 했던 노력이 오늘날에도 여전히 유효한지, 아니면 현대 과학기술의 성과를 수용하여 법학의 규범성과 학문성을 새롭게 자리매김해야 하는지를 진지하게 성찰해야 할 때가 도래한 것이다.

　이 책은 저자가 이러한 문제의식에서 고민했던 생각의 과정을 중간결산하여 내놓은 결과물이다. 그 동안 공간했던 논문과 아직 공간하지 않은 발표문들을 대폭 수정 및 보완하여 "제4차 산업혁명과 법"이라는 주제로 한 데 묶어 본 것이다. 이 책에서 저자는 한 사람의 법학자로서 '제4차 산업혁명'이라는 유행어가 지배하는 현대 과학기술의 시대에서 어떻게 하면 법학의 학문성과 규범성을 새롭게 자리매김할 수 있을지 고민하고 모색해 보았다. 물론 이 책에서 저자의 고민이 모두 해결된 것은 아니다. 오히려 이제 겨우 문제제기만을 하고 있을 뿐이다. 이 책에서 제기한 문제의식은 앞으로 계속해서 다루고 풀어나갈 생각이다. 그 점에서 이 책은 저자가 구상하는 '과학기술법철학의 서론'에 해당한다고 말할 수 있다. 학문의 길은 멀고도 험하다는 것을 다시 한 번 깨닫는다.

　이 책을 준비하는 과정에서 많은 분들의 도움을 받았다. 다만 이 자리에서 모든 분들을 일일이 거명하지 못하는 점을 넓은 마음으로 이해해 주시길 부탁드린다. 다만 다음 몇몇 분들에게는 특별히 감사인사를 드리고 싶다. 먼저 저자의 학문적 스승이신 고려대학교 법학전문대학원의 이상돈 교수님께 감사인사를 드린다. 이상돈 교수님으로부터 받은 學恩은 지금도 여전히 저자가 걷고 있는 학문적 여정에서 생생하게 살아 숨 쉬고 있다. 한국형사정책연구원의 전현욱 연구위원님과 경인교육대학교의 심우민 교수님께도 감사인사를 드린다. 두 분 덕분에 저자는 과학기술과 법의 상호연관성에 관심을 갖게 되었고 또한 두 분 덕분에 많은 것을 배울 수 있었다. 박영사의 이영조 팀장님과 김선민 부장님께도 심심한 감사인사를 드리고 싶다. 이영조 팀장님은 결코 녹록치 않은 출판환경에서도 저자의 책이 출간될 수 있도록 도와주셨고, 김선민 부장님은 여러 모로 부족한 저자의 원고를 멋진 책으로 만들어주셨다. 마지막으로 저자가 걷고 있는 법학의 여정에서 언제나 든든한 힘이 되어주는 가족들에게 고맙다는 말을 전하고 싶다.

2017년 12월
가을하늘보다 더욱 청명한 겨울하늘이
잘 어울리는
영남대학교 연구실에서
양천수 배상

차 례

제3부   지능정보사회와 법

제6장   탈인간중심적 법학의 가능성

제7장 인공지능과 법체계의 변화

제8장 해외 ICT 우수인력의 국내유치를 위한 인권법정책

제1부

제4차 산업혁명과 법

제1장

도입글: 제4차 산업혁명과 법

I. 서 론

이 책은 "제4차 산업혁명과 법"을 다룬다. 구체적으로 말하면, 요즘 유행어가 되고 있는 '제4차 산업혁명'이 우리 사회의 구조를 어떻게 바꾸고 있는지를 조감하면서 이러한 사회구조의 변화가 어떤 법적 문제를 야기하는지, 이에 대해 법체계는 어떻게 대응해야 하는지를 다루고자 한다.

현대사회에서 비약적으로 발전하고 있는 정보통신기술(ICT)은 제4차 산업혁명이 시사하는 것처럼 과학기술 영역의 발전을 넘어서 사회 전체적으로 강력한 파장을 미치고 있다. 이를 통해 사회의 많은 부분이 근본적인 구조변동을 겪고 있다. 제4차 산업혁명을 통해 '초연결사회'나 '지능정보사회'와 같은 새로운 사회 패러다임이 출현하고 있는 것이다. 클라우스 슈밥(K. Schwab)처럼 제4차 산업혁명을 낙관적으로 지지하는 사람들은 이러한 제4차 산업혁명을 통해 새로운 사회적 공리가 증진될 것이라고 기대한다.[1] 그러나 제4차 산업혁명이 우리에게 혜택만 가져다주는 것은 아니다. 제4차 산업혁명은 우리에게 새로운 '위험'(Risiko)도 안겨준다. 현대사회가 초연결사회로 변모하면서 개인의 사적 영역에 속하는 각종 개인정보가 침해될 위험이 증대하고 있다. 정보통신기술이 급속도로 발전하면서 해킹기술이나 컴퓨터 바이

---

1) 클라우스 슈밥, 송경진 (옮김), 『제4차 산업혁명』(새로운현재, 2016) 참조.

러스 등도 새롭게 진화해 현대사회의 핵심적인 소통매체라 할 수 있는 인터넷, 즉 정보통신망의 안정성을 위협하고 있다. 이외에도 제4차 산업혁명은 다양한 위험을 창출한다.[2] 이러한 점에 비추어볼 때 제4차 산업혁명은 우리 법체계 및 법학에도 중대한 도전이 되고 있다. 제4차 산업혁명이 이미 우리가 피할 수 없는 시대적 필연이라면, 우리는 이에 대응할 수 있는 새로운 법체계와 법적 사고를 모색해야 한다. 이 글은 이러한 문제의식에서 출발하여 제4차 산업혁명이 야기하는 현대사회의 구조변동에 대해 정보보호 관련 법제도가 어떻게 대응해야 하는지를 거시적인 관점에서 스케치 해보고자 한다.[3]

II. 제4차 산업혁명과 사회구조의 변화

먼저 논의의 출발점으로서 현재 진행되는 제4차 산업혁명이 현대 사회구조를 어떻게 바꾸고 있는지 살펴보도록 한다.

1. 제4차 산업혁명은 있는가?

현재 우리는 제4차 산업혁명을 기정사실로 받아들이고 있다. 이는 제4차 산업혁명을 제시한 슈밥의 주장을 전적으로 수용한 것이다. 그러나 슈밥 자신도 인정하고 있듯이, 제4차 산업혁명이 과연 존재하는지, 이미 진행 중인 제3차 산업혁명과 제4차 산업혁명 사이에 본질적인 패러다임 차이가 있는지 견해가 대립한다.

잘 알려져 있는 것처럼, 제1차 산업혁명은 증기기관에 기반을 둔 본래 의미의 산업혁명, 제2차 산업혁명은 전기에 바탕을 둔 대량생산혁명, 제3차 산업혁명은 컴퓨터와 인터넷이 초래한 정보화혁명을 의미한다. 이 중에서 제3차 산업혁명과 제4차 산업혁명 사이에 본질적인 차이가 있을지 의문을 제기할 수 있다. 왜냐하면 표면적으로 보면 제3차 산업혁명과 마찬가지로 제4차 산업혁명 역시 인터넷과 컴퓨터에 기반을 두고 있기 때문이다. 다만 인터넷이 유선망에서 무선망으로 확대되고, 컴퓨터 역시

---

2) 제4차 산업혁명으로 인해 일자리가 급격하게 줄어들 것이라는 전망 역시 이러한 위험에 해당한다. 이에 관해서는 제리 카플란, 신동숙 (옮김), 『인간은 필요 없다』(한스미디어, 2016) 참조.
3) 현대 과학기술 시대에 법체계가 어떻게 대응해야 하는지를 알기 쉽게 조망하는 박기주, 『과학기술의 사회적 수용을 위한 법체계』(열린길, 2017) 참조.

개인용 컴퓨터에서 스마트폰으로 다양해졌지만, 여전히 제3차 산업혁명이 야기한 '정보화사회'(information society)의 틀에서 벗어나고 있지는 않아 보이기 때문이다. 이 점에서 현대사회에서 진행되고 있는 과학기술의 발전은 제3차 산업혁명의 연장 선상에 있다고 볼 여지도 있다. 그렇지만 필자는 슈밥이 주장하는 것처럼 제3차 산 업혁명과 제4차 산업혁명 사이에는 본질적인 차이가 있다고 생각한다. 그 이유는 아래에서 살펴보는 것처럼, 제4차 산업혁명은 사회구조를 본질적으로 바꾸고 있기 때문이다.

2. 사회구조의 변화

(1) 초연결사회

제4차 산업혁명은 현대사회를 '초연결사회'(hyper-connected society)로 변모시 키고 있다.[4] 제4차 산업혁명을 통해 세상의 거의 모든 것이 연결되는 사회가 출현 하고 있는 것이다. 이렇게 현대사회가 초연결사회로 변모하는 데는 크게 두 가지 원인이 작용한다. 첫째는 정보통신망, 즉 인터넷망이 확장되었다는 것이다. 제3차 산업혁명이 시작될 즈음의 인터넷망은 유선망을 기본으로 하였다. 그렇지만 무선인 터넷망이 실용화되면서 인터넷을 통해 진행되는 '소통'(communication)의 가능영역 이 비약적으로 확대되었다. 둘째는 사물인터넷(IoT)이 등장했다는 것이다. 사물인터 넷이 인터넷을 통해 이루어지는 소통에 참여하면서 사람과 사람 사이의 연결뿐만 아니라 사람과 사물, 사물과 사물 사이의 연결이 가능해졌다. 이를 통해 초연결사회 가 구현되고 있는 것이다.

이렇게 현대사회가 초연결사회로 변모하면서 이에 연계하여 '빅데이터 사회'라 는 현상도 등장하고 있다.[5] 무선인터넷망과 사물인터넷 등으로 초연결사회가 구현 되면서 인터넷을 통해 진행되는 소통이 비약적으로 증가하였고, 이에 발맞추어 데 이터 역시 기하급수적으로 증대하고 있다. 이를 통해 사회의 거의 모든 영역에서

---

4) 초연결사회에 관해서는 우선 유영성 외, 『초연결 사회의 도래와 우리의 미래』(한울, 2014); 금용 찬, "디지털문명기 초연결사회, 창조경제논의", 『컴퓨터월드』 제363호(2014. 1), 124-131쪽; 선 원진·김두현, "초연결사회로의 변화와 개인정보 보호", 『정보와 통신』 제31권 제4호(2014. 4), 53-58쪽; 양천수, "현대 초연결사회와 새로운 인격권 보호체계", 『영남법학』 제43집(2016. 12), 209-239쪽 및 이 책 제2장 등 참조.
5) 빅데이터에 관해서는 빅토르 마이어 쇤베르거·케네스 쿠키어, 이지연 (옮김), 『빅데이터가 만드 는 세상』(21세기북스, 2013); 양천수, 『빅데이터와 인권』(영남대학교출판부, 2016) 등 참조.

빅데이터가 축적되고 있다. 이러한 빅데이터는 단순히 데이터 그 자체만으로 그치는 것이 아니라, 빅데이터 과학을 통해 새로운 가치나 통찰을 창출하는 새로운 자원으로 활용되고 있다. 그 때문에 이제는 '데이터 경제학', '데이터 과학자'라는 용어가 등장하고 있다.[6] 이제는 어떻게 빅데이터를 축적해 활용하는지가 제4차 산업혁명 시대에 펼쳐지는 경제의 승패를 좌우하는 요소가 되었다.

(2) 지능정보사회

초연결사회를 통해 사회 곳곳에서 빅데이터가 축적되면서 이러한 빅데이터를 통해 스스로 생각할 수 있는 탈인간적인 존재, 즉 인공지능이 가능해지고 있다. 다시 말해, 거대한 정보를 기반으로 한 인공지능이 출현하는 '지능정보사회'(intelligent information society)가 도래하고 있는 것이다.[7] 지능정보사회는 크게 세 가지 원인에 힘입고 있다. 첫째는 빅데이터의 출현, 둘째는 '무어의 법칙'으로 대변되는 컴퓨터 하드웨어의 급속한 발전,[8] 셋째는 머신러닝과 딥러닝의 개발이다. 첫째가 데이터에 관한 측면이라면, 둘째는 하드웨어에 관한 측면, 셋째는 소프트웨어에 관한 측면이다. 한편 이렇게 지능정보사회가 도래하면서 그 이전부터 성장하기 시작한 탈인간중심적 사고가 사회 전체적으로 확산되고 있다.[9] 알파고와 같은 인공지능에게 법적 인격성을 부여할 수 있는지, 법적 책임을 물을 수 있는지가 논의되고 있고, 인공지능의 윤리가 진지하게 논의되고 있다.[10] 더불어 인공지능이 우리 인간의 직업을 대체할 것이라는 두려움도 커지고 있다. 탈인간중심적 사회가 다가오고 있는 것이다.

---

6) 이를 보여주는 서울대 법과경제연구센터, 『데이터 이코노미』(한스미디어, 2017) 참조.
7) 지능정보사회에 관해서는 심우민, "지능정보사회 입법 동향과 과제", 『연세 공공거버넌스와 법』 제8권 제1호(2017. 2), 75–118쪽; 이원태 외, 『지능정보사회의 규범체계 정립을 위한 법·제도 연구』(정보통신정책연구원, 2016) 등 참조.
8) 다만 최근 반도체업계는 '무어의 법칙'을 폐기했다. 한동희, "[무어의 법칙 폐기]① 반도체 패러다임 대전환…IT융합 칩수요 다변화 시대", 『ChosunBiz』(2016. 4. 12) (http://biz.chosun.com /site/data/html_dir/2016/04/12/2016041201802.html#csidx28d1fc0c293c440b4ff3c01d6ef655 2) 참조.
9) 탈인간중심적 사고에 관해서는 양천수, "탈인간중심적 법학의 가능성: 과학기술의 도전에 대한 행정법학의 대응", 『행정법연구』 제46호(2016. 8), 1–24쪽 및 이 책 제6장 참조.
10) 이에 관해서는 웬델 월러치·콜린 알렌, 노태복 (옮김), 『왜 로봇의 도덕인가』(메디치미디어, 2014) 참조.

(3) 안전사회

안전사회 역시 제4차 산업혁명이 불러오고 있는 사회변화의 모습이라 할 수 있다. '안전사회'(Sicherheitsgesellschaft)란 안전을 최우선적인 사회적 목표로 설정하는 사회를 말한다.[11] 물론 안전사회는 제4차 산업혁명이 전적으로 유발한 것은 아니다. 현대사회가 위험사회로 접어들면서 안전사회에 관한 논의가 시작되었기 때문이다. 다만 제4차 산업혁명으로 초연결사회가 구현되고, 이로 인해 인터넷을 통해 진행되는 소통의 안정성이 중요해지면서 정보보호에 관한 사회적 관심이 제고되고 있다. 특히 인터넷에 대한 침해수단이 급속도로 진화하고 이를 통해 개인정보를 포함한 각종 정보가 침해되는 사례가 빈번해지면서 정보보호의 중요성이 증대하고 있다. 이로 인해 안전사회, 더욱 정확하게 말해 안전한 정보사회를 구현하고자 하는 사회적 관심과 요청이 증대하고 있다. 정보보호 관련 법제도를 개선하고자 하는 최근의 움직임은 바로 이러한 사회적 흐름에 기인하는 것이다.

Ⅲ. 제4차 산업혁명과 법적 문제

이렇게 제4차 산업혁명이 진행되면서 현대사회의 구조가 변하고 있다. 이를 통해 초연결사회, 지능정보사회, 안전사회와 같은 새로운 사회 패러다임이 등장하고 있다. 이렇게 새로운 사회 패러다임이 출현하면서, 그 이전에는 경험하지 못했던 다양한 사회적 공리가 형성 및 증대하고 있다. 그러나 동시에 새로운 법적 문제 역시 야기하고 있다. 그러면 제4차 산업혁명은 어떤 새로운 법적 문제를 유발하고 있는가? 이를 아래에서 간략하게 조감하도록 한다.

1. 초연결사회와 관련한 법적 문제

제4차 산업혁명이 야기하는 법적 문제는 초연결사회, 지능정보사회, 안전사회와 관련을 맺는 법적 문제로 유형화할 수 있다. 그 중에서 먼저 초연결사회와 관련

---

11) 안전사회에 관해서는 토비아스 징엘슈타인·피어 슈톨레, 윤재왕 (역), 『안전사회: 21세기의 사회통제』(한국형사정책연구원, 2012); 양천수, "현대 안전사회와 법적 통제: 형사법을 예로 하여", 『안암법학』 제49호(2016. 1), 81−127쪽 및 이 책 제9장 등 참조.

된 법적 문제를 검토하면 다음과 같다.

(1) 초연결사회와 인격권의 위기

현대사회에서는 무선인터넷 및 사물인터넷 등으로 인터넷 연결망이 확장되면서 모든 것이 연결되는 초연결사회가 실현되고 있다. 그러나 이렇게 초연결사회가 구현되면서 인터넷에 참여하는 각 정보주체의 인격권이나 프라이버시, 정보적 권리 등이 침해될 위험도 증가하고 있다. 특히 초연결사회를 통해 사회의 거의 모든 영역에서 빅데이터가 축적되고 이러한 빅데이터를 적극 활용할 필요가 있다는 사회적 요구가 점증하면서, 인격권을 필두로 하는 각종 정보적 권리가 위기를 맞고 있다. 왜냐하면 빅데이터 활용은 인격권, 그 중에서도 정보자기결정권과 길항관계를 맺고 있기 때문이다. 빅데이터를 적극 활용하기 위해서는 명시적인 사전동의방식의 정보자기결정권을 약화시킬 수밖에 없다. 이러한 상황에서 우리는 빅데이터 활용정책을 어떻게 펴야 하는지, 인격권을 어떻게 보호해야 하는지 고민해야 한다. 제2장 "현대 초연결사회와 새로운 인격권 보호체계"는 바로 이러한 문제를 다룬다.[12] 이 글은 현대 초연결사회 및 빅데이터 사회에서 한편으로는 빅데이터를 활용하면서도 다른 한편으로는 각 정보주체의 인격권을 보호할 수 있는 방안은 무엇인지, 이를 위해 인격권 보호체계를 어떻게 새롭게 설정해야 하는지를 고찰한다.

(2) 의료 빅데이터와 인간존재의 미래

위에서 언급한 것처럼, 현대 초연결사회에서는 사회의 거의 모든 영역에서 빅데이터가 축적된다. 이 때문에 현대 초연결사회를 빅데이터 사회라고 바꿔 부를 수 있다. 다양한 빅데이터 중에서도 의료 빅데이터는 우리 인간존재의 생명과 직접 관련을 맺는다는 점에서 사회적 관심의 초점이 된다. 의료 빅데이터를 적절하게 활용하면, 우리 인류를 위협하는 각종 난치병을 해결할 수 있고, 이를 통해 지금보다 훨씬 더 오랫동안 건강한 삶을 우리에게 제공해 줄 수 있기 때문이다. 그러나 의료 빅데이터가 우리에게 혜택만을 베풀어주는 것은 아니다. 의료 빅데이터는 우리 인간존재에 커다란 위험이자 도전이 될 수 있다. 예를 들어, 새로운 생명불평등을 야기

---

12) 이 글은 양천수, "현대 초연결사회와 새로운 인격권 보호체계", 『영남법학』 제43집(2016. 12), 209-239쪽을 수정 및 보완한 것이다.

할 수 있고, 새로운 운명론이 우리를 지배하도록 할 수 있다. 제3장 "의료 빅데이터와 인간존재의 미래"는 바로 이러한 문제를 다룬다.[13] 여기에서는 의료 빅데이터가 어떤 사회적 공리와 위험을 안고 있는지, 이를 통해 인간존재의 미래가 어떻게 변모할 수 있는지를 비판적인 견지에서 규명한다.

(3) 현대 초연결사회에서 정보보호 문제

현대 초연결사회에서는 각 정보주체가 갖고 있는 개인정보뿐만 아니라 공공정보 그리고 정보통신망에 안전하게 참여할 수 있는 권리가 침해될 위험성도 증대한다. 요컨대, '정보보안'(information security)이 침해될 위험성이 높아지고 있는 것이다. 정보통신기술이 급속도로 발전하면서 정보보안을 침해할 수 있는 수단 역시 급격하게 진화하고 있기 때문이다. 이로 인해 현대 초연결사회에서 어떻게 하면 정보보호를 효과적으로 실현할 수 있는지가 현실적이면서 급박한 문제로 제기된다. 제4장 "현대 초연결사회에서 정보보호 법정책의 방향"은 바로 이러한 문제를 다룬다.[14] 이 글은 현대 초연결사회에서 발생하는 정보침해사고가 어떤 특징을 지니고 있는지를 고려하면서 현행 정보보호 관련 법제도에 어떤 문제점이 있는지, 현대 초연결사회에서 발생하는 정보침해사고에 성공적으로 대응하기 위해서는 어떤 입법정책과 규제정책을 추진해야 하는지를 분석한다.

(4) 정보통신망법의 의의와 쟁점

앞에서 언급한 것처럼, 현대 초연결사회에서는 정보보안 문제가 그 어느 때보다 중요해지고 있다. 바로 이러한 이유에서 정보보안의 기본법이라 할 수 있는 정보통신망법의 의미 역시 중요해지고 있다. 이러한 맥락에서 현행 정보통신망법이 어떤 규범목적을 추구하는지, 어떤 규제체계를 갖추고 있는지, 여기에는 어떤 법적 문제가 있는지를 심도 깊게 짚어볼 필요가 있다. 제5장 "현대사회에서 정보통신망법의 의의와 쟁점"은 바로 이러한 문제를 다룬다.[15] 이 글에서는 법이론의 측면에

---

13) 이 글은 2017년 9월 23일 토요일 서울 S타워에서 이화여대 생명의료법연구소가 주최한 국제학술대회에서 필자가 발표한 글을 수정 및 보완한 것이다.
14) 이 글은 2017년 11월 3일 금요일 서울 여의도 콘래드호텔에서 진행된 행정법이론실무학회·영남대학교 방송통신정책연구팀 공동학술대회에서 필자가 발표한 글을 수정 및 보완한 것이다.
15) 이 글은 양천수, "정보통신망법 해석에 관한 몇 가지 쟁점", 『과학기술과 법』(충북대) 제8권 제1호(2017. 6), 1−33쪽을 수정 및 보완한 것이다.

서 정보통신망법의 규범목적, 규율내용, 규범적 성격, 규제체계를 분석하면서 이를
해석하는 과정에서 어떤 문제가 등장하는지 살펴본다.

2. 지능정보사회와 관련한 법적 문제

이어서 지능정보사회와 관련한 법적 문제를 다음과 같이 언급할 수 있다.

(1) 탈인간중심적 법학의 필요성

지능정보사회는 상상을 초월할 정도로 축적되는 빅데이터가 인간이 아닌 새로
운 지능적 존재의 출현을 가능하게 하는 사회를 말한다. 현재 새로운 성장동력으로
각광을 받고 있는 인공지능이 바로 대표적인 탈인간적 지능적 존재에 해당한다. 그
런데 구글과 테슬라가 선도하는 자율주행차나 구글 딥마인드가 선보인 '알파고'와
같은 탈인간적 지능적 존재가 등장하면서 이를 둘러싼 새로운 법적 문제가 제기되
고 있다. 알파고와 같은 인공지능에게 법적 인격성을 부여할 수 있는지, 자율주행차
에게 어떤 도덕적 프로그램을 입력해야 하는지, 자율주행차가 사고를 냈을 경우 이
를 어떻게 처리해야 하는지 등의 문제가 그것이다. 그런데 이러한 문제가 발생한
경우 때로는 기존의 인간중심적 법체계 및 법학으로는 해결할 수 없는 경우가 등장
한다. 바로 이러한 근거에서 기존의 인간중심적 법체계 및 법학과는 구별되는 새로
운 법체계 및 법학을 모색할 필요가 있다. 제6장 "탈인간중심적 법학의 가능성"은
바로 이러한 문제의식에서 출발한다.16) 이 글에서는 기존의 인간중심적 법체계 및
법학이란 무엇인지, 이를 구성하는 핵심구상과 내용이 무엇인지를 밝히면서, 이와
구별되는 탈인간중심적 법체계 및 법학이 어떻게 가능할 수 있는지를 논증한다.

(2) 인공지능과 법체계의 변화

인공지능은 지능정보사회를 대변하는 존재이다. 알파고와 이세돌의 바둑대국이
보여주는 것처럼, 먼 미래의 이야기로만 여겨졌던 인공지능이 어느덧 현실의 이야
기가 되고 있다. 물론 아직까지는 약한 인공지능만이 구현되고 있을 뿐, 인간과 동
일하게 생각하고 느낄 수 있는 강한 인공지능이 실현될 수 있을지 여부는 여전히

---

16) 이 글은 양천수, "탈인간중심적 법학의 가능성: 과학기술의 도전에 대한 행정법학의 대응", 『행정
법연구』 제46호(2016. 8), 1－24쪽을 수정 및 보완한 것이다.

불확실한 상태로 남아 있다. 그렇지만 상당수의 인공지능 전문가들은 조만간 강한 인공지능 역시 실현될 것이라고 예측한다. 만약 그렇게 되면, 우리 법체계에 크나큰 도전이 될 것이다. 그 동안 인간을 중심으로 하여 구성된 현행 법체계를 인공지능 역시 포섭할 수 있도록 새롭게 재편해야 하기 때문이다. 제7장 "인공지능과 법체계의 변화"는 바로 이러한 문제를 다룬다. 이 글에서는 인공지능의 개념 및 유형을 개관하면서, 이러한 인공지능이 현행 법체계에 어떤 문제를 제기하는지, 이러한 문제를 해결하기 위해 법체계가 어떻게 재편되어야 하는지를 다룬다.

(3) 해외 ICT 우수인력의 국내유치 필요성

자율주행차와 인공지능 등으로 대변되는 지능정보사회를 구현하기 위해서는 최신 정보통신기술을 보유하고 있는 고급인력이 필요하다. 이러한 인력이 제때에 적정하게 수요자에게 공급될 수 있어야만 비로소 지능정보사회를 실현할 수 있다. 다행히 우리는 IT강국이라 불릴 만큼 지난 1990년대 말부터 ICT 우수인력을 집중적으로 육성해왔다. 그렇지만 지능정보사회를 실현하는 데 필요한 ICT 우수인력을 모두 확보하고 있는 것은 아니다. 이를테면 미국이나 영국 등과 비교할 때 인공지능 전문가는 상대적으로 부족한 상황이다. 따라서 우리가 선발주자로서 지능정보사회를 구현하기 위해서는 우리에게 부족한 ICT 우수인재를 해외에서 적극 유치할 필요가 있다. 이때 어떻게 하면 우리가 해외 ICT 우수인재를 끌어올 수 있을지 문제가 제기된다. 제8장 "해외 ICT 우수인력의 국내유치를 위한 인권법정책"은 바로 이러한 문제를 정면에서 해결하고자 한다.[17] 이 글은 지능정보사회를 구현하는 데 필요한 해외 ICT 우수인력이란 누구를 지칭하는지, 이들을 어떻게 국내로 유치할 수 있는지, 이를 위해서는 어떤 비자정책과 통합정책 그리고 인권법정책이 필요한지 살펴본다.

3. 안전사회와 관련한 법적 문제

마지막으로 안전사회와 관련한 법적 문제를 아래와 같이 언급할 수 있다.

---

17) 이 글은 양천수, "해외 ICT 우수인력의 국내유치와 관련한 인권법정책", 『인권이론과 실천』 제17호(2015. 6), 1－29쪽을 수정 및 보완한 것이다.

(1) 안전사회와 법적 통제

먼저 제4차 산업혁명이 야기하는 안전사회란 무엇인지, 이러한 안전사회는 어떤 특성을 지니고 있는지, 안전사회에서는 법적 통제가 어떻게 이루어지고 있는지 문제된다. 특히 독일의 사회학자 울리히 벡(U. Beck)이 제시한 위험사회와 안전사회가 어떤 점에서 차이가 있는지 규명할 필요가 있다. 제9장 "현대 안전사회와 법적 통제"는 이러한 문제의식에 답하고자 하는 시도이다.18) 이 글은 안전사회란 무엇인지, 이러한 안전사회가 위험사회와 어떻게 다른 것인지, 안전사회에서는 어떤 법적 통제가 이루어지는지, 이러한 법적 통제는 어떤 규범적 특징을 지니고 있는지 규명한다.

(2) 안전사회와 위험 및 안전 개념

위험사회와 안전사회는 위험 및 안전 개념을 전제로 한다. 그런데 이러한 위험 및 안전 개념이 무엇을 뜻하는지 밝히고자 하면, 이 개념들이 생각보다 명확하지는 않다는 점을 발견할 수 있다. 그 때문에 이 개념들의 의미내용을 규명하고자 다양한 이론적 시도가 이루어지기도 하였다. 제10장 "현대 안전사회와 위험 및 안전 개념"은 현대 안전사회에서 전제가 되는 위험과 안전이란 도대체 무엇을 뜻하는지를 밝히기 위한 필자의 이론적 시도라고 할 수 있다.19) 이 글에서 필자는 주로 독일의 이론적 성과를 수용하여 위험과 안전 개념이 무엇을 뜻하는지 규명하고자 하였다. 동시에 현대사회에서 위험과 안전 개념이 어떻게 분화되는지 보여주고자 하였다.

---

18) 이 글은 양천수, "현대 안전사회와 법적 통제: 형사법을 예로 하여", 『안암법학』 제49호(2016. 1), 81-127쪽을 수정 및 보완한 것이다.
19) 이 글은 양천수, "위험·재난 및 안전 개념에 대한 법이론적 고찰", 『공법학연구』 제16권 제2호 (2015. 5), 187-216쪽을 수정 및 보완한 것이다.

제 2 부

초연결사회와 법

제2장
현대 초연결사회와 새로운 인격권 보호체계

I. 서 론

제2장에서는 현대사회의 새로운 현상으로 등장하고 있는 초연결사회를 분석하고 이러한 초연결사회가 현행 법체계, 그 중에서도 인격권 보호체계에 어떤 도전이 될 수 있는지 그리고 이에 어떻게 대응할 수 있는지를 밝히고자 한다. 거의 모든 사회적 영역이 네트워크화되는 초연결사회는 그 이전에는 우리가 경험하지 못한 새로운 변화를 야기한다. 그 중에서도 가장 특기할 만한 것은 정보가 가히 상상을 초월할 정도로 증가하고 있다는 것이다. 이를 통해 빅데이터라는 새로운 개념이 최근 사회 전 영역에서 관심을 끌고 있다. 초연결사회는 이러한 '빅데이터'(big data)와 결합하여 다양한 영역에서 사회적 공리를 증진시키고 있다. 그렇지만 이는 동시에 현행 법체계, 그 중에서도 인격권 보호체계를 위협하는 심각한 도전이 되고 있다. 왜냐하면 '초연결사회화'를 통해 사회 전체가 네트워크화됨으로써 우리의 개인정보가 완벽하게 노출될 수 있는 상황이 전개되고 있기 때문이다. 이를 통해 정보적 자기결정권을 필두로 하는 인격권이 형해화되는 위험이 증가하고 있다. 이러한 상황에서 제2장에서는 현대 초연결사회에서 인격권, 특히 '정보적 인격권'이라 칭할 수 있는 개인정보에 관한 권리를 어떻게 보호할 수 있을지, 어떻게 하면 한편으로는 초연결사회가 우리에게 가져다주는 이익을 고려하면서도 다른 한편으로는 이러한 초

연결사회에서 각 개인의 정보와 인격에 대한 권리가 형해화되는 것을 막을 수 있는 지를 모색하고자 한다. 이를 통해 새로운 인격권 보호체계를 시론적으로 제안하고자 한다.

II. 현대 초연결사회와 빅데이터

1. 현대사회의 다양한 특징

복잡하고 다양하며 급변하는 현대사회는 다양한 특징을 지니고 있다. 그 때문에 현대사회를 지칭하는 용어나 개념 역시 다양하다. 이를테면 지난 1986년에 독일의 사회학자 울리히 벡(U. Beck)에 의해 제시된 '위험사회'(Risikogesellschaft)는 현대사회를 특징짓는 중요한 개념으로 지금까지 사용되고 있다.[1] 이는 최근에는 '안전사회'(Sicherheitsgesellschaft)로 발전하고 있다.[2] 또한 '정보화사회'나 '지식기반사회'도 현대사회의 특징을 규정하는 개념으로 사용되고 있다. 특히 인터넷 등과 같은 '정보통신기술'(ICT)이 급속도로 발전하면서 사회 전체의 정보량은 그 어느 때보다 비약적으로 증대하고 있다.[3] 이로 인해 최근에는 '빅데이터'(big data)라는 개념이 새롭게 사회 전 영역에서 관심을 받고 있다. 빅데이터는 오늘날 사회가 거의 모든 영역에서 네트워크화됨으로써 각종 데이터가 엄청나게 증가하고 있다는 점을 잘 보여주는 예라고 할 수 있다.

2. 초연결사회

(1) 의의

이렇게 정보통신기술이 발전하고 이를 통해 거의 모든 사회적 영역이 네트워크화 됨으로써 최근 새로운 개념이 현대사회의 특징을 규정하는 용어로 등장하고 있다. '초연결사회'(hyper-connected society)가 바로 그것이다.[4] 초연결사회는 현대사

---

1) U. Beck, *Risikogesellschaft* (Frankfurt/M., 1986).
2) 이에 관해서는 양천수, "현대 안전사회와 법적 통제: 형사법을 예로 하여", 『안암법학』 제49호 (2016. 1), 81-127쪽 및 이 책 제9장 참조.
3) 이를 보여주는 빅토르 마이어 쇤베르거 · 케네스 쿠키어, 이지연 (옮김), 『빅데이터가 만드는 세상』 (21세기북스, 2013), 21쪽 참조.
4) 초연결사회에 관해서는 우선 유영성 외, 『초연결 사회의 도래와 우리의 미래』(한울, 2014); 금융

회에서 진행되는 새로운 구조변동을 적확하게 보여준다. 왜냐하면 현대사회에서는 사회를 구성하는 거의 모든 영역들이 인터넷 등과 같은 커뮤니케이션 매체를 통해 연결되고 있기 때문이다. 사실이 그렇다면, 초연결사회는 다음과 같이 정의할 수 있다. 초연결사회란 전체 사회를 구성하는 거의 모든 영역들이 인터넷 등과 같은 커뮤니케이션 매체를 통해 연결되는 사회를 뜻한다.

현대사회는 다음과 같은 과정을 거침으로써 연결을 확장하고 이를 통해 초연결사회로 나아간다. 첫 번째 단계는 사람과 사람 사이에서 이루어지는 연결의 확장이다. 이러한 연결의 확장은 이미 오랜 전부터 진행되었다. 우리 인간은 언어와 문자를 개발함으로써 사람과 사람 사이의 연결을 확장하기 시작했는데, 그 이후 전화, 핸드폰, PC통신, 인터넷 등과 같은 현대적 커뮤니케이션 매체가 등장하면서 사람과 사람 사이의 연결은 더욱더 확장되고 공고화되었다. 두 번째 단계는 사람과 사물이 서로 연결되는 단계이다. 각종 무선통신 시스템이 개발되면서 사람과 사람 사이의 연결이 사람과 사물 사이의 연결로 확장된 것이다. 세 번째 단계는 사물인터넷(IOT) 기술이 개발되면서 사람과 사물 사이의 연결을 넘어, 이제는 사물과 사물 사이의 연결이 이루어지는 단계이다. 이를 통해 사람과 사람 사이의 연결인 '상호주체적 연결', 사람과 사물 사이의 연결인 '주체-객체적 연결'을 넘어 사물과 사물 사이의 연결인 '상호객체적 연결'까지 연결이 확장되고 있다. 이를 통해 진정한 의미의 초연결사회가 시작되고 있는 것이다. 이는 분명 과거에는 경험하지 못했던 새로운 현상이라고 말할 수 있다.

(2) 초연결사회의 순기능

초연결사회라는 새로운 현상은 다양한 측면에서 우리에게 유익함, 즉 사회적 공리를 제공한다. 스마트폰으로 매개되는 사물인터넷을 활용함으로써 우리는 행위 반경을 비약적으로 확장하고 효율성도 제고할 수 있다. 예를 들어, 최근 TV에서 광고하는 것처럼 스마트폰만으로 간단하게 모든 결제를 처리할 수 있고, 집 밖에서도 집 안에 있는 모든 것, 가령 조명이나 온도, 음악, TV 등을 모두 통제할 수 있다.

찬, "디지털문명기 초연결사회, 창조경제논의", 『컴퓨터월드』제363호(2014. 1), 124-131쪽; 선원진·김두현, "초연결사회로의 변화와 개인정보 보호", 『정보와 통신』제31권 제4호(2014. 4), 53-58쪽 등 참조.

점점 현실화되고 있는 자율주행자동차도 초연결사회가 제공하는 사회적 공리라고 말할 수 있다.

(3) 초연결사회의 역기능

그러나 초연결사회가 우리에게 사회적 공리만 제공하는 것은 아니다. 초연결사회는 우리에게 새로운 위험도 야기한다. 그 이유를 다음과 같이 말할 수 있다. 초연결사회가 가속화되면, 한편으로 우리에 관한 '모든 정보'가 초연결화된 네트워크를 통해 모든 사회적 영역으로 노출될 수 있다. 이를 통해 우리의 개인정보에 대한 침해가 가속화될 수 있다. 다른 한편으로 초연결사회는 우리에 관한 모든 정보를 한곳에 집적시킬 수 있다. 이를테면 오늘날 우리는 거의 매일 '구글'과 같은 인터넷 포털사이트나 '페이스북' 또는 '인스타그램'과 같은 SNS를 이용하는데, 이 과정에서 인터넷 포털사이트나 SNS는 우리에 관한 정보를 거의 무한대로 수집하고 저장할 수 있다. 여기서 자연스럽게 이른바 '빅데이터'가 출현하게 된다. 초연결사회와 마찬가지로 한편으로 빅데이터는 우리에게 사회적 공리를 제공한다. 그러나 다른 한편으로 빅데이터는 우리의 인격권을 송두리째 무너뜨릴 수 있다. 이를테면 빅데이터 과학은 수학적 알고리즘을 사용하여 빅데이터를 분석함으로써 우리의 개인정보를 모두 들여다볼 수 있을 뿐만 아니라, 더 나아가 우리의 모든 행위패턴을 예측할 수 있다. 이는 우리 모두에게 커다란 재앙이 될 수 있다. 이처럼 초연결사회는 우리에게 새로운 위협이자 도전이 된다. 이 중에서 초연결사회가 유발하는 빅데이터 문제는 새로운 인격권 보호체계와 관련해서도 중요한 의미가 있으므로, 아래에서 좀 더 살펴보도록 한다.

3. 빅데이터

(1) 개념

먼저 빅데이터란 무엇을 뜻하는지 살펴본다. 빅데이터를 정의하는 방식에는 크게 두 가지가 있다. 양적인 측면에서 정의하는 방식과 기술적인 측면에서 정의하는 방식이 그것이다.[5] 양적인 측면에서 빅데이터를 정의하면, 빅데이터란 양적으로 거

---

5) 곽관훈, "기업의 빅데이터(Big Data) 활용과 개인정보의 보호의 조화", 『일감법학』 제27호(2014. 2), 127쪽 아래; 빅데이터 개념에 관해서는 장병열·김영돈, "빅데이터 기반 융합 서비스 창출 주요

대하고 생성속도가 빠르며 이질적이고 다양한 데이터를 뜻한다. 예를 들어, 빅데이터를 "very large DB", "extremely large DB", "extreme data", "total data" 등으로 정의하는 것이 바로 그것이다.[6] 빅데이터를 '데이터의 양'(Volume), '데이터 생성속도'(Velocity), '데이터의 다양성'(Variety)을 이용해 정의하는 것도 양적인 방식으로 빅데이터를 정의하는 것에 해당한다.[7]

이와 달리 기술적인 측면에서 빅데이터를 정의하는 것은 양적인 측면뿐만 아니라 빅데이터의 과학적·기술적 측면까지 고려하여 빅데이터를 정의하는 것을 뜻한다. 예를 들어, 빅데이터를 다음과 같이 정의하는 것이 기술적인 측면에서 빅데이터를 정의하는 대표적인 예에 속한다.

"빅 데이터란 큰 규모를 활용해 더 작은 규모에서는 불가능했던 새로운 통찰이나 새로운 형태의 가치를 추출해내는 일이다. 그리고 이 과정에서 시장, 기업 및 시민과 정부의 관계 등 많은 분야에서 변화를 가져오는 일이다."[8]

그러면 빅데이터를 어떻게 정의하는 것이 적절할까? 사실 빅데이터가 본래 가지고 있는 의미를 고려하면, 양적인 측면에서 이를 정의하는 것이 타당할 것이다. 이에 따르면, 빅데이터란 엄청난 양의 데이터를 뜻한다. 이와 달리 기술적인 측면에서 빅데이터를 정의하는 것은, 더욱 정확하게 말하면, 빅데이터보다는 빅데이터 과학을 지칭하는 것이다. 그러나 현대사회에서 빅데이터가 차지하는 의미는, 빅데이터가 단순히 엄청난 양의 데이터를 뜻한다는 점에 있지는 않을 것이다. 빅데이터 전문

정책 및 시사점", 『과학기술정책』 제23권 제3호(2013. 9), 5－6쪽; 차상육, "빅데이터(Big Data) 환경과 프라이버시의 보호", 『IT와 법연구』 제8집(2014. 2), 197－198쪽 등 참조.

6) 최성·우성구, "빅데이터의 정의, 활용 및 동향", 『정보처리학회지』 제19권 제2호(2012. 3), 11쪽.

7) 정용찬, 『빅데이터』(커뮤니케이션북스, 2013), 4－5쪽; 이외에 빅데이터를 양적으로 정의하는 경우로는 다음과 같다. 빅데이터란 "더 나은 의사결정, 시사점 발견 및 프로세스 최적화를 위해 사용되는 새로운 형태의 정보처리가 필요한 대용량, 초고속 및 다양성의 특성을 지닌 정보 자산"을 뜻한다. 또한 빅데이터란 "일반적인 데이터베이스 소프트웨어 도구가 수집, 저장, 관리, 분석하기 어려운 대규모의 데이터"라고 정의되기도 한다. McKinsey Global Institute, "Big Data: The next frontier for innovation, competition, and productivity", (2011), 1쪽.

8) 빅토르 마이어 쇤베르거·케네스 쿠키어, 앞의 책, 19쪽; 쇤베르거와 쿠키어는 371쪽 주석 6번에서 종전의 빅데이터 개념정의에 관해 다음과 같이 논평한다. "2001년 가트너와 더그 레이니가 발표한 연구보고서를 보면 빅 데이터의 3Vs, 즉 크기(volume), 속도(velocity), 다양성(variety)에 대해 설명한다. 당시에는 유용한 설명이었으나 불완전한 설명이다."

가라고 할 수 있는 빅토르 마이어 쇤베르거(Viktor Mayer–Schönberger)와 케네스 쿠키어(Kenneth Neil Cukier)가 정확하게 지적하는 것처럼, 빅데이터를 통해 "새로운 통찰이나 새로운 형태의 가치를 추출"하고, 이를 통해 사회변화를 야기한다는 점에 있을 것이다. 이 점에서 필자는 이 글에서 양적인 측면과 기술적인 측면을 모두 고려하여 빅데이터를 다음과 같이 정의하고자 한다. 이에 따르면, "빅데이터란 과거와는 비교할 수 없을 정도로 그 규모가 방대하고, 생성속도도 매우 빠르며, 매우 다양하고 이질적인 데이터를 기반으로 하여 새로운 통찰이나 새로운 가치를 창출하고 이를 통해 사회구조의 변화를 야기하는 것의 총체"를 뜻한다.[9]

(2) 빅데이터의 순기능

빅데이터는 대규모의 이질적이고 다양한 데이터를 수집 및 저장한 후, 이를 수학적 알고리즘에 기반을 둔 데이터 마이닝(data mining)을 사용하여 분석함으로써 그 이전에는 알지 못했던 새로운 통찰이나 예측을 발견하거나 새로운 가치를 창출한다. 이를 통해 사회 곳곳에서 사회적 공리를 증진한다. 또한 이는 상품으로 개발되어 새로운 시장을 만들어 내기도 한다. 예를 들어, 오늘날 빅데이터에 관해서는 가장 선두주자라 할 수 있는 구글은 빅데이터를 이용해 검색어만으로도 독감이 언제 어디서 유행하는지를 예측할 수 있는 알고리즘을 개발하기도 하였다. 쇤베르거와 쿠키어는 이를 다음과 같이 인상 깊게 소개한다.[10]

"공교롭게도 H1N1 바이러스가 신문의 1면을 장식하기 몇 주 전, 거대 인터넷 기업 구글google의 엔지니어들이 주목할 만한 논문 한 편을 과학저널 《네이처》에 게재했다. 이 논문은 보건 담당 관리들과 컴퓨터 과학자들 사이에서는 화제가 되었지만, 그 외에는 큰 주목을 받지 못했다. 논문의 내용은 구글이 겨울철 미국에서 독감의 확산을 '예측'할 수 있다는 것이었다. 전국적 규모로만 예측하는 것이 아니라 특정 지역 또는 어느 주에서 유행할지까지 예측할 수 있다고 했다. 이를 위해 구글이 사용한 방법은 사람들이 인터넷에서 검색한 내용을 살피는 것이었다. 매일 전 세계적으로 구글에 보내는 검색

---

9) 양천수, 『빅데이터와 인권』(영남대학교출판부, 2016), 29쪽.
10) 빅토르 마이어 쇤베르거·케네스 쿠키어, 앞의 책, 10쪽.

질문은 30억 개 이상이었으므로 이용 가능한 데이터는 충분했다. 또 구글이 수신하는 검색 내용들을 수년간 보관한다는 점 역시 분석에 도움이 됐다."

이외에도 빅데이터는 다양한 측면에서 사회적 공리를 제공한다. 이를테면 미국 시애틀에 소재한 워싱턴 주립대학교(University of Washington)의 오렌 에치오니(Oren Etzioni) 교수는 항공운임과 관련한 빅데이터를 수집하여 앞으로 항공기 운임이 어떻게 변동할 것인지를 예측하는 알고리즘을 만들어 이를 상품화하였다.[11] 또한 미국의 대표적인 기업인 아마존(Amazon)이나 타깃(Target)은 빅데이터를 도서나 상품을 판매하는 데 적극 활용하여 매출을 제고하고 있다.[12] 이처럼 현대 초연결사회에서 빅데이터는 새로운 통찰과 지식을 창출하고 새로운 가치를 만들어 내며, 이를 통해 새로운 시장을 개척한다. 요컨대, 창조경제를 실현하는 데 기여하고 있는 것이다.

(3) 빅데이터의 역기능

그러나 초연결사회와 마찬가지로 빅데이터 역시 순기능만 수행하는 것은 아니다. 빅데이터는 역기능 역시 내포한다. 우리의 정보적 인격권을 심각하게 침해하는 역기능이 바로 그것이다. 빅데이터가 제대로 작동하려면, 먼저 가능한 한 모든 정보를 수집할 수 있어야 한다. 여기서 말하는 정보에는 우리의 개인정보 역시 포함된다. 따라서 빅데이터를 허용한다는 것은 바로 우리에 관한 모든 정보가 수집되는 것을 허용한다는 것을 뜻한다. 또한 빅데이터가 수행되면, 수학적 알고리즘에 바탕을 둔 데이터 마이닝을 사용하여 우리의 모든 정보를 분석하고, 이를 통해 우리가 앞으로 어떻게 행위할 것인지 역시 상당히 높은 수준의 확률로 예측할 수 있다. 말하자면, 빅데이터를 통해 우리의 과거와 현재뿐만 아니라 미래 역시 송두리째 파악될 수 있는 것이다. 이를 통해 우리의 개인정보, 특히 마지막까지 보장되어야 하는 내밀한 프라이버시 영역이 노출된다. 빅데이터를 통해 우리의 사적영역이 모두 해체되는 것이다. 이는 반대로 말하면, 빅데이터에 의해 우리가 '빅 브라더'(big brother)와 같은 감시사회에 살게 된다는 것을 시사한다. 이를 독일의 범죄학자인 징엘른슈타인

---

11) 빅토르 마이어 쇤베르거·케네스 쿠키어, 앞의 책, 12–17쪽.
12) 빅토르 마이어 쇤베르거·케네스 쿠키어, 앞의 책, 97쪽 아래.

(Tobias Singelnstein)과 슈톨레(Peer Stolle)는 아래와 같이 인상 깊게 그려낸다.

> "이러한 통제기술의 입장에서는 현대적 정보처리기술이 특별한 의미를 갖는다. 정보처리기술은 한편으로는 최대한 질서에 순응하여 행동하고 눈에 뜨이는 행동을 하지 않도록 함으로써 행위통제를 위해 투입된다. 다른 한편 정보처리기술은 위험을 통제하고 회피하는 데 기여한다. 이 기술을 통해 사람과 사실에 대해 포괄적인 데이터를 수집하고 평가하는 것이 가능하게 되고, 이들 데이터는 다시 예방적 개입이 필요한지 여부에 대한 예측결정을 하기 위한 토대가 된다. 모든 형태의 삶의 표현과 관련된 데이터를 조사, 처리, 저장하고 이러한 목적을 위해 설치된 데이터뱅크들을 상호 연결함으로써 이제는 모든 사람과 모든 상황을 탐지할 수 있는 총체적 능력을 갖추게 되었다."[13]

이는 무엇보다도 국가나 사회가 '안전'을 위해 빅데이터를 사용하는 경우 더욱 심각해진다. '안전국가'와 '안전사회'를 위해 결국에는 '빅데이터 제국'이 도래할 수 있다. 왜냐하면 안전을 실현하기 위해 각 개인의 정보가 남김없이 수집 · 저장 · 분석될 수 있기 때문이다. 결국 이는 '정보적 인격권의 위기'라는 새로운 비극의 탄생을 알리는 신호가 되고 말 것이다.

Ⅲ. 인격권의 발전과 법적 보호

이처럼 초연결사회는 빅데이터와 맞물려 한편으로는 사회적 공리를 증진시키는 데 기여하지만, 다른 한편으로는 우리의 정보적 인격권을 형해화할 수 있는 위험을 내포하고 있다. 이러한 상황에서 우리는 초연결사회에 대응할 수 있는 새로운 인격권 보호체계를 모색해야 할 필요가 있다. 이를 위해 아래에서는 우선 인격권이 어떻게 성장해 오늘날 어떤 상황에 놓여 있는지를 간략하게 조감하고,[14] 이러한 인격

---

13) 토비아스 징엘슈타인 · 피어 슈톨레, 윤재왕 (역), 『안전사회: 21세기의 사회통제』(한국형사정책연구원, 2012), 80쪽.
14) 이에 관해서는 양천수, "인격권의 법철학적 기초: 인격권의 구조 · 성장 · 분화", 『법과정책연구』 제11집 제3호(2011. 9), 1139−1165쪽 참조.

권을 보장하기 위해 서구 선진국, 특히 유럽연합과 미국은 어떤 법체계를 마련하고 있는지 살펴보도록 한다.

1. 인격권의 발전

(1) 인격권의 부정

일반적으로 인격권이란 "명예, 성명, 초상, 사적 영역 및 정보 등과 같이 인격과 관련을 맺는 모든 이익에 대한 권리"를 말한다.[15] 주지하다시피 다른 권리와는 달리, 인격권은 가장 최근에 등장한 권리 가운데 하나이다. 19세기 이전만 하더라도 인격권은 독자적인 권리로 인정되지 않았다. 근대 민법학의 초석을 놓은 독일의 로마법학자 사비니(F.C.v. Savigny)조차도 인격권을 독자적인 권리로 승인하지는 않았다.

그렇다면 어떤 근거에서 인격권을 독자적인 권리로 승인하지 않은 것일까? 크게 세 가지 이유를 찾을 수 있다.[16] 첫째, 인격권이 전제로 하는 인격 개념 자체가 매우 모호하고 포괄적이라는 것이다. 둘째, 인격권은 '인격'(Person)을 대상으로 함으로써 자칫 인격을 객체로 전락시킬 수 있다는 것이다. 칸트(I. Kant)의 철학을 수용한 사비니가 이러한 견지에서 인격권의 독자성을 부정하였다.[17] 셋째, 인격권은 다른 기본적 권리들, 가령 생명권이나 자유권, 명예권 등으로 구성되므로, 이러한 권리들을 보호함으로써 인격권을 보장할 수 있기에 굳이 인격권을 독자적인 권리로 승인할 필요가 없다는 것이다. 이 같은 주장은 인문주의 법학자인 도넬루스(H. Donellus)에게서 찾아볼 수 있다.[18]

(2) 인격권의 등장

그러나 19세기에 접어들면서 인격권은 독자적인 권리로 등장한다. 더욱 정확하게 말하면, 대륙법에서는 '인격권'이라는 이름으로 그리고 영미법에서는 '프라이버시

---

15) 양천수, 『민사법질서와 인권』(집문당, 2013), 234쪽; 박도희, "인격권으로서 프라이버시권과 퍼블리시티권의 법리(I)", 『한양법학』 제18집(2005. 12), 187쪽 등.
16) 이에 관해서는 양천수, 『빅데이터와 인권』(영남대학교출판부, 2016), 98-99쪽 참조.
17) 임미원, "인격권 개념의 기초적 고찰", 한국민사법학회 (편), 『우리 민법학은 지금 어디에 서 있는가?: 한국 민사법학 60년 회고와 전망』(박영사, 2006), 73쪽 참조.
18) Helmut Coing, *Das subjektive Recht und der Rechtsschutz der Persönlichkeit* (Frankfurt/ M., 1959), 17쪽.

권'이라는 이름으로 제도화된다.[19] 이렇게 생명권, 자유권, 명예권 등과는 구별되는 독자적인 인격권이 등장하게 된 배경에는 과학기술이 발전하면서 사회구조가 바뀌고 이로 인해 새로운 침해형태가 등장하게 된 것을 꼽을 수 있다. 말하자면 사진이나 영화와 같은 새로운 커뮤니케이션 매체가 발명되면서 생명이나 자유가 아닌 인격성 그 자체가 침해되는 현상이 출현하게 된 것이다. 이를 통해 인격권은 법적 주체의 생명이나 자유가 아닌 인격성 그 자체를 보장하는 실정법적 권리로 자리매김한다.

(3) 인격권의 발전 및 정보화

이러한 인격권은 현대사회가 정보화사회로 접어들면서 새롭게 발전하고 분화된다. 새로운 권리들이 인격권의 범주로 등장한다. 이러한 예로서 독일 연방헌법재판소가 인정한 '정보적 자기결정권'이나 유럽사법재판소가 최근 인정한 '잊혀질 권리' 등을 들 수 있다. 애초에 수동적이고 방어적인 권리로 출발했던 인격권이 이제는 현대 정보화사회에 발맞추어 적극적이고 능동적인 권리로 탈바꿈하고 있는 것이다. 이를 통해 자기 인격의 정보에 대한 적극적·능동적 권리가 등장하고 있는 것이다. 이 글에서는 이러한 권리를 '정보적 인격권'으로 지칭하고자 한다.

2. 인격권에 대한 법적 보호

(1) 존엄과 자유

그러면 현행 법체계는 이러한 인격권을 어떻게 보호하고 있는가? 그런데 인격권에 대한 서구 선진국의 보호법제를 보면, 대륙법계를 대변하는 유럽과 영미법계를 대변하는 미국 사이에 차이가 있다는 점을 알 수 있다. 이를 한 마디로 '존엄 대 자유'의 차이라고 말할 수 있다. 미국의 법학자 제임스 휘트먼(James Q. Whitman) 교수는 이를 다음과 같이 설명한다.[20] 휘트먼 교수에 따르면, 인격권에 관해 유럽은 존엄을 강조하는 반면, 미국은 자유를 강조한다. 이를테면 유럽에서는 '존엄의

---

19) 인격권과 프라이버시권의 관계를 어떻게 설정할 것인가에 관해서는 논란이 있지만, 일단 이 글에서는 인격권과 프라이버시권을 엄격하게 구별하지 않고 혼용해서 사용하기로 한다. 양자의 관계에 관해서는 양천수, 『민사법질서와 인권』(집문당, 2013), 235쪽 참조.
20) James Q. Whitman, "The Two Western Cultures of Privacy: Dignity versus Liberty", *Yale Law Journal* 114 (2004), 1151쪽; 이를 요약해서 소개하는 차상육, 앞의 논문, 217 – 218쪽 등 참조.

측면을 갖는 프라이버시'(privacy as an aspect of dignity)가 중요한 반면, 미국에서는 '자유의 측면을 갖는 프라이버시'(privacy as an aspect of liberty)가 중요하다는 것이다. 따라서 유럽에서는 '존경과 인격적 존엄'(respect and personal dignity)이 인격권의 핵심적인 내용이 되는 반면, 미국에서는 '자신의 집에서 정부의 개입을 받지 않으면서 자유롭게 지낼 권리'가 핵심적 내용이 된다는 것이다. 이렇게 같은 인격권 혹은 프라이버시를 놓고도 그 핵심적인 내용에 대해 유럽과 미국은 시각을 달리한다.

(2) 유럽: 사전동의를 통한 인격권 보장

이러한 휘트먼 교수의 주장은 인격권에 대한 유럽 법제와 미국 법제 사이에서 볼 수 있는 차이를 잘 설명한다. 칸트의 철학이 잘 보여주는 것처럼, 존엄의 핵심적 내용은 바로 자율성이다. 칸트에 따르면, 우리 인간이 존엄한 이유는 자신에 관한 것을 스스로 결정할 수 있는 자율적인 존재이기 때문이다. 이를 인격권에 적용하면, 우리는 우리의 인격에 관한 것을 스스로 결정할 수 있어야 한다. 그렇게 해야만 비로소 존엄한 존재로서 인격권의 주체가 될 수 있는 것이다. 바로 이러한 근거에서 유럽에서는 개인정보에 대한 사전동의(opt-in)를 강조한다. 이를 잘 보여주는 법제가 바로 유럽연합의 1995년 개인정보보호지침과 독일의 개인정보보호법이다.

1995년 10월 24일 유럽연합이사회가 채택한 "1995년 개인정보보호지침"은 국제적인 수준에서 처음으로 제정된 일반적 개인정보보호지침이다.[21] 1995년 개인정보보호지침은 이 글의 논의와 관련하여 몇 가지 주목할 만한 점을 갖고 있는데, 가장 우선적으로는 개인정보 수집 및 처리에 대한 통제방안으로 사전동의 방식의 정보적 자기결정권을 규정하고 있다는 점이다(제7조). 이외에도 1995년 개인정보보호지침은 '개별적인' 지침이 아닌 '일반적인' 지침이라는 점, 개인정보를 상당히 폭넓게 규정하고 있다는 점을 꼽을 수 있다. 1995년 개인정보보호지침에 따르면, 개인정보란 "식별하거나 식별할 수 있는 자연인과 관련된 정보를 말한다. 여기서 식별할 수 있는 자란 직접 또는 간접으로, 특히 신원증명번호 또는 신체적·생리적·정신적·경제적·문화적 혹은 사회적 동일성에 관한 한 개 또는 그 이상의 요소를 참

---

21) 정식명칭은 "Directive 95/461 EC of the European Parliament and of the Council of 24 October 1995 on the protection of individuals with regard to the processing of personal data and on the free movement of such data"이다.

조하여 식별될 수 있는 사람을 말한다"(제2조 (a)).[22] 이외에도 요즘 쟁점이 되고 있는 잊혀질 권리의 원형을 갖추고 있다는 점도 주목할 만하다(제12조 (b)).[23]

독일이 1977년에 연방법으로 제정한 "연방개인정보보호법"(Bundesdatens−chutzgesetz: BDSG)도 존엄을 강조하는 유럽의 태도를 잘 보여준다.[24] 왜냐하면 유럽연합의 개인정보보호지침을 충실하게 따르고 있는 독일의 개인정보보호법은 독일 연방헌법재판소가 1983년 12월 15일에 내린 이른바 '인구조사판결'을 통해 정립한 정보적 자기결정권을 명문화하고 있기 때문이다. 이외에도 독일 개인정보보호법은 유럽연합의 개인정보보호지침을 충실하게 따르고 있는데, 이 중에서 주목할 만한 원칙으로 '정보최소화'(Datensparsamkeit) 원칙과 '목적구속성'(Zweckbindung) 원칙 등을 꼽을 수 있다. 여기서 정보최소화 원칙은 개인정보를 수집 및 처리하는 경우에는 가능한 한 최소한의 정보만을 사용해야 한다는 원칙을 말한다(제3조의a). 나아가 목적구속성 원칙은 법률 또는 정보주체가 사전에 명시적으로 동의한 목적을 위해서만 개인정보를 수집 및 처리해야 한다는 것을 뜻한다(제28조). 이외에도 독일 개인정보보호법은 유럽연합의 개인정보보호지침과 마찬가지로 잊혀질 권리의 초기 형태를 규정한다(제35조).[25]

(3) 미국: 사후승인을 통한 프라이버시 보장

이렇게 인격권에서 존엄, 달리 말해 사전동의 방식의 정보적 인격권을 강조하는 유럽과는 달리, 미국에서는 자유, 즉 프라이버시가 실질적으로 침해되었는지 여부가 중요하다. 따라서 만약 자신의 프라이버시가 실질적으로 침해되지 않았다면, 설사 특정한 정보를 사용하는 행위가 정보주체의 사전동의를 받지 않았다 하더라도 이것이 곧바로 정보주체의 프라이버시를 침해하는 것은 아니다. 바로 이 같은 이유

---

22) "any information relating to an identified or identifiable natural person("data subject"); an identifiable person is one who can be identified, directly or indirectly, in particular by reference to an identification number or to one or more factors specific to his physical, physiological, mental, economic, cultural or social identity."

23) 제12조는 "접근권"이라는 표제어를 갖고 있다.

24) 독일의 개인정보보호법에 관해서는 김성천, "독일의 개인정보 보호 법제에 관한 연구", 『법학논문집』 제35집 제2호(2011. 8), 221−245쪽; 윤지영·이천현·최민영·윤재왕·전지연, 『법과학을 적용한 형사사법의 선진화 방안(IV)』(한국형사정책연구원, 2014), 164−165쪽(전지연 집필) 등 참조.

25) 이는 부정확한 개인정보에 대한 정정, 삭제, 차단을 요청할 수 있는 권리를 말한다.

에서 미국에서는 '사후승인'(opt-out)이 강조된다. 또한 문화적인 측면에서 볼 때, 미국에서는 자신을 숨기려 하기 보다는 널리 알리려는 경향이 더 강하다.26) 이러한 이유에서 사전동의를 받지 않고 타인의 개인정보를 사용한다고 해서 이것이 곧바로 타인의 자유, 즉 프라이버시를 침해한다고 생각하는 경향도 약하다. 이러한 맥락에서 미국에서는 정보주체보다는 정보처리자의 경제적 이익을 더욱 중요시하는 경향이 강하다.27) 그 때문에 유럽과는 달리, 미국에서는 아직 일반적 개인정보보호법을 마련하고 있지 않다. 물론 지난 1974년 12월 31일에 프라이버시법(The Privacy Act of 1974)을 제정하기는 하였지만, 이는 일반적인 정보보호법이 아니라 공공영역에서 개인정보를 보호하기 위한 법일 뿐이다. 당연히 사전동의 방식의 정보적 자기결정권도 아직 마련하고 있지는 않다. 다만 최근 오바마 정부가 "소비자 프라이버시 권리장전"(Consumer Privacy Bill of Rights: CPBR)을 제시함으로써 분위기가 바뀌게 된다.

(4) 우리의 개인정보보호법

그러면 이렇게 '존엄 대 자유'로 차별화되는 유럽 법제와 미국 법제 가운데 우리는 어떤 방향을 추구하고 있는가? 일반적인 개인정보보호법을 아직 마련하지 않은 미국과는 달리, 우리는 이미 지난 2011년 3월에 개인정보보호법을 제정하였다. 이 법은 그 이전에 존재하던 "정보통신망 이용촉진 및 정보보호 등에 관한 법률"과는 달리 모든 영역에 적용되는 '일반적인' 개인정보보호법이다. 이러한 점에서 우리의 개인정보보호법은 유럽의 법제를 수용했다고 말할 수 있다. 이를 증명하듯이, 우리 개인정보보호법도 사전동의 방식의 정보적 자기결정권을 명문화하고 있다. 이를테면 개인정보보호법에 따르면, 개인정보처리자는 개인정보를 수집할 때 정보주체의 동의를 얻어야 한다(제15조 제1항 제1호). 이렇게 개인정보처리자가 개인정보를 수집하기 위해 정보주체로부터 동의를 받는 경우에는 개인정보처리자가 정보주체에

---

26) 이를 보여주는 曾我部真裕, 최혜선 (역), "빅데이터 활용에 의한 경제성장·국민의 편의증진과 공법적 과제", 『유럽헌법연구』 제14호(2013. 12), 410쪽; Jeffrey Rosen, "Structuring Intimacy: some reflections on the fact that the law generally does not protect us against gazes", *Georgetown Law Journal* 89 (2001), 2080쪽 등 참조.

27) 미국의 개인정보보호 관련 법적 규제에 관해서는 이상경, "미국의 개인정보보호 입법체계와 현황에 관한 일고", 『세계헌법연구』 제18권 제2호(2012. 8), 195-214쪽; 전은정·김학범·염흥열, "미국의 개인정보보호 법·제도 동향", 『정보보호학회지』 제22권 제1호(2012. 2), 47-57쪽 등 참조.

게 "개인정보의 수집 및 이용의 목적", "수집하려는 개인정보의 항목", "개인정보에 대한 보유 및 이용의 기간", "정보주체가 동의를 거부할 권리를 향유한다는 사실 및 동의를 거부함으로써 불이익이 있는 경우에는 그와 같은 불이익의 내용"에 대해 고지해야 한다(제15조 제2항). 이를 통해 우리 개인정보보호법은 개인정보, 더 나아가 정보주체의 정보적 인격권을 강력하게 보호하고자 한다.

이외에도 개인정보보호법은 정보적 인격권을 강력하게 보장하기 위해 개인정보의 개념을 상당히 넓게 규정한다. 가령 개인정보보호법 제2조 제1호는 개인정보를 "살아 있는 개인에 관한 정보로서 성명, 주민등록번호 및 영상 등을 통하여 개인을 알아볼 수 있는 정보(해당 정보만으로는 특정 개인을 알아볼 수 없더라도 다른 정보와 쉽게 결합하여 알아볼 수 있는 것을 포함한다)"로 정의한다.[28] 그런데 여기서 알 수 있듯이, 설사 해당 정보만으로는 개인을 식별할 수 없는 경우에도 다른 정보와 결합하여 식별할 수 있는 경우에는 이 역시 개인정보로 인정한다. 판례 역시 이러한 태도를 취한다.[29] 이러한 '결합가능성'을 통해 우리 개인정보보호법은 개인정보의 범위를 상당히 확장하고 있고, 이를 통해 정보주체의 정보적 인격권을 강도 높게 보호하고자 한다.

Ⅳ. 새로운 인격권 보호체계 모색

1. 기존의 인격권 보호체계의 문제점

이처럼 우리 개인정보보호법은 사전동의 방식의 정보적 자기결정권을 기본 축으로 하고 결합가능성을 통해 개인정보의 범위를 확장함으로써 정보주체의 인격권을 강도 높게 보장한다. 이러한 입법태도는 개인정보이용보다는 인격권 보호에 더욱 치중한 것이라고 할 수 있다. 그렇지만 이러한 인격권 보호체계는 현대 초연결

---

28) 정보통신망법 제2조 제1항 제6호도 개인정보를 개인정보보호법과 거의 동일하게 정의하고 있다. 이에 따르면, 개인정보란 "생존하는 개인에 관한 정보로서 성명·주민등록번호 등에 의하여 특정한 개인을 알아볼 수 있는 부호·문자·음성·음향 및 영상 등의 정보(해당 정보만으로는 특정 개인을 알아볼 수 없어도 다른 정보와 쉽게 결합하여 알아볼 수 있는 경우에는 그 정보를 포함한다)"를 말한다.
29) 대법원 2014. 7. 24. 선고 2012다49933 판결 참조.

사회와 빅데이터 환경에 적합하지 않을 수 있다. 왜냐하면 초연결사회가 제대로 작동하려면 사람과 사람, 사람과 사물, 사물과 사물 사이의 소통이 원활하게 이루어져야 하고, 이러한 소통을 통해 축적한 정보를 다시 활용할 수 있어야 하기 때문이다. 하지만 결합가능성을 통해 넓게 확장된 개인정보 개념과 사전동의 방식의 정보적 자기결정권은 이러한 상호주체적·주체-객체적·상호객체적 소통에 장애가 된다. 그 이유를 다음과 같이 말할 수 있다.

(1) 결합가능성을 통한 개인정보 확장의 문제점

첫째, 결합가능성을 통해 개인정보의 범위를 확장하면, 현대 빅데이터 환경에서 개인정보에 해당하지 않을 정보는 거의 사라진다. 이를테면 빅데이터 환경에서는 데이터 마이닝을 사용해 인터넷 쿠키정보만을 분석하는 것만으로도 개인을 식별할 수 있기 때문이다. 직접적으로는 개인을 식별할 수 있는 정보가 아닌 이른바 '개인의 주변정보'에 지나지 않는 경우에도, 빅데이터에 힘입어 개인정보가 될 수 있는 것이다. 그런데 이러한 정보까지 개인정보로 보아 정보주체의 사전동의 없이는 수집·저장·분석·사용할 수 없도록 하면 그 만큼 초연결사회를 실현하는 것은 어려워질 것이다.

(2) 사전동의 방식의 정보적 자기결정권의 문제점

둘째, 사전동의 방식의 정보적 자기결정권도 초연결사회를 실현하는 데 장애가 된다. 이는 다시 두 가지 이유로 논증할 수 있다. 첫째, 정보적 자기결정권은 빅데이터 환경에서 과잉규제가 될 수 있다. 왜냐하면 빅데이터가 제대로 가동하려면, 가능한 한 많은 정보를 수집, 저장 및 분석할 수 있어야 하는데, 정보적 자기결정권은 이에 대해 중대한 걸림돌이 될 수 있기 때문이다. 둘째, 그 반대로 정보적 자기결정권은 개인정보 수집 및 이용에 대해 과소규제가 될 수도 있다. 그 이유는 요즘 대부분의 개인정보처리자들은 포괄적 동의를 남용함으로써 사실상 정보적 자기결정권을 무력화하고 있기 때문이다. 바로 이 점에서 사전동의 방식의 정보적 자기결정권은 초연결사회와 빅데이터 환경에서 이루어지는 정보적 인격권의 침해에 대해 적절하게 대응할 수 없다. 초연결사회에 대응할 수 있는 다른 인격권 보호방안이 요청된다.

2. 비교법적 검토

그러면 새롭게 전개되고 있는 초연결사회와 빅데이터 환경에서 유럽연합과 미국 등과 같은 선진국들은 어떻게 정보적 인격권을 보장하는가? 아래에서는 핵심적인 내용을 중심으로 하여 이를 간략하게 살펴보도록 한다.

(1) 유럽연합

"1995년 개인정보보호지침"을 전면 개정하여 2012년 1월 25일 유럽연합집행위원회(European Commission)가 유럽의회에 제안하고, 지난 2016년 4월 14일 유럽의회를 통과한 '일반정보보호규칙'(General Data Protection Regulation)은 초연결사회와 빅데이터 환경에 대응하기 위해 다음과 같은 방안을 마련한다.[30] 첫째, 일반정보보호규칙은 여전히 명시적인 사전동의 원칙을 채택하고 있다(제6조 제1항 (a)). 이 점에서 일반정보보호규칙은 여전히 빅데이터보다는 정보주체의 인격권에 무게중심을 두고 있다. 둘째, 프로파일링 거부권을 규정한다. 이에 따르면, 정보주체는 "자신에 대해 법적 효과를 발생시키거나 중대한 영향을 미칠 목적으로 자동화된 개인정보 수집·처리 수단을 이용하여 개인정보를 수집·활용함으로써, 해당 정보주체의 개인적 특성을 평가하거나 업무능력, 경제적 상태, 개인적 선호, 건강, 위치, 신뢰도, 품행 등을 분석·예측하는 것을 거부"할 수 있다.[31] 이러한 프로파일링 거부권은 빅데이터 환경에서 정보주체의 인격권을 보장할 수 있는 새로운 권리라고 말할 수 있다. 셋째, 최근 관심을 얻고 있는 '잊혀질 권리'(right to be forgotten)를 규정한다(제17조).[32] 넷째, '프라이버시 친화적 설계'(Privacy by Design)를 규정한다(제23조 제1항). 여기서 프라이버시 친화적 설계란 정보주체의 프라이버시, 즉 인격권을 보장할

---

30) 이에 관해서는 최승재, "유럽 개인정보보호규정(GDPR) 승인의 의미와 전망", 『KISO저널』 제23호 (2016. 5. 20)(http://journal.kiso.or.kr/?p=7403); '일반정보보호규칙'의 정식명칭은 "Proposal for a REGULATION OF THE EUROPEAN PARLIAMENT AND OF THE COUNCIL on the protection of individual with regard to the processing of personal data and on the free movement of such data"이다.
31) 양천수, 『빅데이터와 인권』(영남대학교출판부, 2016), 135쪽.
32) 물론 1995년 개인정보보호지침에도 이와 유사한 권리가 규정되어 있었지만, 2012년 일반정보보호규칙은 제17조에서 '잊혀질 권리'라는 표제 아래 잊혀질 권리의 구체적인 내용을 본격적으로 규정한다는 점에서 차이가 있다.

수 있도록 정보처리시스템을 설계하는 것을 말한다.33) 다섯째, '프라이버시 친화적 초기값 설정'(Privacy by Default)을 규정한다(제23조 제2항). 프라이버시 친화적 초기값 설정이란 "특정한 목적에 필요한 개인정보만을 최소한의 범위에서 처리할 수 있도록 정보처리시스템의 초기값을 설정해야 하는 것"을 말한다.34) 이는 프라이버시 친화적 설계의 일종이라고 말할 수 있다. 여섯째, 다이렉트 마케팅(direct marketing) 구분고지 의무를 규정한다(제19조 제2항). 일곱째, 개인정보보호 영향평가 제도를 채택한다.35) 마지막으로 일정한 경우에는 사전동의 방식의 정보적 자기결정권에 대한 예외를 인정한다. 이에 따르면, "개인정보처리자가 역사, 통계, 과학연구를 위해 필요한 범위 안에서 개인정보를 수집·이용·분석할 때는 정보주체의 사전동의를 받지 않고도 이를 행할 수" 있다(제6조 제2항). 이러한 경우에는 개인정보를 즉시 삭제하지 않을 수 있다(제17조 제3항 (c)). 이러한 예외는 민감정보의 경우에도 적용된다(제9조 제2항 (i)).

(2) 미국

앞에서 살펴본 것처럼, 프라이버시 보호에 관해 존엄보다는 자유를 강조하는 미국에서는 유럽연합처럼 일반적 개인정보보호법을 마련하지 않았다. 개인정보처리에 관해서는 사후승인 방식을 기본으로 한다. 그 점에서 미국의 법제는 개인의 프라이버시보다는 빅데이터와 같은 정보처리를 통해 창출되는 사회적·경제적 공리를 더욱 중요시 한다고 말할 수 있다. 다만 최근 미국에서도 빅데이터 환경에 대응하여 개인의 정보적 인격권에 대한 보호를 강화하고자 하는 움직임이 포착된다. 이를 잘 보여주는 예가 바로 오바마 정부가 마련한 "소비자 프라이버시 권리장전"(Consumer Privacy Bill of Rights: CPBR)이다. 소비자 프라이버시 권리장전은 오바마 정부가 2012년 2월 23일에 발표한 "온라인 프라이버시 프레임워크"에 포함되어 있다.36)

---

33) 프라이버시 친화적 설계는 달리 '설계 프라이버시' 또는 원어 그대로 '프라이버시 바이 디자인'이라고 번역된다. 전자의 경우에는 이창범, "개인정보보호법제 관점에서 본 빅데이터의 활용과 보호방안", 『법학논총』 제37권 제1호(2013. 3), 525쪽; 후자의 경우에는 차상육, 앞의 논문, 233쪽 아래 참조.
34) 양천수, 앞의 책, 137쪽.
35) 위의 내용은 이창범, 앞의 논문, 527-528쪽 참조.
36) The White House, *Consumer Data Privacy in a Networked World: A Framework for Protecting Privacy and Promoting Innovation in the Global Digital Economy* (2012. 1). 이 원본은 (http://www.whitehouse.gov/sites/default/files/email-files/privacy_white_paper.pdf)

소비자 프라이버시 권리장전은 소비자 프라이버시를 보장하는 데 필요한 7가지 원칙을 선언한다.[37] 첫째는 '개인적 통제(Individual Control) 원칙'이다. 이에 따르면, 정보주체는 자신의 정보처리에 관해 선택권, 동의철회권 등을 행사할 수 있다. 이는 유럽연합이 인정하는 정보적 자기결정권에 상응한다. 둘째는 '투명성(Transparency) 원칙'이다. 이에 따르면, 정보처리자는 정보처리항목, 처리이유, 이용방법, 보전·삭제시기, 제3자 제공목적 등을 공개해야 한다. 셋째는 '목적존중(Respect for Context) 원칙'이다. 이에 따르면, 정보처리자는 수집목적에 따라서만 수집한 개인 정보를 사용할 수 있다. 넷째는 '정보보안(Security) 원칙'이다. 이에 의하면, 정보처리자는 정보보안을 위한 기술적 조치를 유지 및 관리해야 한다. 다섯째는 '정보접근 및 정확성(Access and Accuracy) 원칙'이다. 이에 의하면, 정보처리자는 정보에 대한 정보주체의 접근을 보장해야 하고, 수집하는 정보가 정확하도록 해야 한다. 여섯째는 '최소수집(Focused Collection) 원칙'이고 일곱째는 '책임준수(Accountability) 원칙'이다.

(3) 평가

이렇게 현대 초연결사회와 빅데이터 환경에서 유럽연합과 미국이 정보적 인격권을 보장하기 위해 내놓은 대응방안에서는 몇 가지 주목할 만한 점을 발견할 수 있다. 예를 들어, 유럽연합이 마련한 일반정보보호규칙에서 수용하는 프로파일링 거부권이나 프라이버시 친화적 설계는 종래의 인격권 보호체계에서는 볼 수 없었던 새로운 보호방안이다. 특히 프로파일링 거부권은 빅데이터 환경에서 이루어질 수 있는 정보적 인격권 침해에 대한 새롭고 효과적인 대응방안이 될 수 있다. 또한 미국 오바마 정부가 마련한 소비자 프라이버시 권리장전에서는 '정보보안원칙'에 주목할 필요가 있다. 이 원칙은 유럽연합의 일반정보보호규칙이 규정하는 프라이버시 친화적 설계와 유사한 것으로서 과학적·기술적인 장치를 통해 소비자의 프라이버시를 보장하고자 한다. 물론 유럽연합의 일반정보보호규칙이 여전히 사전동의 방식의 정보적 자기결정권을 고수하고 있다는 점은 현대 초연결사회에 적절하지 않은 대응방안일 수도 있다. 왜냐하면 이는 빅데이터를 활용하는 것보다는 소비자를 보

에서 찾아볼 수 있다.
37) 아래의 내용은 양천수, 앞의 책, 142-144쪽 참조.

호하는 것을 더욱 지향하는 방안이기 때문이다. 그렇다 하더라도 일반정보보호규칙이나 소비자 프라이버시 권리장전이 새롭게 제안하는 프로파일링 거부권이나 프라이버시 친화적 설계, 정보보안원칙 등은 초연결사회에서 새로운 인격권 보호체계를 구상하는 데 적극적으로 참조해야 할 필요가 있다.

3. 새로운 인격권 보호체계 구상

이처럼 전통적인 방식의 인격권, 특히 사전동의 방식의 정보적 자기결정권만으로는 현대 초연결사회와 빅데이터 환경에 적절하게 대응하기 어렵다. 이미 지적한 것처럼, 엄격한 사전동의 방식을 고수하는 것은 한편으로는 초연결사회와 빅데이터 환경이 제공하는 사회적 공리를 누리는 데 장애가 되는 과잉규제가 될 수도 있고, 다른 한편으로는 정보적 인격권을 형해화하는 과소규제가 될 수도 있다. 이러한 이유에서 한편으로는 초연결사회와 빅데이터 환경이 제공하는 사회적 공리를 이용하면서도, 다른 한편으로는 정보주체의 정보적 인격권을 효과적으로 보호할 수 있는 새로운 인격권 보호체계를 모색할 필요가 있다. 아래에서는 이를 '구상'으로서 간략하게 제시하고자 한다.

(1) 원칙

우선 새로운 인격권 보호체계를 구상하는 데 바탕이 되는 세 가지 원칙을 제시하도록 한다.

1) 초연결사회의 사회적 공리와 정보적 인격권 사이의 실제적 조화

첫째, 새로운 인격권 보호체계는 초연결사회가 안겨주는 사회적 공리와 정보주체의 인격권이 실제적으로 조화를 이루면서 공존할 수 있는 방안을 모색해야 한다.[38] 이를 위해서는 일단 초연결사회의 사회적 공리를 위해 정보적 인격권을 형해화하는 일은 피해야 한다. 그렇다고 해서 정보적 인격권을 절대시 하여 초연결사회나 빅데이터 환경이 제공하는 사회적 공리를 무시하는 것도 피해야 할 것이다. 어떻게 하면 양자가 실제적으로 조화될 수 있도록 할 것인가? 새로운 인격권 보호체계는 이 물음에 대응할 수 있어야 한다.

---

[38] 실제적 조화에 관해서는 정재황, "기본권의 상충에 관한 연구", 『성균관법학』 제19권 제2호(2007. 8), 15-36쪽 참조.

2) 사전동의 방식의 정보적 자기결정권 완화

둘째, 사전동의 방식의 정보적 자기결정권을 완화하는 것도 필요하다.[39] 이미 여러 번 언급한 것처럼, 사전동의 방식의 정보적 자기결정권은 정보주체의 인격권을 보호하는 데 도움이 될 수는 있지만, 초연결사회의 사회적 공리를 활용하는 데는 도움이 되지 않는다. 특히 우리의 개인정보보호법은 결합가능성을 통해 정보적 자기결정권의 대상이 되는 개인정보의 범위를 확장한다. 문제는 빅데이터 과학에 의해 결합될 수 있는 정보의 범위가 광범위하게 확장되고 있다는 것이다. 인터넷 쿠키정보가 대표적인 예에 해당한다. 그러므로 현행 개인정보보호법이 규정하는 정보적 자기결정권은 현대 초연결사회에 걸맞게 어느 정도 완화시켜야 할 필요가 있다.

그러면 어떤 방식이 적절할까? 이에 대해서는 두 가지 방식을 생각할 수 있다. 첫째는 사전동의 방식을 사후승인 방식으로 바꾸는 것이다. 둘째는 사전동의의 대상이 되는 개인정보의 범위를 축소하는 것이다. 이 가운데 필자는 후자의 방안이 더욱 적절하다고 생각한다. 왜냐하면 개인정보보호법이 채택하고 있는 사전동의 방식의 정보적 자기결정권은 우리가 오랫동안 논의한 끝에 도입한 제도이기 때문이다. 이러한 개인정보보호법이 시행된 지도 몇 년 되지 않았다. 이러한 상황에서 지금 정보적 자기결정권의 기본 골격을 흔드는 것은 바람직하지 않다. 따라서 필자는 후자의 방안, 즉 개인정보의 범위를 축소하는 것이 더욱 바람직하다고 생각한다. 구체적으로 말하면, 서로 결합되어 개인을 식별하는 데 사용될 수 있는 정보의 범위를 축소함으로써 현대 초연결사회의 빅데이터가 실효성 있게 가동할 수 있도록 하는 것이다. 이를테면 인터넷 쿠키정보는 개인정보에 해당하지 않도록 하는 방안을 생각해 볼 수 있다.

3) 새로운 정보적 인격권의 모색

셋째, 사전동의 방식의 정보적 자기결정권을 완화하는 것보다 더욱 중요한 것은 초연결사회와 빅데이터 환경에 대응할 수 있는 새로운 정보적 인격권을 모색하는 것이다. 특히 빅데이터 과학에 대응할 수 있는 정보적 인격권을 구상할 필요가

---

39) 이에 관해서는 오길영, "빅데이터 환경과 개인정보의 보호방안: 정보주체의 관점에서 바라본 비판적 검토를 중심으로", 『일감법학』 제27호(2014. 2), 166쪽 아래 참조; 이러한 견해를 대변하는 문헌에 관해서는 오길영, 같은 논문, 163−164쪽에 소개된 문헌 참조.

있다. 이에 관해서는 유럽연합의 일반정보보호규칙이 채택하고 있는 프로파일링 거부권이나 프라이버시 친화적 설계가 유익한 시사점을 제공한다.

(2) 새로운 정보적 인격권 구상

아래에서는 위에서 제시한 세 가지 원칙에 바탕을 두어 현대 초연결사회와 빅데이터 환경에 대응할 수 있는 몇 가지의 새로운 정보적 인격권을 제안해 보도록 한다.

1) 자기프로파일링 결정권

먼저 자기프로파일링 결정권을 언급할 수 있다.[40] 이는 유럽연합의 일반정보보호규칙이 받아들인 프로파일링 거부권을 발전시킨 것이다. 그러나 프로파일링 거부권은 빅데이터 환경에서 이루어지는 데이터 마이닝을 정면에서 거부하는 것이기에 바람직하지 않다. 따라서 필자는 이를 자기프로파일링 결정권으로 개선하여 수용할 필요가 있다고 생각한다. 이에 의하면, 정보주체는 정보처리자가 데이터 마이닝을 통해 정보주체를 프로파일링 하는 것에 대한 결정권을 갖는다. 정보주체는 사전동의 방식을 통해 자기 자신에 대한 프로파일링을 허용할 것인지, 아니면 거부할 것인지를 결정할 수 있다. 다만 이 경우에도 명확히 해야 할 부분이 있다. 프로파일링은 다음과 같이 두 가지로 나눌 수 있다. '포괄적 프로파일링'과 '개별적 프로파일링'이 그것이다. 여기서 포괄적 프로파일링은 정보주체의 모든 정보를 활용하여 정보주체를 포괄적으로 분석하는 것을 말한다. 이에 대해 개별적 프로파일링은 정보주체의 특정 측면, 이를테면 특정 재화의 쇼핑에 대한 선호도를 분석하는 것을 말한다. 필자는 이 중에서 개별적 프로파일링에 대해서만 정보주체의 결정권을 인정할 수 있다고 생각한다. 이와 달리 포괄적 프로파일링은 절대적으로 금지해야 한다. 따라서 이는 자기프로파일링 결정권의 대상이 되지 않는다고 보아야 한다.

2) 정확한 데이터 마이닝 요청권

다음으로 정확한 데이터 마이닝 요청권을 제시할 수 있다.[41] 앞에서 언급한 것처럼, 자기프로파일링 결정권을 인정하면, 자기결정에 따라 정보주체의 개별 정보에 대한 데이터 마이닝이 이루어진다. 이 때 데이터 마이닝은 수학적 알고리즘에 의해

---

40) 이에 관해서는 양천수, 앞의 책, 172쪽 아래 참조.
41) 양천수, 위의 책, 176쪽 참조.

이루어지는 것이므로, 대부분 객관적일 것으로 추정된다. 그렇지만 이에 대한 반론도 존재한다.[42] 이에 따르면, 데이터 마이닝 역시 절대적으로 객관적일 수는 없다. 그러므로 자신에 대한 데이터 마이닝이 정확하게 이루어질 수 있도록 요구할 수 있는 권리를 정보주체에게 부여해야 한다. 이를테면 개인정보처리자는 정보주체의 요구가 있는 경우 왜 자신이 수행한 데이터 마이닝이 정확한지를 설명할 수 있도록 해야 한다.

3) 잊혀질 권리

유럽사법재판소가 부분적으로 인정함으로써 사회적 이슈가 된 잊혀질 권리 역시 정보적 인격권의 범주에 포함시킬 필요가 있다.[43] 잊혀질 권리는 두 가지로 구분할 수 있다. '객관적 잊혀질 권리'와 '주관적 잊혀질 권리'가 그것이다.[44] 객관적 잊혀질 권리는 일정한 기간이 도과하면 정보가 자동적으로 삭제되도록 하는 것이다. 말하자면, '정보만료일'을 도입하는 것이다.[45] 이 제도는 현행 개인정보보호법이 상당 부분 도입하고 있다. 이에 대해 주관적 잊혀질 권리는 정보주체가 자신에 대한 정보를 삭제해줄 것을 적극적으로 요청할 수 있는 권리를 말한다. 그러나 주관적 잊혀질 권리는 언론의 자유나 국민의 알 권리와 충돌할 수 있으므로 제한적으로 인정할 필요가 있다.

4) 프라이버시 친화적 설계 요청권

앞에서 제안한 정보적 인격권은 기존의 인격권과 비교하면 상당히 새로운 성격을 갖는다. 그렇지만 권리의 실효성이 개인정보처리자의 의무이행 여부에 달려있다는 점에서 여전히 전통적인 성격도 지니고 있다. 이에 반해 프라이버시 친화적 설계 요청권은 성질 면에서 기존의 인격권과는 차이를 보인다. 왜냐하면 프라이버시 친화적 설계 요청권이 내용으로 삼는 프라이버시 친화적 설계는 정보주체의 프라이버시, 즉 인격권을 즉각적이고 직접적으로 보호할 수 있도록 인터넷 서버 등과 같

---

42) 이에 관해서는 이재현, "빅데이터와 사회과학: 인식론적, 방법론적 문제들", 『커뮤니케이션 이론』 제9권 제3호(2013. 가을호), 127–165쪽 참조.
43) 이를 소개하는 국내문헌으로는 윤종수, "[칼럼]잊혀질 권리", 『네이버레터』(2014. 5. 29); 법무법인 세종, "'잊혀질 권리'에 관한 소고: 최근 유럽 최고법원의 판결과 그 파급", 『Legal Update』 (2014. 6. 20) 등 참조.
44) 이에 관해서는 양천수, 앞의 책, 177–178쪽 참조.
45) 이를 주장하는 빅토르 마이어 쇤베르거, 구본권 (옮김), 『잊혀질 권리』(지식의 날개, 2013), 246 쪽 아래 참조.

은 정보처리장치를 기술적으로 설계하는 것을 그 대상으로 하기 때문이다. 기존 권리의 경우에는 의무자가 이를 이행하지 않을 여지가 상존하지만, 프라이버시 친화적 설계는 의무자가 이를 기술적으로 구현하기만 하면 그 이후에는 기술적인 측면에서 정보처리자가 정보주체의 인격권을 보장할 수밖에 없기 때문이다. 이 점에서 프라이버시 친화적 설계 요청권은 ICT법에서 즐겨 사용되는 새로운 규제방식, 이른바 '아키텍처 규제'(architectural regulation)와 관련을 맺는다.[46] 이를 달리 '물리적·기술적 규제'라고 부를 수 있을 것이다.[47] 이러한 프라이버시 친화적 설계 요청권은 현대 초연결사회와 빅데이터 환경에서 정보주체의 인격권을 효과적으로 보장하는데 기여할 수 있다.[48]

V. 맺음말

지금까지 현대사회에서 새롭게 등장하는 초연결사회와 빅데이터 환경을 분석하면서 여기에 대응할 수 있는 새로운 인격권 보호체계의 원칙과 권리를 간략하게 제시하였다. 특히 이러한 권리의 예로서 자기프로파일링 결정권, 정확한 데이터 마이닝 요청권, 잊혀질 권리, 프라이버시 친화적 설계 요청권을 제안하였다. 물론 여기에서 제안한 것은 일종의 구상 또는 시론에 불과하다. 필자가 잘 정돈된 새로운 인격권 보호체계를 제시했다고는 말할 수 없다. 이는 앞으로 필자가 계속 다루어야 할 연구과제로 남겨두기로 한다.

---

46) 이에 관해서는 심우민, "사업장 전자감시 규제입법의 성격", 『인권법평론』 제12호(2014. 2), 157쪽 아래; 심우민, "정보통신법제의 최근 입법동향: 정부의 규제 개선방안과 제19대 국회 전반기 법률안 중심으로", 『언론과 법』 제13권 제1호(2014. 6), 88쪽 아래 등 참조.
47) 양천수, 앞의 책, 182쪽 아래 참조.
48) 이러한 프라이버시 친화적 설계 요청권의 원칙으로는 다음 일곱 가지 원칙이 강조된다. "사후적인 구제가 아닌 사전적 예방 원칙", "프라이버시 초기값 설정 원칙", "프라이버시를 포함한 설계 원칙", "완전한 기능성 원칙", "처음부터 끝까지 보안 원칙", "공개성 및 투명성 원칙"이 그것이다. 이에 관해서는 Ann Cavoukian, "Privacy by Design: 7 Foundational Principles." 이 자료는(http://www.privacybydesign.ca/content/uploads/2009/08/7foundationalprinciples.pdf)에서 확인할 수 있다. 이를 소개하는 국내문헌으로는 차상육, 앞의 논문, 233-234쪽 참조.

제3장

의료 빅데이터와 인간존재의 미래

I. 서 론

인간배아복제 연구에 대한 관심이 절정을 향해 가고 있던 지난 2001년 독일의 사회철학자 하버마스(J. Habermas)는 『인간이라는 자연의 미래』(Die Zukunft der menschlichen Natur)라는 연구서를 출판하였다. 이 책에서 하버마스는 인간배아복제 연구가 우리 인류의 자연적 본성에 어떤 위험을 가져다 줄 것인지, 올바른 인간본성이란 무엇인지, 인간배아복제 연구의 바람직한 방향이란 무엇인지를 논하였다. 그렇지만 하버마스의 우려와는 달리, 인간배아복제 연구가 아직은 우리 인류의 자연적 본성을 심각하게 바꾸지는 않았다. 많은 이들이 우려했던 심각한 위험이 아직은 도래하지 않았던 것이다. 그렇지만 초연결사회, 빅데이터, 인공지능으로 대변되는 제4차 산업혁명이 촉발되면서 이제 우리는 본격적으로 인류의 미래에 대해 관심과 우려를 보여야 할 때를 맞게 되었다. 유발 하라리의 도발적인 저서 『사피엔스』나 『호모 데우스』는 이러한 상황을 잘 예증한다. 이러한 상황에서 필자는 제3장에서 한편으로는 의료 빅데이터가 우리에게 어떤 사회적 공리를 제공하는지를 살펴보면서도, 다른 한편으로는 이러한 최신 과학기술이 우리 인간존재에게 어떤 도전이 되는지, 우리 사회의 구조를 어떻게 바꿀 것인지, 어떤 철학적·법적 문제가 등장할 것인지를 개관해 보고자 한다.

Ⅱ. 빅데이터의 의의와 기능

먼저 논의의 출발점으로서 빅데이터란 무엇인지, 이러한 빅데이터는 어떤 기능을 수행하는지 살펴보도록 한다.

1. 빅데이터의 의의

(1) 빅데이터의 형식적 의미

'빅데이터'(big data)란 말 그대로 거대한 데이터를 말한다. 좀 더 구체적으로 말하면, 빅데이터란 빠르게 생성되고 다양하며 거대한 데이터를 뜻한다. 사실 이러한 데이터는 이미 오래 전부터 인류와 함께 해왔다. 인류가 세계를 인식하고 언어를 통해 타인과 소통하기 시작하면서 데이터는 형성되고 축적되었다. 그런데 이러한 데이터가 빅데이터로서 최근 부각되기 시작한 것은 두 가지 이유와 무관하지 않다. 디지털화와 초연결사회가 바로 그것이다.

첫째, 컴퓨터와 인터넷이 등장하고 이를 통해 세상의 모든 데이터가 디지털화되면서 데이터는 더욱 손쉽게 저장 및 확산될 수 있게 되었다. 여기서 데이터를 디지털화한다는 것은 간단하게 말해 아날로그적 소통매체에 바탕을 둔 데이터를 이진법의 코드로 전환한다는 것을 뜻한다. 이를 통해 데이터의 원본과 복사본 사이의 질적 차이가 사라지고 데이터는 간편하게 저장·복사 및 확산될 수 있게 되었다.

둘째, 초연결사회가 등장하고 이를 통해 세상의 모든 것이 인터넷을 통해 연결되면서 디지털화된 데이터가 매우 빠른 속도로 축적되기 시작하였다. 과거에는 저장하기 힘들었던 온갖 데이터들이 사물인터넷 등을 통해 데이터화되기 시작한 것이다. 이는 초연결망을 통해 손쉽게 한 데 모이게 되었고 이로써 예전에는 상상할 수 없었던 규모의 데이터가 매일 엄청난 속도로 축적되고 있는 것이다.

(2) 빅데이터의 실질적 의미

그러나 빅데이터는 이렇게 형식적 의미만 갖는 것은 아니다. 빅데이터가 매우 빠른 속도로 생성되는 이질적이면서 다양하고 거대한 데이터라는 의미만 갖는다면, 이러한 빅데이터가 현재 진행되고 있는 제4차 산업혁명에서 특별한 지위를 차지하기는 어려울 것이다. 빅데이터가 갖는 진정한 의미는 수학적 알고리즘을 통해 빅데이터를 분석함으로써 과거에는 알지 못했던 새로운 정보나 통찰, 예측을 발견할 수 있다는 점에서 찾을 수 있다. 말하자면 빅데이터는 단순히 형식적인 데이터만으로 그치는 것이 아니라, 끊임없이 새로운 정보와 통찰을 가르쳐주는 지식의 광산이자 보고인 것이다. 바로 이 점에서 오늘날 빅데이터가 새로운 성장동력으로 관심을 모으고 있는 것이다.

2. 빅데이터의 기능

빅데이터가 수행하는 기능은 긍정적인 순기능과 부정적인 역기능으로 구분하여 살펴볼 수 있다.

(1) 순기능

위에서 언급한 것처럼, 빅데이터는 새로운 정보나 통찰을 얻는 데 기여한다. 수학적 알고리즘에 기반을 둔 '데이터 마이닝'(data mining)을 사용함으로써 기존에 알지 못했던 패턴을 빅데이터에서 발견하기도 하고, 앞으로 어떤 일이 발생할 것인지를 예측하기도 한다. 특히 빅데이터의 예측능력은 빅데이터만이 갖고 있는 강력한 무기가 된다. 이는 사회 여러 방면에서 유용하게 활용될 수 있다.

예를 들어 경제영역에서 빅데이터의 예측능력은 새로운 성장동력이 될 수 있다. 빅데이터 분석을 통해 소비자의 소비패턴을 발견함으로써 개별 소비자에게 적합한 맞춤형 서비스를 제공할 수 있다. 세계적인 온라인 소매업체인 '아마존'(Amazon)이 활용하는 도서추천서비스가 가장 대표적인 예에 해당한다. 국내 온라인 소매업체인 '쿠팡'(Coupang) 역시 빅데이터를 활용해 각 소비자에게 최적화된 물류서비스를 제공한다.

빅데이터의 예측능력은 재해영역에서도 유용하게 활용될 수 있다. 이를테면 홍수나 태풍 등과 같은 자연재해나 교통사고나 화재와 같은 사회재난이 언제 어디서 무엇 때문에 발생하는지를 예측함으로써 이를 예방할 수 있는 적절한 대책을 마련할 수 있다.

범죄영역에서도 빅데이터를 활용할 수 있다. 가령 어떤 지역에서 어떤 범죄가 빈번하게 발생하는지를 예측함으로써 범죄를 예방하고 억제할 수 있는 조치를 제때에 취할 수 있다. 빅데이터 분석을 활용해 범죄로부터 안전한 도시설계를 구현할 수도 있다. 이처럼 빅데이터의 예측능력을 사회 각 영역에 적용함으로써 사회적 공리를 증진할 수 있다.

(2) 역기능

그러나 빅데이터가 순기능만 수행하는 것은 아니다. 빅데이터는 부정적인 역기능 역시 수행할 수 있다. 말하자면, 빅데이터 그 자체가 새로운 사회적 위험이 될 수 있는 것이다. 예를 들어 빅데이터가 갖고 있는 강력한 예측능력은 각 개인이 앞으로 어떻게 행위할 것인지를 예측하는 데 그치지 않고, 더 나아가 각 개인을 총체적으로 프로파일링하는 데 악용될 수 있다. 이를 통해 각 개인이 사회에 유용한 인물인지, 아니면 위험한 인물인지를 선별할 수 있다. 이는 새로운 차별로 이어질 것이다. 그뿐만 아니라, 영화 "마이너리트 리포트"가 시사하는 것처럼, 빅데이터 분석을 활용함으로써 범죄자가 될 인물을 미리 선별하고 사회로부터 배제할 수 있다. 결국 빅데이터는 우리의 행위자유를 극단적으로 억제하는 도구가 될 수도 있다. 이뿐만 아니라, 빅데이터는 현재의 사회구조 그 자체를 선한 것으로 파악함으로써 이를 무비판적으로 재생산하는 데 일조할 수 있다. 빅데이터 분석에 의해 사회구조의 혁신이나 진화가 오히려 방해될 수 있는 것이다.

Ⅲ. 의료 빅데이터의 기능과 사회구조의 변화

1. 의료 빅데이터의 순기능과 역기능

(1) 의료 빅데이터의 순기능

앞에서 살펴본 빅데이터의 순기능은 의료 빅데이터에서도 그대로 적용할 수 있다. 검색어만으로 언제 어디서 독감이 유행할 것인지를 예측하는 알고리즘을 개발한 구글의 사례가 좋은 예가 된다. 의료정보와 관련된 빅데이터를 수집하고 이를 관리·분석함으로써 현재 우리가 직면하거나 해결하지 못하고 있는 다양한 의료적 문제를 해결할 수 있다. 이는 크게 치료와 예방이라는 측면에서 살펴볼 수 있다.

먼저 의료 빅데이터를 활용함으로써 현재 치료하지 못하고 있는 각종 질병에 대한 치료법을 발견할 수 있다. 암이나 에이즈와 같은 각종 바이러스 질환은 여전히 우리 인류가 치료하지 못하고 있는 질병이다. 그러나 암이나 에이즈에 관한 빅데이터를 축적하여 이를 수학적 알고리즘으로 분석함으로써 암이나 에이즈 발병에 관한 유의미한 상관관계를 발견할 수 있을 것이다. 그렇게 되면 이러한 질병을 치료할 수 있는 치료법이나 의약품을 개발할 수 있을 것이다.

나아가 암이나 에이즈와 같은 난치병의 빅데이터를 수집 및 분석함으로써 이러한 질병을 예방할 수 있는 방안도 모색할 수 있다. 아마존 등에서 판매전략으로 활용하는 것처럼, 모든 사람이 개별적으로 갖고 있는 체질적·유전적 특성을 고려한 맞춤형 예방법도 개발되어 활용될 것이다. 심지어 각 개인의 유전자 정보만으로도 그 사람의 기대수명이나 발생가능한 질병 등을 예측할 수 있을 것이다. 이를 통해 유전자를 조작하거나 강화할 수 있는 방안도 개발될 것이다. 이를 통해 아마도 우리 인류는 거의 모든 질병에서 해방될 수 있는 계기를 마련할 수 있을지 모른다. 심지어 죽음에서 자유로워질 수 있을지도 모른다.

(2) 의료 빅데이터의 역기능

그러나 의료 빅데이터가 순기능만 발휘하는 것은 아니다. 의료 빅데이터의 역기능 역시 존재한다. 빅데이터가 본래적으로 그런 것처럼, 의료 빅데이터가 제대로 작동하려면 광범위한 의료정보가 필요하다. 이러한 의료정보에는 당연히 각 개인의 의료정보 역시 포함된다. 모든 개인의 의료정보가 빅데이터로서 축적되어야만 비로소 의료 빅데이터가 제대로 작동할 수 있다. 그런데 문제는 각 개인의 의료정보야말로 가장 민감한 개인정보에 속한다는 점이다. 현행 개인정보보호법에 따르면, 이러한 개인정보를 수집·관리·분석하기 위해서는 정보주체의 명시적인 사전동의(opt-in)가 필요하다. 사전동의를 거치지 않고 개인의 의료정보를 수집·관리·분석하는 것은 자기정보결정권을 침해하는 것이 된다. 그런데 각 정보주체가 의료 빅데이터를 위해 가장 민감한 정보인 의료정보를 수집·관리·분석하는 것에 동의를 해줄 것인지 의문이 든다. 아마도 대부분의 정보주체는 그에 상응하는 반대급부가 없는 한 이에 쉽사리 동의를 해주지는 않을 것이다. 이외에도 의료 빅데이터는 다양한 역기능 또는 위험을 안고 있는데, 이는 아래 Ⅳ.에서 상세하게 살펴보도록 한다.

2. 의료 빅데이터와 사회구조의 변화

(1) 의료 인공지능

이렇게 의료 빅데이터가 가능해지면, 이를 기반으로 하여 실제 의사처럼 진료하고 치료할 수 있는 인공지능 역시 가능해질 것이다. 사실 이는 이미 현실이 되고 있다. 현재 인공지능과학은 비약적으로 발전하고 있다. 한 때 정체기, 즉 '제2차 인공지능의 겨울'을 맞기도 했지만, 지난 2011년 '딥러닝'(deep learning)이 현실화되면서 이제는 스스로 추상적인 개념이나 패턴, 심지어 창의성을 발휘할 수 있는 인공지능이 개발되고 있다. 최근 바둑 세계랭킹 1위인 중국의 바둑기사 커제 9단을 3:0으로 압승한 '구글 딥마인드'의 '알파고'가 대표적인 경우에 해당한다. 이렇게 딥러닝이 실용화되면서 인간 의사처럼 질병을 진단하고 이에 대한 최선의 치료법을 제안할 수 있을 뿐만 아니라, 스스로 새로운 치료법을 개발할 수 있는 의료 인공지능을 현실화하는 것도 멀지 않은 장래의 일이 되고 있다.

(2) 사회구조의 변화

이렇게 의료 빅데이터와 의료 인공지능이 현실화·일상화되면, 이를 통해 다수의 난치병이 치료될 수 있을 것이고 인간의 수명도 그 만큼 연장될 것이다. 이는 사회구조 역시 급격하게 변화시킬 것이다. 인간의 수명이 비약적으로 늘어남으로써 사회는 초고령사회로 변모할 것이다. '고령'이라는 개념도 새롭게 설정될 것이다. 동시에 '생명양극화'도 심화될 것이다. 의료 빅데이터와 인공지능의 혜택을 받기 위해서는 고액의 비용이 소요될 것이기 때문이다. 그 때문에 이러한 혜택이 사회 모든 구성원에게 골고루 배분되는 것이 어렵게 될지도 모른다. 생명양극화는 다시 사회적 양극화를 심화시킬 것이다. 이는 의료 빅데이터와 인공지능이 우리 사회에 새로운 위험을 야기한다는 것을 뜻한다.

Ⅳ. 새로운 위험과 인간존재의 미래

이처럼 의료 빅데이터와 인공지능은 우리 인류에게 난치병 치료와 수명연장이라는 크나큰 사회적 공리를 안겨주지만, 동시에 새로운 사회적 위험을 야기한다. 이러한 사회적 위험으로는 다음을 언급할 수 있다.

1. 개인의료정보 침해위험

먼저 가장 민감한 정보에 속하는 개인의료정보가 자의적으로 침해될 위험성이 높아진다. 의료 빅데이터를 구축하고 실현하려면, 각 개인의료정보를 모두 수집·저장·분석·활용할 수 있어야 한다. 무엇보다도 각 병원이 보관하고 있는 개인의료정보를 광범위하게 공유할 수 있어야 한다. 그렇게 해야만 비로소 진정한 의미의 의료 빅데이터가 구축될 수 있다. 그러나 이렇게 의료 빅데이터를 구축하는 것은 자칫 명시적인 사전동의원칙을 규정하는 개인정보보호법과 충돌할 수 있다. 더욱 정확하게 말해, 의료 빅데이터를 위해 개인정보보호법이 규정하는 자기정보결정권을 침해할 수 있는 것이다. 이미 언급한 것처럼, 의료 빅데이터가 실현되기 위해서는 각 개인의 민감정보인 의료정보를 광범위하게 수집·공유·관리·분석할 수 있어야 한다. 그러나 각 개인이 민감정보에 속하는 자신의 의료정보를 수집 및 공유하여 낱낱이 분석하는 것에 사전동의를 할 것인지 의문이 든다. 아마도 대부분의 개인들은 이를 거부할 것이다. 그렇게 되면, 의료 빅데이터를 구축하고자 하는 기관에게는 두 가지 선택지만 남는다.

첫째는 각 개인의 자기정보결정권을 침해하면서 의료 빅데이터를 구축하는 것이다. 이는 명백하게 개인정보보호법을 침해하는 것이므로, 은밀하게 진행시켜야 할 것이다.

둘째는 개인의료정보에 대한 자기정보결정권을 무력화시킬 수 있는 제도적 방안을 모색하는 것이다. 이에 관한 구체적인 방안으로는 다음 세 가지를 꼽을 수 있다. 첫째는 포괄적인 사전동의방식을 도입하는 것이다. 둘째는 포괄적인 사후승인방식(opt-out)을 도입하는 것이다. 셋째는 자기정보결정권을 무력화시킬 수 있는 예외규정을 확대하는 것이다. 이러한 방안은 모두 제도적 장치를 통해 명시적인 사전동의방식을 원칙으로 하는 자기정보결정권을 무력화하는 것이라고 말할 수 있다.

2. 새로운 운명론으로서 생명결정론

다음으로 새로운 운명론이 전체 사회를 지배할 것이다. 왜냐하면 의료 빅데이터는 수학적 알고리즘을 바탕으로 하여 한 개인의 건강이 앞으로 어떻게 전개될 것인지를 아주 높은 수준의 확률로 예측할 수 있기 때문이다. 유전자 정보나 체질적 특성을 분석하는 것만으로도 각 개인의 생명과 건강이 앞으로 어떻게 전개될 것인지, 그가 앞으로 얼마나 살 것인지를 예측할 수 있는 것이다. 새로운 운명론으로서 생명결정론이 사회 전체를 지배할 것이다. 그런데 이러한 새로운 운명론은 긍정적인 기능도 수행할 수 있지만, 오히려 부정적인 기능이 더 눈에 띌 것이다. 가장 큰 문제는 생명결정론에 따라 각 개인을 평가하고 서열화하며 차별하는 것이다. 생명결정론에 따라 우수한 인간과 열등한 인간이 선별될 수 있을 것이다. 이는 결국 새로운 우생학을 초래할 것이다.

3. 생명불평등 심화

나아가 생명불평등을 심화시킬 것이다. 물론 위에서 언급한 것처럼 생명결정론이 지배하게 되면, 인간은 태어나면서부터 생명결정론에 따라 그 가치가 결정될 것이다. 이는 평등하게 이루어지지 않을 것이다. 그러나 의료 빅데이터와 인공지능을 통해 생명공학이 더욱 발전하면, 생명결정론을 극복할 수 있는 방안도 개발될 것이다. 유전자의 결함을 극복할 수 있는 유전자 조작 기술이 실용화되면서 자신의 생명가치를 제고할 수 있는 가능성도 열릴 것이다. 그러나 이러한 혜택을 얻기 위해서는 사회적 지위 및 경제적 지원이 수반되어야 한다. 이러한 혜택을 받을 수 있는 인간은 제한되어 있기 때문이다. 물론 생명가치를 제고할 수 있는 과학기술이 마치 인권처럼 모든 사회구성원들에게 보편적으로 적용될 수 있다면, 생명불평등 문제는 등장하지 않을지 모른다. 그러나 현실적으로는 생명가치를 드높일 수 있는 과학기술이 사회에서 선택받은 소수의 사람들에게만 적용될 가능성이 높다. 이를 통해 생명불평등은 심화될 것이다.

4. 생명 개념의 진화와 인격성의 확장

마지막으로 이는 의료 빅데이터와 직접적으로 연관되는 것은 아니지만, 인공지능이 혁신적으로 발전하면서 인간과 기계의 경계가 점점 희미해지고, 제4차 산업혁명으로 IT와 BT 간의 융합이 심화되면서, 생명 개념 역시 새로운 진화의 계기를 마주하게 될 것이다. 전통적인 생명과는 구별되는 새로운 생명, 즉 '탈탄소중심적인 생명'이 출현하는 것이다. 이는 크게 두 가지 측면에서 이루어질 것이다. 첫째, 전통적인 생명과 기계의 융합이 촉진되면서 하이브리드적인 생명이 출현할 것이다. 둘째, '약한 인공지능'을 넘어서 인간처럼 스스로 생각하고 판단할 수 있는 '강한 인공지능'이 등장함으로써 탄소중심적인 생명이 아닌 기계로만 구성된 새로운 생명이 출현할지도 모른다. 이러한 새로운 생명은 탄소로 구성된 유기체는 아니지만, 스스로 자신에게 필요한 구성요소와 에너지를 생산하는 '자기생산성'(autopoiesis)을 갖추게 될 것이다. 자기생산성을 전통적인 생명 개념에서 가장 핵심적인 특징으로 꼽을 수 있다면, 자기생산성을 갖게 된 기계 역시 생명이 아니라고 말할 근거가 희박해진다.

이렇게 새로운 생명 개념이 정착하게 되면, 인간을 기반으로 하여 개념화된 '인격성' 역시 확대될 것이다. 이를테면 인공지능이 새로운 인격으로서, 즉 '전자인'(electronic person)으로 등장할 것이다. 이는 인간존재에 대해 새로운 도전이자 새로운 진화의 계기가 될 것이다.

V. 대응방향

마지막으로 의료 빅데이터가 초래하는 사회구조의 변화와 새로운 사회적 위험에 어떻게 대응해야 하는지 그 방향을 간략하게 제시하고자 한다.

1. 새로운 개인정보 관련 권리 설정

먼저 의료 빅데이터에 대응할 수 있는 새로운 개인정보 관련 권리를 설정할 필요가 있다. 의료 빅데이터가 안겨주는 사회적 공리를 고려할 때 일정한 범위에서 의료 빅데이터를 허용하는 것은 어쩔 수 없는 흐름이 될 것이다. 이러한 상황에서 명시적인 사전동의방식을 취하는 정보자기결정권을 고수하는 것은 사회변화에 적절하게 대응하는 방안이 되지는 못할 것이다. 그러므로 한편으로는 의료 빅데이터를 허용하면서도, 다른 한편으로는 각 개인의 민감한 의료정보를 보장할 수 있는 방안을 모색해야 한다. 이러한 방안으로 다음과 같은 제도적 장치를 고려할 필요가 있다.

첫째는 의료 빅데이터의 사용목적을 제한하는 것이다. 암이나 에이즈와 같은 난치병을 치료한다는 공익 목적을 위해서만 의료 빅데이터를 허용하는 것이다. 이러한 경우에는 명시적인 사전동의를 받지 않아도 각 개인의 의료정보를 수집·공유·관리·분석할 수 있도록 해야 한다. 물론 이러한 경우에도 개인이 명시적으로 원하는 때에는 그 개인에게 적합한 의료 빅데이터를 활용할 수 있다.

둘째는 의료 빅데이터를 분석하는 데 사용하는 수학적 알고리즘을 투명하게 공개하도록 하는 것이다. 일종의 설명의무에 해당한다고 말할 수 있다. 이렇게 함으로써 의료 빅데이터가 자의적인 알고리즘으로 타당하지 않은 결과를 도출하는 것을 어느 정도 억제할 수 있을 것이다.

셋째는 의료 빅데이터를 수집·공유·분석할 때 각 의료정보가 누구의 것인지를 밝히지 못하도록 해야 한다. 말하자면 익명화 원칙을 고수하도록 하는 것이다. 이렇게 함으로써 개인의 민감한 의료정보가 대외적으로 노출되는 것을 막을 수 있다.

2. 건강에 따른 차별금지

다음으로 건강에 따른 차별이 이루어지지 않도록 해야 한다. 달리 말해, 건강에 따른 차별을 금지하는 것이다. 의료 빅데이터가 구축되면 데이터 마이닝을 통해 건강에 대한 예측이 가능해진다. 이러한 예측기능은 개인의 건강을 증진하는 데 긍정적인 기여를 할 것이다. 그렇지만 반대로 이 같은 예측기능은 각 개인의 건강을 이유로 한 차별을 유발할 수도 있다. 예를 들어, 회사에서 근로자를 채용하는 데 이러한 예측기능이 활용되면, 자칫 앞으로 건강이 좋지 않을 것으로 예측되는 지원자를 채용에서 배제하는 데 악용될 수 있다. 지금 당장은 건강에 문제가 없지만, 앞으로 건강이 나빠질 수 있다는 이유로 채용에서 차별을 받을 수 있는 것이다. 따라서 의료 빅데이터의 예측기능이 이렇게 각 개인을 차별하는 데 사용되는 것은 막아야 한다.

3. 의료 및 생명불평등 제거

나아가 의료와 생명에 관한 공정성을 확보할 수 있도록 사회구조를 새롭게 설계해야 한다. 이를 통해 의료 및 생명불평등을 제거해야 한다. 앞에서도 언급한 것처럼, 의료 빅데이터의 혜택을 누리기 위해서는 사회적 지위 및 경제적 지위가 뒷받침되어야 할 것이다. 이른바 '가진 자'들에게 의료 빅데이터의 혜택이 편중될 우려가 높다. 이는 새로운 사회문제로 부각될 것이다. 따라서 의료 빅데이터의 혜택이 불평등하게 배분되지 않도록 사회구조 및 규제를 설계해야 한다.

4. 새로운 생명 개념 수용

마지막으로 장기적으로 새로운 생명 개념, 즉 '탈탄소중심적 생명 개념'을 수용할 준비를 해야 한다. 의료 빅데이터가 구축되고 활용되면, 인간의 생명은 비약적으로 늘어날 뿐만 아니라 생명공학 역시 급속도로 발전할 것이다. 그렇게 되면 기존의 생명과는 구별되는 새로운 생명, 기존의 호모 사피엔스와는 구별되는 새로운 인류가 등장할 수 있다. 이에 대비할 수 있도록 새로운 생명 개념과 인격 개념을 구상할 필요가 있다. 아마 이때 생명 개념과 관련해서는 '자기생산성'(autopoiesis)이, 인격 개념과 관련해서는 '자율성'과 '소통가능성'이 핵심표지로 자리매김할 것이다.

제4장
현대 초연결사회에서
정보보호 법정책의 방향

Ⅰ. 서 론

이미 앞에서 언급한 것처럼, 현대 초연결사회에서는 그 어느 때보다 정보보호의 필요성이 증가하고 있다. 모든 것이 연결되는 초연결사회에서는 개인정보 및 공공정보가 침해될 위험이 비약적으로 증대하고 있기 때문이다. 따라서 초연결사회가 가져다주는 사회적 공리를 누리면서도 개인정보 및 공공정보를 보호하기 위해서는 현대 초연결사회에 적합한 정보보호 법정책을 구상하고 실현할 필요가 있다. 제4장에서는 제4차 산업혁명 시대에 대응하는 정보보호 법정책이란 무엇인지 개관해 보고자 한다.

Ⅱ. 정보보호 관련 법제도의 현황 및 문제점

1. 현대사회에서 발생하는 침해사고의 특징

먼저 오늘날 정보통신망을 비롯한 정보통신기반시설에 자행되는 침해사고가 어떤 특징을 지니고 있는지 살펴본다.[1]

---

1) 정보통신망법 제2조 제1항 제7호에 따르면, "침해사고"란 "해킹, 컴퓨터바이러스, 논리폭탄, 메일

(1) 침해사고의 급속한 진화

침해사고의 방법이 급속하게 진화하고 있다. 이는 침해사고와 관련한 데이터의 증가, 관련 정보통신기술의 급격한 발전과 무관하지 않다. 이로 인해 해킹이나 컴퓨터 바이러스 기술 등이 더욱 복잡하게 진화하고 있다. 더불어 피싱이나 스미싱, 랜섬웨어와 같은 새로운 침해수단도 출현하고 있다. 침해사고기술 및 방법의 진화속도가 너무 빨라 이에 적절하게 대응하는 것이 쉽지 않은 상황이다.

(2) 침해사고의 가능성 증가

침해사고가 발생할 가능성이 더욱 증대하고 있다. 이는 무선인터넷과 사물인터넷으로 구현된 초연결사회의 출현과 무관하지 않다. 기존의 해킹은 대규모의 데이터를 구축하고 있는 정보통신서비스 제공자 등을 목표로 하는 경우가 많았다. 그러나 그 다음에는 컴퓨터 바이러스로 개인이 소유하는 컴퓨터를 좀비화하여 정보통신망을 공격하는 이른바 분산서비스거부(DDos: Distributive Denial of Service) 공격이 등장하였다. 그리고 지금은 사물인터넷을 공격함으로써 전체 정보통신망을 마비시키는 일도 가능해지고 있다. 모든 것이 인터넷으로 연결되어 있기 때문이다. 예를 들어, 자동차나 개인이 갖고 있는 스마트폰을 공격함으로써 중요 정보통신망을 마비시키는 일도 가능해지고 있다. 이렇게 침해사고가 발생할 가능성이 광범위하게 증대하면서 이를 사전에 예방하거나 대응하는 것도 점점 더 어려워지고 있다.

(3) 피해의 확대위험 증가

침해사고로 발생하는 피해가 광범위하게 확대될 위험도 증가하고 있다. 이 역시 초연결사회에 기인한 것이다. 정보통신망을 통해 사람과 사람, 사람과 사물, 사물과 사물이 연결됨으로써 어느 한 쪽에 침해사고가 발생하면 그 피해가 초연결망을 통해 광범위하게 확산될 수 있는 것이다. 이 때문에 침해사고가 발생했을 때 비로소 이에 대응하는 현재적·사후적 규제방식보다 침해사고가 발생하기 전에 이를 예방하는 사전적 규제방식이 더욱 중요해지고 있다. 바로 이러한 근거에서 오늘날 안전사회 패러다임이 더욱 힘을 얻고 있는 것이다.

폭탄, 서비스 거부 또는 고출력 전자기파 등의 방법으로 정보통신망 또는 이와 관련된 정보시스템을 공격하는 행위를 하여 발생한 사태를 말한다."

2. 현행 정보보호 관련 법제도의 현황

현재 정보통신기술을 규율하는 법은 다양하게 그리고 비체계적으로 존재한다.[2] 그 중에서 정보보호와 관련을 맺는 법률로는 다음 네 개를 들 수 있다. "정보통신망 이용촉진 및 정보보호에 관한 법률"(정보통신망법), "정보통신기반 보호법", "정보보호산업 진흥에 관한 법률"(정보보호산업 진흥법), "개인정보보호법"이 그것이다. 이 중에서 개인정보보호법은 개인정보보호를 목적으로 하는 일반법으로 기능을 수행한다.[3] 정보통신망법은 정보통신망을 기본축으로 하여 정보통신망 이용촉진을 도모하고 정보보안을 실현하며 정보통신망에서 개인정보를 보호하는 것을 목적으로 한다.[4] 정보통신기반 보호법은 정보통신망을 운용하는 데 바탕이 되는 '정보통신기반 시설'(ICT Infrastructure)을 보호하는 것을 목적으로 한다.[5] 마지막으로 정보보호산업 진흥법은 정보보호산업을 육성하고 진흥하는 것을 목적으로 한다.[6]

이러한 정보보호에 관한 법률은 정보보호의 유형에 따라 두 가지로 구분할 수 있다. 정보보안 또는 일반적 정보보호에 관한 법률과 개인정보보호에 관한 법률이 그것이다. 정보통신기반 보호법과 정보보호산업 진흥법이 전자에 관한 법률이라면, 개인정보보호법은 후자에 관한 법률에 속한다. 정보통신망법은 두 가지 속성을 모두 갖고 있다. 다만 개인정보보호법이 제정된 이후에는 실질적으로 정보보안에 좀 더 비중을 두고 있다고 말할 수 있다.

3. 문제점

그러면 현행 정보보호 관련 법제도는 어떤 문제점을 지니고 있는가? 이는 정보보호 관련 법제도가 일반적·공통적으로 갖고 있는 문제점과 개별 법률이 고유하게 갖고 있는 문제점으로 나누어 살펴볼 수 있다.

---

2) 이에 관해서는 심우민, "ICT 법체계 개선에 관한 입법학적 검토", 『과학기술법연구』 제21집 제3호(2015. 10); 최경진, "미래 ICT 법제체계 개편방향", 『정보법학』 제17권 제1호(2013. 5) 등 참조.
3) 개인정보보호법 제1조.
4) 정보통신망법 제1조.
5) 정보통신기반 보호법 제1조.
6) 정보보호산업 진흥법 제1조.

(1) 일반적 문제점

1) 비체계성

우선 현행 정보보호 관련 법제도는 비체계적으로, 달리 말해 비정합적으로 제도화되어 있다. 그 때문에 정보보호 관련 법제도, 더 나아가 정보통신 관련 법제도를 체계적으로 일별하는 것은 쉽지 않다. 그 이유는 정보통신 관련 법제도가 오랜 준비와 논의 끝에 마련된 것이 아니라, 그때그때의 상황에 맞게 즉흥적으로 마련되었다는 점에서 찾을 수 있다. 그 점에서 정보통신 관련 법제도는 이른바 판덱텐 체계가 아닌 사안 중심적 체계에 더 가깝게 제도화되었다. 물론 모든 법제도를 대륙의 판덱텐 체계로 제도화하는 것은 쉽지 않고 또 그래야 할 필연적인 이유도 없을 것이다. 판례법 전통과 사안중심적 법체계를 따르고 있는 미국법도 법적 분쟁을 적절하게 해결하고 있기 때문이다. 다만 현행 정보통신 관련 법제도가 이미 체계적으로 접근하기 어려울 정도로 비대해지고 있다는 점, 현행 정보보호 관련 법제도가 특히 개인정보보호에 관해 중복적인 법적 규율을 갖고 있다는 점, 법제도의 체계성 및 정합성이 제고되면 될수록 더욱 효율적으로 법적 분쟁을 해결할 수 있다는 점에서 현행 정보보호 관련 법제도를 체계적·정합적으로 정비할 필요가 있다.[7] 이를 위한 한 가지 방안으로 통합정보보호법을 마련하는 것을 고려할 수 있다.

2) 관할경합

다음으로 관할경합 문제를 들 수 있다. 관할경합 문제는 크게 두 지점에서 발생한다. 첫째, 정보통신망에서 개인정보를 보호하는 것에 관해 정보통신망법과 개인정보보호법이 경합한다.[8] 그런데 그 규율내용을 보면 두 법률 사이에 큰 차이가 없다. 그러나 이렇게 동일한 법적 문제를 서로 다른 법률이 동시에 관할하는 것은 '법체계의 효율적 적용'이라는 측면에서 문제가 있다. 둘째, 아직 제정되지는 않았지만 국가정보원이 제안한 "국가사이버안보법안"과 정보보호 관련 법제도가 경합한다. 물론 국가사이버안보법안은 제1조에서 "국가안보를 위협하는 사이버공격을 예방하

---

7) 체계이론에 따르면, 법체계는 사회체계의 복잡성을 감축하는 기능을 수행하는데, 법체계가 이러한 기능을 성공적으로 수행할 수 있으려면 그 자체가 적절한 복잡성과 체계성을 갖추어야 한다. 이에 관해서는 양천수, "개념법학과 이익법학을 넘어선 법도그마틱 구상: 루만의 법도그마틱 구상을 중심으로 하여", 『성균관법학』 제18권 제1호(2006. 6), 575-601쪽 참조.
8) 이에 관해서는 박노형, "개인정보보호법과 정보통신망법의 관계 분석: 개인정보보호법 제6조를 중심으로", 『안암법학』 제41호(2013. 5), 133-157쪽; 심우민, "개인정보 보호법제의 체계간 정합성 제고방안", 『영산법률논총』 제12권 제1호(2015. 6), 51-67쪽 등 참조.

고, 사이버위기에 신속하고 적극적으로 대처함으로써 국가의 안전 보장 및 국민의 이익 보호에 이바지함을 목적으로 한다"고 규정함으로써 관할영역을 명확하게 획정하는 있는 것처럼 보인다. 그렇지만 구체적인 상황에서 사이버공격이 발생했을 경우 이에 대해 국가사이버안보법안이 적용되어야 하는지, 아니면 정보통신망법이나 정보통신기반 보호법이 적용되어야 하는지 문제될 수 있다.

3) 거버넌스 경합

나아가 거버넌스 경합도 문제가 된다.[9] 이러한 거버넌스 경합은 두 지점에서 발견할 수 있다. 첫째는 정보보호에 관해 발생하는 거버넌스 경합이고, 둘째는 개인정보보호에 관해 발생하는 거버넌스 경합이다. 첫째, 정보보호에 관해서는 현재 국가정보원과 과학기술정보통신부가 거버넌스 경합을 하고 있다. 이 점은 정보통신기반 보호법에서 발견할 수 있다. 정보통신기반 보호법은 주요정보통신기반시설 지정에 관해 국가정보원장과 과학기술정보통신부장관이 이를 권고할 수 있도록 규정하고 있기 때문이다(제8조의2). 이처럼 정보보호에 관해 국가정보원과 과학기술정보통신부가 거버넌스 경합을 하고 있기에 이를 명확하게 획정할 필요가 있다는 논의가 계속해서 이루어지고 있다. 그렇지만 지난 2017년 1월 3일 국가정보원이 제출한 "국가사이버안보법안"에서는 사이버안보에 관해 국가정보원의 권한을 강화하는 내용을 담고 있다. 물론 정보보호와 사이버안보는 개념적으로 구별할 수 있을지 모르지만, 넓은 의미로는 모두 정보보안에 해당한다. 이 때문에 여전히 정보보호에 관해 거버넌스 획정 문제가 상존하고 있다.

둘째, 개인정보보호와 관련해서도 거버넌스가 경합한다. 개인정보보호에 관해서는 현재 정보통신망법과 개인정보보호법이 경합해서 규율하고 있다. 물론 전자는 정보통신망에서 문제되는 개인정보를 다루는 것이기는 하지만, 양자는 거의 같은 내용을 규율한다. 그런데 전자를 다루는 거버넌스는 방송통신위원회인데 반해, 후자는 행정안전부 산하의 개인정보보호위원회가 맡고 있다.[10] 이 때문에 이를 일원화해야 한다는 논의가 계속해서 이루어지고 있다.

---

9) 거버넌스 개념에 관해서는 정명운, 『거버넌스 제도체계 구축을 위한 법제화 방안 연구』(한국법제연구원, 2009), 17쪽 아래 참조.
10) 정보통신망법 제4장 및 개인정보보호법 제2장 참조.

4) 규제방식의 경합

이어서 정보를 보호하기 위해 사용되는 규제방식이 경합 또는 중복되고 있다는 점을 지적할 수 있다. 예를 들어, 정보통신망법은 정보보안을 위한 '정보보호 관리체계 인증'(ISMS) 제도와 개인정보를 보호하기 위한 '개인정보보호 관리체계 인증'(PIMS) 제도를 각각 규정한다(제47조 제2항 및 제47조의3). 개인정보보호법 역시 '개인정보보호인증' 제도를 규율한다(제32조의2). 이와 유사하게 정보보호산업 진흥법은 정보보호 준비도 평가 및 정보보호 공시제도를 규율한다(제12조 및 제13조). 물론 엄밀하게 보면, 이러한 규제방식은 각각 다른 목적을 추구한다. 이를테면 정보보호 관리체계 인증은 정보보안을, 개인정보보호 관리체계 인증은 개인정보보호를 목적으로 한다. 그렇지만 이러한 규제가 실질적으로 중복되고 있다는 지적도 있고,[11] 수범자의 입장에서는 규제가 중복된다고 보일 수 있다.

5) 미흡한 새로운 정보통신기술 성과 수용

마지막으로 현행 정보보호 관련 법제도는 최근 급격하게 발전하고 있는 정보통신기술의 성과를 제대로 반영하지 못하고 있다. 이는 두 가지 측면에서 언급할 수 있다.

첫째, 정보통신망에 실제로 참여하는 이른바 '정보통신망 참여자'의 범위가 확장되었는데, 이를 적절하게 고려하지 못하고 있다. 예를 들어, 초연결사회를 선도하는 사물인터넷이나 지능정보사회를 대변하는 약한 인공지능을 정보보호 관련 법제도에서 아직 제대로 고려하지 못하고 있다. 사물인터넷이나 자율주행자동차와 같은 약한 인공지능을 '정보보호제품'이라는 측면에서 접근할 것인지, 아니면 이를 독자적인 '정보통신망 참여자'로 고려할 것인지 제대로 논의되지 않고 있다.[12]

둘째, 급속도로 지능화하고 있는 사이버 공격에 적절하게 대응하지 못하고 있다는 점이다. 이를테면 새로운 정보통신기술을 업고 광범위하게 자행되는 사이버 공격에 적절하게 대응하기 위해서는 사이버 공격에 관한 데이터를 축적해 이를 널리 공유할 수 있도록 하거나 침해사고를 예방하는 데 필요한 권한과 의무를 모든 정보통신망 참여자에게 적절하게 부과해야 하는데, 이는 여전히 미흡한 상황이다.

---

11) 감사원, 『감사보고서: 국가 사이버안전 관리 실태』(2016. 3), 46쪽 아래 참조.
12) 자율주행차 문제에 관해서는 서울대 법과경제연구센터, 앞의 책, 81쪽 아래 참조.

(2) 개별적 문제점

이러한 일반적 문제점 이외에도 정보보호 관련 법률들, 가령 정보통신망법이나 정보통신기반 보호법, 정보보호산업 진흥법은 각각 개별적인 문제점도 안고 있다. 아래에서는 이 중에서 몇 가지 중요한 문제를 선별해서 언급하도록 한다.

1) 정보통신망법에 관한 문제점

정보통신망법에 관한 주요 문제점으로는 다음과 같은 것을 언급할 수 있다.[13] 첫째, 현행 정보통신망법은 정보통신망 참여자를 '정보통신서비스 제공자'와 '이용자'를 기준으로 하여 규율한다. 말하자면, 정보통신망법에서는 정보통신서비스 제공자와 이용자의 관계가 주로 문제가 되는 것이다. 그러나 이러한 규율태도는 현대 지능정보사회에서 문제되는 사물인터넷이나 인공지능 등을 적절하게 고려하지 못하고 있는 것이다. 따라서 이렇게 정보통신서비스 제공자와 이용자의 관계를 중심으로 하는 규율태도를 앞으로도 유지할 것인지 고민해야 할 필요가 있다.

둘째, 정보통신망법이 규정하는 정보통신서비스 제공자 개념이 현재 상황에 비추어볼 때 너무 좁게 설정되어 있다는 것이다. 정보통신망법 제2조 제1항 제2호에 따르면, 정보통신서비스 제공자란 "「전기통신사업법」 제2조 제8호에 따른 전기통신사업자와 영리를 목적으로 전기통신사업자의 전기통신역무를 이용하여 정보를 제공하거나 정보의 제공을 매개하는 자"를 뜻한다.[14] 여기서 알 수 있듯이, 정보통신서비스 제공자 개념에서는 '영리목적'이 중요한 표지가 된다. 이로 인해 그 만큼 정보통신서비스 제공자가 될 가능성이 적어진다. 그렇지만 정보통신망법이 정보통신서비스 제공자에게 정보보호를 위해 사전점검이나 정보보호 관리체계 인증과 같은 다양한 책무를 부과하고 있다는 점을 고려할 때 정보통신서비스 제공자 개념은 그 외연을 더욱 넓힐 필요가 있다.[15]

셋째, 정보통신망법이 침해사고를 예방하거나 억제하기 위해 과학기술정보통신부장관에게 부여하는 권한이 너무 추상적으로 규정되어 있거나 미흡하다는 점이다. 이를테면 침해사고가 현재 발생하였을 때 이를 해결하기 위해 원용할 수 있는 보호

---

13) 이에 관해서는 우선 양천수, "정보통신망법 해석에 관한 몇 가지 쟁점", 『과학기술과 법』(충북대) 제8권 제1호(2017. 6), 1-33쪽 및 이 책 제5장 참조.
14) 강조는 인용자가 추가한 것이다.
15) 이에 관해 현행 정보통신망법은 '주요 정보통신서비스 제공자'라는 개념을 사용하면서도(제48조의2 제2항 제1호), 누가 주요 정보통신서비스 제공자가 되는지를 규율하지 않고 있다. 일종의 흠결이 발생하고 있는 셈이다.

조치 권한이 상대적으로 미흡하다.[16] 또한 침해사고를 예방하거나 사후적으로 침해사고를 분석할 때 과학기술정보통신부장관이 과연 어느 범위까지 침해사고 관련 정보를 분석 및 평가할 수 있는지 명확하지 않다. 왜냐하면 이 경우 침해사고를 예방하기 위한 조치가 개인정보에 관한 정보자기결정권이나 지식재산권과 충돌하는 경우가 발생할 수 있기 때문이다. 예를 들어, 침해사고를 예방하기 위해 '리버스 엔지니어링'(reverse engineering)을 수행할 때 이 같은 문제가 발생할 수 있다.[17] 침해사고를 예방하거나 그 확산을 방지하기 위해서는 리버스 엔지니어링을 해야 할 필요가 종종 발생한다. 그러나 이렇게 리버스 엔지니어링을 하는 과정에서 다른 법률, 그 중에서도 지식재산권법과 충돌하는 문제가 발생한다. 예를 들어, 휴대전화 해킹문제를 분석하고 이에 대처하기 위해서는 때로는 리버스 엔지니어링을 사용하여 휴대전화의 프로그램을 이진법 코드로 변환해야 할 필요가 있다. 그런데 이때 제조사가 특허 등을 근거로 이를 허용하지 않을 수 있는 것이다. 이러한 경우에 과학기술정보통신부장관이 정보통신망법 제47조의4 제1항을 근거로 하여 지식재산권법을 무시한 채 "기술지원"의 일환으로 리버스 엔지니어링을 수행할 수 있을지 의문이다.

2) 정보통신기반 보호법에 관한 문제점

정보통신기반 보호법에 관해서는 다음과 같은 문제점을 언급할 수 있다.[18] 첫째, 정보통신기반 보호법이 염두에 두는 침해사고의 범위를 어떻게 설정해야 하는지가 문제된다. 현행 정보통신기반 보호법은 '전자적 침해'로부터 정보통신기반시설을 보호하는 것을 목적으로 하는데, 이렇게 침해사고를 전자적 침해로 한정하는 것이 적절한지, 그게 아니면 '물리적 침해'까지 포함시키는 것이 바람직한지 문제된다.[19]

둘째, 정보통신기반시설을 보호하기 위한 컨트롤타워를 어떻게 설정 및 운용하

---

16) 이에 관해서는 이부하, "「정보통신망법」 개정안에 대한 입법정책: 침해사고와 관련하여", 『법과정책』 제19집 제1호(2013. 2) 참조.

17) 이에 관해서는 강기봉, "컴퓨터프로그램의 리버스 엔지니어링에 관한 법정책적 소고", 『법제』 제664호(2014. 3), 68–101쪽 참조.

18) 이에 관해서는 홍종현·조용혁, 『정보통신기반보호법령의 개선방안에 대한 연구』(한국법제연구원, 2014) 참조.

19) 정보통신기반 보호법 제1조는 "목적"이라는 표제 아래 "이 법은 전자적 침해행위에 대비하여 주요정보통신기반시설의 보호에 관한 대책을 수립·시행함으로써 동 시설을 안정적으로 운용하도록 하여 국가의 안전과 국민생활의 안정을 보장하는 것을 목적으로 한다"고 규정한다. 강조는 인용자가 추가한 것이다.

는 것이 바람직한지 문제된다. 왜냐하면 이미 지적한 것처럼, 이에 관해서는 국정원과 과학기술정보통신부가 거버넌스 경합을 하고 있기 때문이다. 그 때문에 이를 조정할 수 있는 실질적인 컨트롤타워가 요청된다.

셋째, 정보통신기반 보호법은 민간이 운용하는 정보통신 관련 시설 역시 주요 정보통신기반시설로 지정하여 이에 관한 일정한 의무 및 책무를 부과한다(제8조). 이 과정에서 자연스럽게 비용이 발생하는데, 이에 대한 비용을 민간 스스로가 부담하도록 할 것인지, 아니면 이를 국가가 지원하도록 할 것인지 문제된다.[20]

넷째, 정보통신기반 보호법은 정보공유·분석센터를 규율하는데(제16조), 이에 관한 규정이 너무 간략하게 마련되어 있어 정보공유·분석센터를 실질적으로 운영하는 데 필요한 법적 근거가 부족하다는 문제가 지적된다.

3) 정보보호산업 진흥법에 관한 문제점

정보보호산업 진흥법은 시행된 지 얼마 되지 않아 아직 이에 관해 특별한 문제가 제기되지는 않고 있다. 다만 정보보호산업계에서는 다음과 같은 문제가 제기된다.[21] 정보보호산업 진흥법 제10조 제1항은 "정보보호제품 및 정보보호서비스의 대가"라는 표제 아래 "공공기관등은 정보보호사업의 계약을 체결하는 경우 정보보호산업의 발전과 정보보호제품 및 정보보호서비스의 품질보장을 위하여 적정한 수준의 대가를 지급하도록 노력하여야 한다"고 규정하는데, 이러한 "적정한 수준의 대가" 지급이 거래관행으로 정착되었는지에 관해 여전히 논란이 전개되고 있는 것이다. 정보보호사업 계약을 체결하는 경우 적정한 수준의 대가를 지급하도록 하는 것은 정보보호기업의 숙원사업이었다고 한다. 특히 '보안성 지속서비스 대가'가 제대로 정착되지 않았다는 비판이 제기된다. 이들에 의하면, 정보보호사업 계약은 정보보호제품 인도 + 정보보호제품 유지관리 + 보안성 지속서비스로 그 내용이 구성된다. 그러므로 적정한 대가가 실현되려면, 보안성 지속서비스에 대한 대가도 포함되어야 한다. 그런데 아직까지는 이러한 대가가 고려되고 있지 않다는 것이다.

나아가 이미 앞에서 지적한 것처럼, 정보보호산업 진흥법이 규정하는 정보보호 준비도 평가, 정보보호 공시 제도 및 정보통신망법이 규정하는 정보보호 관리체계

---

20) 현행 정보통신기반 보호법은 기술적 지원만을 규정하고 있다. 정보통신기반 보호법 제7조, 제24조 및 제25조 참조.
21) 이를 보여주는 "[사설]시행 1년 맞은 정보보호산업진흥법", 『전자신문』(2016. 12. 28)(http://www.etnews.com/20161228000378) 참조.

인증 제도가 규제 면에서 중복된다는 지적이 있다.

Ⅲ. 정보보호 관련 법제도의 개선방향

논의의 마지막으로서 정보보호 관련 법제도를 어떻게 개선하는 것이 바람직한지 개략적으로 그 방향을 제시하도록 한다.

1. 통합정보보호법 제정

(1) 체계화의 방안으로서 통합정보보호법 제정

가장 먼저 현재 비체계적·비정합적으로 난립하고 있는 정보통신 관련 법제도를 체계적으로 정립할 필요가 있다. 이에 대한 방안으로 이른바 통합정보보호법을 제정하는 것을 고려할 수 있다. 이는 현재 과학기술정보통신부가 한국인터넷진흥원과 함께 추진하고 있는 사업이기도 하다.

그러나 이렇게 통합정보보호법을 제정하는 것이 정보통신 관련 법제도를 체계화하는 데 도움을 줄 수 있는지, 더 나아가 정보통신 관련 법제도를 굳이 체계화해야 할 필요가 있는지 의문이 제기될 수 있다.[22] 그 이유를 다음과 같이 말할 수 있다. 정보통신기술 영역은 그 어느 영역보다도 변화와 진보가 빠른 속도로 진행되고 있다. 바로 이러한 이유에서 정보통신기술 영역을 규율하는 법은 상황에 적합하게 비체계적으로 제도화될 수밖에 없었다. 그런데 문제는 정보통신 관련법들을 체계적으로 통합한다고 해서 이러한 상황이 달라지지는 않는다는 것이다. 오히려 시간이 지나면 지날수록 변화의 속도는 더 빨라질 것이다. 그렇게 되면 설사 통합정보보호법을 제정한다고 해도 그 법은 금방 시대에 뒤처진 낡은 법이 되어 정보보호영역을 적절하게 규율할 수 없게 된다는 것이다. 이러한 근거에서 통합정보보호법을 제정함으로써 정보보호 관련 법제도를 정합적으로 체계화하는 것은 바람직한 법정책이 아니라는 것이다. 오히려 현재처럼 각 상황에 적합하게 법률을 만들어 가는 것이 정보통신기술 영역의 현실에 적절하게 대응하는 법정책이라는 것이다.

---

22) 이는 행정법학자인 이현수 교수가 필자의 주장에 대해 제기한 문제의식이기도 하다. 유익한 문제의식을 제시해주신 이현수 교수님께 이 자리를 빌려 감사인사를 드린다.

이러한 반론은 상당한 설득력을 지닌다. 그렇지만 이에 대해서는 다시 다음과 같이 재반론을 할 수 있다. 우선 여기서 추구하는 통합은 정보통신 관련법들을 모두 통합하는 것이 아니라, 정보보호와 관련을 맺는 법률, 그 중에서도 정보통신망법, 정보통신기반 보호법, 정보보호산업 진흥법을 통합하는 부분적인 통합작업이라는 것이다. 정보보호 관련법들을 체계적으로 한 데 모으는 작업이기에 오히려 정보보호영역에서 이루어지는 기술발전 및 변화에 더욱 능동적으로 대처할 수 있을 것이다. 정보보호와 관련된 법이 개별적으로 존재하는 경우에는 법을 능동적으로 개정하는 과정에서 오류나 흠결이 발생할 수 있기 때문이다. 다음으로 정보보호 관련법들을 체계화함으로써 얻게 되는 장점을 결코 무시할 수 없다. 실정법은 한편으로는 행위규범으로서, 다른 한편으로는 재판규범으로서 기능을 수행한다. 따라서 해당 실정법이 체계성과 정합성을 획득하면 할수록 이러한 기능 역시 강화될 것이다. 상황변화에 재빠르게 대응하는 법도 필요하지만, 이렇게 제정된 법이 체계성을 갖지 않아 행위규범 및 재판규범으로서 기능을 수행할 수 없다면 그저 장식적인 법이라고밖에 말할 수 없을 것이다. 더군다나 상황에 맞게 즉흥적으로 제정한 법은 이를 법적 분쟁에 적용하는 과정에서 문제가 발생할 수 있다. 법이 규범적 체계성을 갖추지 않음으로써 이를 적용하는 과정에서 행정부나 사법부는 더욱 많은 비용을 들여야 할 것이다. 이렇게 보면 법을 체계적으로 통합하는 문제는 규범을 만드는 데 더욱 비용을 투입할 것인가, 아니면 규범을 적용하는 데 비용을 투입할 것인가라는 문제와 연결된다. 이 문제에 정답은 없다. 그런데도 현재 정보보호 관련 법제도가 처한 상황을 고려하면, 현재로는 통합정보보호법을 제정하는 것이 더욱 바람직한 방안이라고 생각한다. 한편 이렇게 통합정보보호법을 제정한다고 할 때, 여기에는 다음과 같은 문제가 제기된다.

(2) 명칭 문제

통합법의 명칭을 어떻게 설정해야 할지 문제된다. 이를테면 '정보보호'인지, '정보보안'인지, 그게 아니면 '사이버보안'인지 문제된다.[23] 이는 통합정보보호법이 무엇을 규범목적으로 삼는가에 따라 달라진다.

---

23) 이 문제에 관해서는 정필운, "사이버보안이란 개념 사용의 유용성 및 한계", 『연세 의료·과학기술과 법』 제2권 제2호(2011. 8), 1쪽 아래 참조.

현행 정보보호 관련 법제도는 정보보호에 관해 크게 두 가지 보호를 규율한다. 정보보안을 뜻하는 정보보호와 개인정보보호가 그것이다. 이미 언급한 것처럼, 정보보호를 주로 담당하는 법률이 정보통신망법과 정보통신기반 보호법이라면, 개인정보보호를 담당하는 법률은 개인정보보호법이다. 정보보호는 정보통신망을 포함하는 정보통신기반시설의 안정성을 목표로 한다는 점에서 개인정보에 대한 권리를 보장하고자 하는 개인정보보호와는 개념적으로 구별된다. 전자가 공익을 보장하고자 하는 것이라면, 후자는 권리를 보호하고자 하는 것이다. 그 점을 고려하면, 정보보호보다는 정보보안이라는 개념이 더욱 적합할 것이다. 다만 정보보호산업 진흥법 제2조 제1항 제1호가 보여주듯이, 정보보호가 이미 실정법상 개념으로 제도화되었다는 점에서 통합정보보호법이라는 개념을 사용하더라도 큰 문제는 없을 것이다.[24]

나아가 통합정보보호법은 사이버 정보보호법이 되어야 하는지, 그게 아니면 사이버 정보보호에만 국한되지 않는 일반 정보보호법이 되어야 하는지 문제된다. 사실 현행 정보보호 관련 법률들, 이를테면 정보통신망법이나 정보통신기반 보호법의 규범목적을 고려하면, 통합정보보호법은 사이버 정보보호법이 되어야 한다. 왜냐하면 정보통신망법과 정보통신기반 보호법은 모두 전자적 침해, 즉 사이버 침해를 염두에 두고 있기 때문이다. 실제세계와 사이버세계의 개인정보를 모두 보호하고자 하는 개인정보보호법과는 달리, 정보통신망법과 정보통신기반 보호법은 사이버세계에서 발생하는 정보침해를 대상으로 하고 있다. 실제세계에서 발생하는 정보침해는 형법이나 민법 등에게 맡기고 있는 것이다. 이러한 상황을 고려하면, 통합정보보호법은 사이버 정보보호법이 되어야 한다. 비교법적으로 보아도 중국이나 일본은 모두 사이버 보안법을 제정해 운용하고 있다. 이는 결국 통합정보보호법이 규범목적을 어떻게 설정하는지, 달리 말해 어떤 침해사고를 막고자 하는지에 따라 달라질 것이다. 개인적으로는 정보통신기반시설에 대해서는 물리적 침해 역시 발생할 수 있고, 물리적 보안 역시 통합정보보호법이 고려해야 할 필요가 있다는 점에서, 사이버세계뿐만 아니라 실제세계의 정보보호까지 포괄하는 일반적 정보보호법을 제정하

---

24) 이에 따르면, 정보보호란 다음과 같은 활동을 위한 관리적·기술적·물리적 수단(정보보호시스템)을 마련하는 것을 말한다. 이때 말하는 활동이란 "정보의 수집, 가공, 저장, 검색, 송신, 수신 중에 발생할 수 있는 정보의 훼손, 변조, 유출 등을 방지 및 복구하는 것", "암호·인증·인식·감시 등의 보안기술을 활용하여 재난·재해·범죄 등에 대응하거나 관련 장비·시설을 안전하게 운영하는 것"을 말한다.

는 것이 바람직하다고 생각한다.

(3) 통합방법

어떤 법률을 어떤 방법으로 통합해야 하는지 문제된다. 이에 관해 현재 과학기술정보통신부는 정보통신망법, 정보통신기반 보호법, 정보보호산업 진흥법이라는 세 법률을 통합하는 작업을 추진하고 있다. 여기에서 개인정보보호법은 제외하고 있다. 앞의 세 법률이 정보보호와 직접 관련을 맺는다는 점에서 이러한 방식에 큰 문제는 없다고 생각한다. 다만 다음과 같은 점은 고려할 필요가 있다.

첫째, 이를테면 일본처럼 기본법 체제로 갈 것인지, 아니면 3개의 법률을 통합하는 통합법 형태로 갈 것인지 문제된다. 일본의 「사이버 시큐리티 기본법」은 실질적인 내용을 담고 있지는 않다. 따라서 통합법을 기본법 형태로 제정하고자 한다면, 이와는 별개로 실질적인 내용을 담고 있는 독자적인 단일 실체법을 제정할 필요가 있을 것이다. 현재 과학기술정보통신부는 이러한 방식보다는 통합실체법을 만드는 방향으로 작업을 추진하고 있다.

둘째, 정보통신망법, 정보통신기반 보호법, 정보보호산업 진흥법의 규범목적을 고려하고 각 법률의 규범적 특성을 고려하면서 통합을 추진해야 한다는 것이다. 이 경우 정보통신망법과 정보통신기반 보호법은 규범적인 측면에서 유사한 부분을 갖고 있는 반면, 정보보호산업 진흥법은 다소 이질적인 측면을 갖고 있다는 점을 고려해야 한다. 정보통신망법과 정보통신기반 보호법은 정보통신망과 주요정보통신기반시설을 외적인 전자적 침해로부터 보호하는 데 중점을 두는 법이라면, 정보보호산업 진흥법은 '정보보호산업'을 '진흥'시키는 데 규범목적을 두고 있기 때문이다. 요컨대, 전자의 두 개 법률이 '침해로부터 보호'라는 '방어적 측면'에 주안점을 두고 있다면, 후자의 법률은 '정보보호산업 진흥'이라는 '적극적 측면'에 주안점을 두고 있다. 이러한 이질적인 성격을 고려하여 통합법을 추진해야 한다.

(4) 개인정보보호법에 대한 관계설정

통합정보보호법과 개인정보보호법의 관계를 어떻게 설정해야 하는지 문제된다. 통합정보보호법이 실질적으로 추구하는 것은 '정보보안'(information security)이라는 점에서 양자는 성격이 다르므로, 두 법률의 관할영역을 명확하게 구분하는 것이 바람직하다. 달리 말해, 통합정보보호법은 정보보안에 관한 규율내용만을 담고, 개인정보보호에 관한 것은 개인정보보호법에 넘기는 것이 적절하다는 것이다. 이 점에서 통합정보보호법을 제정할 때 현행 정보통신망법이 담고 있는 개인정보보호에 관한 규율은 개인정보보호법으로 통합시키는 것이 바람직하다.

(5) 정보통신서비스 제공자 – 이용자 관계 재고

정보통신망법의 수범주체를 정보통신서비스 제공자와 이용자로 구분하여 각각 권리와 의무를 부과하는 규율정책도 재검토할 필요가 있다. 현행 정보통신망법은 정보통신망의 정보보호를 위해 정보통신서비스 제공자에게 사전점검이나 정보보호 관리체계 인증과 같은 여러 의무를 부과한다. 이와 달리 이용자에게는 정보보호를 위한 직접적인 의무를 부과하지 않는다. 그러나 오늘날과 같은 지능정보사회에서는 정보통신서비스 제공자에게만 정보보호에 관한 의무를 부과하는 것은 적절하지 않다. 이용자에게도 정보통신망의 정보보호를 위해 일정 정도의 의무를 부과할 필요가 있다. 또한 정보통신망에서 이루어지는 소통에 새롭게 참여하고 있는 사물인터넷이나 인공지능 역시 정보보호를 위한 규율대상에 포함시킬 필요가 있다. 이러한 근거에서 사물인터넷이나 인공지능을 포괄할 수 있는 새로운 수범자 개념을 설정할 필요가 있다. 이를 위한 한 가지 방안은 '정보통신망 참여자'라는 개념을 설정하고 이러한 참여자 개념에 기존의 정보통신서비스 제공자 및 이용자뿐만 아니라 사물인터넷과 인공지능 등도 포함시키는 것을 고려할 수 있을 것이다. 더불어 정보통신서비스 제공자 개념의 외연도 확대할 필요가 있다.

2. 규제정책의 방향

(1) 규제체계

현행 정보보호 관련 법제도가 마련하고 있는 규제는 크게 두 가지 기준으로 체계화할 수 있다. 첫째는 시간적 순서에 따른 체계이고, 둘째는 규제의 강제성에 따른 체계이다.

1) 시간적 순서에 따른 규제체계

시간적 순서에 따라서는 규제를 세 가지로 구분할 수 있다. 사전적 규제, 현재적 규제, 사후적 규제가 그것이다. 사전적 규제로는 사전점검 및 정보보호 관리체계

인증, 현재적 규제로는 침해사고에 대한 긴급조치, 사후적 규제로는 침해사고의 원인분석이나 각종 벌칙 등을 들 수 있다.

첫째, 사전적 규제로서 사전점검 등을 들 수 있다.[25] 이는 일종의 자율규제에 속한다. 사전점검과 밀접하게 관련을 맺는 인증제도 역시 자율규제, 더욱 정확하게 말하면 '절차주의적 규제'에 해당한다고 말할 수 있다.[26]

둘째, 현재적 규제로서 침해사고에 대한 긴급조치를 들 수 있다.[27] 물론 이때 말하는 긴급조치가 구체적으로 무엇인지에 관해서는 논란이 없지 않지만, 이러한 긴급조치는 수사상 조치라기보다는 현재 존재하는 위험을 제거하기 위한 일종의 경찰법적 조치라고 보는 것이 타당하다.

셋째, 사후적 규제로서 침해사고의 원인을 분석하고 이를 보고하도록 하는 방식의 규제를 들 수 있다.[28] 요컨대 '반성적 환류절차'를 통해 규제하는 방식이 그것이다. 물론 엄밀히 말하면, 이를 규제라고 지칭할 수 있을지 의문을 제기할 수 있다. 왜냐하면 일반적으로 규제는 피규제자의 행위를 제한하는 것을 목표로 하는데, 이러한 반성적 환류절차는 피규제자의 행위를 제한하는 것을 직접 목표로 삼기보다는 침해사고의 원인을 분석한 후 이를 '환류'(feed back)시키는 데 목표를 두기 때문이다. 그렇지만 반성적 환류절차를 마련하면, 이를 활용함으로써 현재 시행되고 있는 규제체계의 문제점을 파악할 수 있고 이를 통해 규제체계를 더욱 실효성 있게 개선할 수 있다. 이 점에서 반성적 환류절차 역시 규제체계의 일부로 파악할 수 있다. 바꿔 말하면, 반성적 환류절차는 반성적 규제절차의 중요한 일부분을 구성하는 것이다.[29]

침해사고에 대해 벌칙을 부과하는 것도 사후적 규제에 해당한다. 이는 전통적

---

25) 정보통신망법 제45조의2 참조.
26) 정보보호 관리체계의 인증에 관해서는 정보통신망법 제47조 참조; 절차주의적 규제에 관해서는 K. Eder, "Prozedurale Rationalität. Moderne Rechtsentwicklung jenseits von formaler Rationalisierung", in: *Zeitschrift für die Rechtssoziologie* (1986), 22쪽 아래; G.-P. Calliess, *Prozedurales Recht* (Baden-Baden, 1998); A. Fischer-Lescano/G. Teubner, "Prozedurale Rechtstheorie: Wiethölter", in: Buckel/Christensen/Fischer-Lescano (Hrsg.), *Neue Theorien des Rechts* (Stuttgart, 2006), 79쪽 아래; 이상돈·홍성수, 『법사회학』(박영사, 2000), 39쪽 아래; 한국법사회학회 (편), 『현대 법사회학의 흐름』(세창출판사, 2017), 제4장 등 참조.
27) 정보통신망법 제48조의2 제1항 제3호.
28) 정보통신망법 제48조의4 참조.
29) 반성적 규제절차에 관해서는 G. Teubner, "Reflexives Recht: Entwicklungsmodell des Rechts in vergleichender Perspektive", in: *ARSP* (1982), 18쪽 아래 참조.

인 규제방식에 해당한다. 정보통신망에 대한 침해사고가 발생하지 않도록 규제를 통해 이를 직접적으로 억제하는 것이다. 정보통신망법 제10장이 규율하는 각종 벌칙 등이 이러한 규제방식에 해당한다.

2) 규제의 강제성에 따른 체계

규제의 강제성에 따라서는 규제를 직접규제, 자율규제, 절차주의적 규제, 기술적·물리적 규제(architectural regulation)로 체계화할 수 있다.

첫째, 직접규제는 법체계가 전통적으로 사용하는 규제방식이다. 수범자에게 직접 강제력을 부과하는 규제를 말한다. 침해사고에 대해 벌칙을 부과하는 방식이 여기에 속한다.

둘째, 자율규제는 수범자에게 강제력을 행사하지 않는 규제방식을 말한다. 수범자가 자율적으로 규제를 준수하도록 유도하는 규제를 말한다. 정보통신망법 제45조의2가 규정하는 사전점검이 이러한 자율규제에 해당한다.

셋째, 절차주의적 규제는 직접규제와 자율규제를 혼합한 규제방식이다. 직접규제의 타율성과 자율규제의 자율성을 혼합한 규제방식인 것이다. 이를테면 절차주의적 규제는 한편으로는 수범자가 준수해야 하는 규제의 구체적인 내용·절차·방법을 스스로 자율적으로 만드는 것을 허용하면서도, 다른 한편으로는 이렇게 자율적으로 형성한 규제를 준수할 것을 강제한다. 이러한 절차주의적 규제의 예로서 정보통신망법이 규정하는 정보보호 관리체계 인증제도를 언급할 수 있다(제47조). 정보통신서비스 제공자는 경우에 따라 정보통신망법이 규정하는 정보보호 관리체계 인증을 받아야 하지만, 정보보호 관리체계를 어떻게 구체화할 것인지는 정보통신서비스 제공자가 어느 정도 자율성을 갖기 때문이다.

넷째, '아키텍처 규제'(architectural regulation), 즉 '기술적·물리적 규제'는 인터넷 시대가 도래하면서 새롭게 각광을 받고 있는 규제방식이라고 말할 수 있는데,[30] 정보보호 관련 법제도는 이러한 규제방식을 적극 도입하고 있다. 전통적인 규제가 수범자의 행위를 규제하고자 한다면, 기술적·물리적 규제는 수범자가 처한 상황을

---

30) 기술적·물리적 규제에 관해서는 이에 관해서는 Lee Tein, "Architectural Regulation and the Evolution of Social Norms", *Yale Journal of Law and Technology* 7 (1) (2005); 심우민, "사업장 전자감시 규제입법의 성격", 『인권법평론』 제12호(2014. 2); 심우민, "정보통신법제의 최근 동향: 정부의 규제 개선방안과 제19대 국회 전반기 법률안 중심으로", 『언론과 법』 제13권 제1호(2014. 6), 88쪽 아래 등 참조.

기술적·물리적 방식으로 규제함으로써 규제가 지향하는 방식으로 수범자가 행위할 수밖에 없도록 만든다. 이를테면 정보통신서비스 제공자는 기술적인 방식으로 회원 가입제도를 도입함으로써 회원이 아닌 이용자는 해당 서비스에 접속할 수 없도록 만들 수 있다. 이러한 기술적·물리적 규제의 예로서 정보통신망법 제45조 제3항을 들 수 있다.[31]

(2) 규제정책의 방향

그러면 정보보호 관련 법제도의 규제정책은 어떤 방향을 추구해야 하는가? 이에 관해서는 다음 네 가지를 언급하고자 한다.

1) 현재적 규제권한 구체화 및 강화

과학기술정보통신부장관에게 부여되는 현재적 권한, 즉 침해사고에 대한 긴급조치 권한을 한편으로는 구체화하고 다른 한편으로는 강화할 필요가 있다.[32] 현행 정보통신망법은 제48조의2 제1항에서 "과학기술정보통신부장관은 침해사고에 적절히 대응하기 위하여 다음 각 호의 업무를 수행하고, 필요하면 업무의 전부 또는 일부를 한국인터넷진흥원이 수행하도록 할 수 있다"고 규정하면서 이에 대한 업무로서 첫째, "침해사고에 관한 정보의 수집·전파", 둘째, "침해사고의 예보·경보", 셋째, "침해사고에 대한 긴급조치", 넷째, "그 밖에 대통령령으로 정하는 침해사고 대응조치"를 규정한다.[33] 그러나 여기서 알 수 있듯이, 현재적 규제권한으로 제시되는 "침해사고에 대한 긴급조치"는 너무 추상적이어서 구체적으로 과연 어디까지 침

---

31) 이에 관해서는 유대종, "정보통신망법상 접근통제와 내부망에 관한 검토: 개인정보의 기술적·관리적 보호조치 기준 제4조 제4항을 중심으로", 『정보법학』 제20권 제2호(2016. 9) 참조.

32) 이에 관해서는 손승우, "사이버 보안의 예방 수단을 위한 법제 분석", 『연세 의료·과학기술과 법』 제2권 제2호(2011. 8), 27쪽 아래 참조.

33) 정보통신망법 시행령 제56조는 법 제48조의2 제1항 제4호가 규정하는 "침해사고 대응조치"를 다음과 같이 구체화한다. 첫째는 "주요정보통신서비스 제공자 및 법 제46조 제1항에 따른 타인의 정보통신서비스 제공을 위하여 집적된 정보통신시설을 운영·관리하는 사업자에 대한 접속경로 (침해사고 확산에 이용되고 있거나 이용될 가능성이 있는 접속경로만 해당한다)의 차단 요청", 둘째는 "「소프트웨어산업 진흥법」 제2조 제4호에 따른 소프트웨어사업자 중 침해사고와 관련이 있는 소프트웨어를 제작 또는 배포한 자에 대한 해당 소프트웨어의 보안상 취약점을 수정·보완한 프로그램(이하 "보안취약점보완프로그램"이라 한다)의 제작·배포 요청 및 정보통신서비스 제공자에 대한 보안취약점보완프로그램의 정보통신망 게재 요청", 셋째는 "언론기관 및 정보통신서비스 제공자에 대한 법 제48조의2 제1항 제2호에 따른 침해사고 예보·경보의 전파", 넷째는 "국가 정보통신망 안전에 필요한 경우 관계 기관의 장에 대한 침해사고 관련정보의 제공"을 말한다.

해사고에 대해 긴급조치를 할 수 있는지 문제된다. 과학기술정보통신부장관에게 부여되는 침해사고에 대한 긴급조치 권한을 명확하게 하기 위해서는 해당 규정을 더욱 구체화할 필요가 있다. 또한 침해사고에 더욱 효과적으로 대응할 수 있도록 좀 더 강력한 권한을 부여하는 것도 고려할 필요가 있다.

2) 중복적 규제 개선

현행 정보보호 관련 법률들이 갖추고 있는 중복적 규제를 합리적으로 개선할 필요가 있다. 규제를 합리화할 필요가 있는 것이다. 예를 들어, 정보보호 관리체계 인증이나 개인정보보호 관리체계 인증 제도를 통합적으로 운영할 수 있는 방안을 모색할 필요가 있다.[34]

3) 사후적 정보보호에서 사전적 정보예방으로

사후적인 정보보호에서 사전적인 정보예방으로 규제 패러다임을 바꿀 필요가 있다. 이미 언급한 것처럼, 초연결사회에서는 정보통신망 침해사고가 유발하는 파장이 크다. 따라서 침해가 발생했을 때 비로소 이에 대응하고자 하거나, 침해사고가 발생한 이후 침해행위자를 적발해 벌칙 등과 같은 사후적인 제재를 부과하는 것은 적절한 대응방안이 될 수 없다. 그러므로 규제의 중점을 사후적인 제재에서 사전적인 예방조치로 옮길 필요가 있다. 이에 관해 앞에서 사후적 규제로서 언급한 반성적 환류절차는 사전적 예방조치와 연결되는 것으로 이해할 필요가 있다. 침해사고 이후에 이루어지는 반성적 환류절차는 침해사고를 예방하는 데 효과적인 방안이 될 수 있으므로 이는 더욱 강화할 필요가 있다.

4) 기술적·물리적 규제 강화

아키텍처 규제, 달리 말해 기술적·물리적 규제를 강화할 필요가 있다. 이는 위에서 언급한 예방 중심적 규제와 맥을 같이 한다. 왜냐하면 기술적·물리적 규제야말로 사전적 정보예방 규제정책을 실현하는 데 가장 적합한 규제방안이기 때문이다. 기술적·물리적 규제는 '설계를 통한 정보보호'(security by design) 구상을 구현한 규제방식으로서 정보통신기반시설이나 정보통신서비스를 설계하는 단계부터 정보예방을 실현할 수 있는 기술적·물리적 조치를 강구할 것을 강조한다. 애초부터 강화된 정보보호기술을 고려함으로써 각종 침해로부터 정보가 보호될 수 있도록 하

---

34) 다만 이는 현재 "정보보호 관리체계 인증 등에 관한 고시"나 "개인정보보호 관리체계 인증 등에 관한 고시"로 사실상 통합적으로 운용되고 있다.

는 것이다.

3. 정보공유 제도화

현대사회에서 급속도로 진화하는 침해사고에 대응하기 위해서는 침해사고에 관한 데이터, 즉 정보를 축적하고 공유할 수 있어야 한다. 그렇게 해야만 새로운 침해사고에 대응할 수 있는 예방조치도 적시에 개발 및 투입할 수 있기 때문이다. 위에서 규제방식으로서 반성적 환류절차를 강조한 것도 바로 이러한 맥락에서 이해할 수 있다. 정보공유를 제도화하기 위해서는 두 가지 전제조건이 충족되어야 한다. 첫째, 침해사고에 관한 빅데이터가 축적되어야 한다. 둘째, 빅데이터를 관리 및 공유할 수 있는 기관이 마련되어야 한다.

(1) 침해사고 관련 빅데이터 구축

먼저 침해사고와 관련된 빅데이터를 구축할 수 있어야 한다. 그러나 이는 현실적으로 쉽지 않다. 왜냐하면 침해사고에 관한 빅데이터 중에는 개인정보와 관련된 것이 있을 수밖에 없는데, 이에 관해서는 개인정보보호법상 명시적인 사전동의원칙이 적용되기 때문이다.[35] 명시적인 사전동의원칙을 엄격하게 관철하면, 침해사고에 관한 빅데이터를 구축하기 어렵다. 이러한 상황에서 침해사고에 관한 빅데이터를 구축하기 위해서는 다음 두 가지 선택지 중에서 어느 한 쪽을 선택할 수밖에 없을 것이다.

첫째는 각 개인의 정보자기결정권을 침해하면서 빅데이터를 구축하는 것이다. 그러나 이는 명백하게 개인정보보호법을 침해하는 것이므로 현행법상 허용될 수 없다.

둘째는 개인정보에 대한 정보자기결정권을 배제할 수 있는 제도적 방안을 모색하는 것이다. 이에 관한 방안으로는 다음 세 가지를 꼽을 수 있다. 첫째는 포괄적인 사전동의방식을 허용하는 것이다.[36] 둘째는 포괄적인 사후승인방식(opt-out)을 도

---

35) 개인정보보호법 제22조 등 참조.
36) 그러나 이는 현행 개인정보보호법 제3조가 규정하는 개인정보 보호원칙에 반한다. 예를 들어, 개인정보보호법 제3조 제1항은 "개인정보처리자는 개인정보의 처리 목적을 명확하게 하여야 하고 그 목적에 필요한 범위에서 최소한의 개인정보만을 적법하고 정당하게 수집하여야 한다"고 규정함으로써 포괄적인 사전동의방식을 배제하고 있기 때문이다.

입하는 것이다. 셋째는 정보자기결정권에 대한 예외규정을 확대하는 것이다.[37] 이러한 방안은 모두 명시적인 사전동의방식을 원칙으로 하는 정보자기결정권을 제도적 장치로써 약화시키는 것이라고 말할 수 있다. 현대 빅데이터 사회에 대응하기 위해 이러한 방안을 수용할 것인지는 진지하게 고민할 필요가 있다.

(2) 정보공유기관 제도화

다음으로 정보공유기관을 명시적으로 제도화할 필요가 있다. 현행 정보통신기반 보호법은 정보공유·분석센터에 관한 규정을 갖추고 있기는 하지만, 너무 추상적이고 간소하게 마련되어 있다. 국가사이버안보법안이 제안하고 있는 것처럼(제12조), 정보공유에 관한 구체적이고 상세한 규정을 마련할 필요가 있다.

4. 거버넌스 개선

현대 지능정보사회에서 정보보호를 효과적으로 실현하기 위해서는 관련 법규범을 정비하는 것만으로 충분하지 않다. 이러한 법규범을 성공적·효율적으로 집행할 수 있는 거버넌스도 구축할 필요가 있다. 특히 관련 문제를 처리하고 집행할 수 있는 통일적인 거버넌스를 구축하는 것이 정보보호 및 개인정보보호를 실현하는 데 도움이 된다. 이러한 측면에서 개인정보를 보호하기 위한 거버넌스로서 방송통신위원회와 개인정보보호위원회를 병존시키는 것은 개선할 필요가 있다.

---

37) 현행 개인정보보호법도 정보자기결정권에 대한 예외규정을 마련하고 있다. 개인정보보호법 제15조 제1항 제2호에서 제6호 참조.

제5장
현대사회에서 정보통신망법의
의의와 쟁점

I. 서 론

현대사회가 초연결사회, 빅데이터, 인공지능 등으로 대표되는 지능정보사회로 변모하면서 새로운 사회적 문제가 출현하고 있다.[1] 한편으로는 지능정보사회가 등장하면서 그 이전에는 경험하지 못했던 새로운 사회적 공리가 증대하면서도, 다른 한편으로는 사회적·개인적으로 중요한 공공정보 및 개인정보가 침해되는 위험 역시 늘어나고 있는 것이다. 이러한 공공 및 개인정보 침해에 대응하기 위해 현행 법체계는 "정보통신망 이용촉진 및 정보보호에 관한 법률"이나 "개인정보보호법" 등과 같은 정보보호 관련 법률을 마련하고 있다. 더불어 이른바 정보통신산업(ICT산업)을 육성하고 적절하게 규율하기 위해 다양한 ICT 관련 법제를 제정해 시행하고 있다.[2] 그러나 현대 지능정보사회는 그 변화속도가 너무 빨라 법체계가 이에 시의

---

1) 초연결사회에 관해서는 우선 유영성 외, 『초연결 사회의 도래와 우리의 미래』(한울, 2014); 금융찬, "디지털문명기 초연결사회, 창조경제논의", 『컴퓨터월드』 제363호(2014. 1), 124-131쪽; 선원진·김두현, "초연결사회로의 변화와 개인정보 보호", 『정보와 통신』 제31권 제4호(2014. 4), 53-58쪽 등 참조; 빅데이터에 관해서는 양천수, 『빅데이터와 인권』(영남대학교출판부, 2016); 인공지능에 관해서는 마쓰오 유타카, 박기원 (옮김), 『인공지능과 딥러닝: 인공지능이 불러올 산업구조의 변화와 혁신』(동아엠엔비, 2016) 등 참조.
2) 이에 관해서는 우선 심우민, "ICT 법체계 개선에 관한 입법학적 검토", 『과학기술법연구』 제21집 제3호(2015. 10), 157-192쪽; 이부하, "ICT 법 체계 개선방안: 현행 ICT 관련 법제를 고찰하

적절하게 대응하지 못하는 경우가 많다. 그 때문에 정보통신영역에서는 그 어느 법 영역보다 규범과 현실의 괴리 현상을 쉽게 발견할 수 있다. 이러한 문제는 정보통신망을 규율하는 가장 기본법이라 할 수 있는 "정보통신망 이용촉진 및 정보보호에 관한 법률"(이하 '정보통신망법'으로 약칭함)에서도 발견할 수 있다. 제5장에서는 현대 지능정보사회의 관점에서 볼 때, 정보통신망법이 어떤 의미를 지니는지, 이를 해석하고 적용하는 데 어떤 문제가 있는지를 조망하고자 한다.

Ⅱ. 정보통신망법 개관

1. 정보통신망법의 목적

정보통신망법은 "정보통신망의 이용을 촉진하고 정보통신서비스를 이용하는 자의 개인정보를 보호함과 아울러 정보통신망을 건전하고 안전하게 이용할 수 있는 환경을 조성하여 국민생활의 향상과 공공복리의 증진에 이바지함을 목적"으로 하는 법이다(제1조). 여기서 알 수 있듯이, 정보통신망법은 크게 네 가지 기능을 수행하는 것을 목적으로 한다. 첫째, 정보통신망법은 정보통신망의 이용을 촉진한다. 둘째, 정보통신망법은 정보통신서비스를 이용하는 자의 개인정보를 보호한다. 셋째, 정보통신망법은 정보통신망을 건전하고 안전하게 이용할 수 있는 환경을 조성한다. 넷째, 이러한 세 가지 기능을 수행함으로써 국민생활의 향상과 공공복리의 증진에 이바지한다.

2. 정보통신망법의 규범적 구조

정보통신망법은 모두 10개의 장으로 구성된다. 제1장은 총칙으로서 정보통신망법의 목적, 각종 개념정의 등을 규율한다. 제2장은 정보통신망의 이용촉진을 규율한다. 제3장은 전체가 삭제되었다. 제4장은 개인정보 보호에 관해 규율한다. 제5장은 정보통신망에서 이용자보호 등을 규율한다. 제6장은 정보통신망의 안정성 확보 방안 등을 규율한다. 제7장은 통신과금서비스에 관해 규율한다. 제8장은 국제협력을, 제9장은 보칙을 규율한다. 마지막으로 제10장은 벌칙을 규율한다. 말하자면 제10장

며", 『과학기술법연구』 제21집 제3호(2015. 10), 273-302쪽 등 참조.

은 정보통신형법의 내용을 담고 있는 셈이다.[3]

3. 정보통신망법의 규범적 특성

(1) '전문법'으로서 정보통신망법

정보통신망법은 기본적으로 공법, 즉 행정법의 일종이다. 왜냐하면 정보통신망법을 관할하는 주체가 과학기술정보통신부이기 때문이다. 그러나 정보통신망법은 전통적인 공법, 더욱 정확하게 말해 행정법의 성격만을 갖는 것은 아니다. 정보통신망법은 제10장에서 벌칙을 규정하고 있는 것처럼 '정보통신형법' 역시 포함한다. 더나아가 정보통신망법은 민사법적인 측면과 정보통신기술의 측면 모두 포괄한다. 이러한 측면에서 볼 때, 정보통신망법은 현대사회에서 새롭게 등장하는 '전문법'의 일종이라고 말할 수 있다.[4] 왜냐하면 정보통신망법은 정보통신영역이라는 현대 지능정보사회의 전문화된 영역을 규율대상으로 하면서 정보통신행정법, 정보통신형법, 정보통신민사법, 정보통신기술 등을 모두 포괄하는 통합적인 법이기 때문이다.

(2) '과학기술법'으로서 정보통신망법

다음으로 정보통신망법은 과학기술법의 성격을 지닌다. 정보통신망법은 과학기술, 특히 정보통신기술이 급격하게 발전하면서 이에 효과적으로 대응하기 위해 제정된 법이다. 그런데 과학기술법의 성격을 갖는 정보통신망법은 바로 그 때문에 다음과 같은 문제점을 갖는다. 일반적으로 다른 일반 법규범의 경우에는 일반 법규범과 이러한 법규범이 규율하는 규제대상의 관계에서 볼 때 법규범이 규범적 주도권을 갖는 경우가 많다. 따라서 규제대상의 특성 때문에 해당 법규범의 규범적 성격이 약화되지는 않는다. 그렇지만 정보통신망법과 같은 과학기술법에서는 그 관계가 반대로 설정되는 경우가 많다. 법규범이 과학기술체계에 종속되는 것이다. 이러한 이유에서 정보통신기술의 특성 때문에 과학기술법의 규범적 체계성이나 독자성이

---

3) 이러한 정보통신망법상 형법적 문제를 다루는 장윤식·김기범·이관희, "정보통신망법상 정보통신망침입죄에 대한 비판적 고찰", 『경찰학연구』 제14권 제4호(2014. 12), 51−75쪽 참조.
4) 전문법에 관해서는 이상돈, "전문법: 이성의 지역화된 실천", 『고려법학』 제39호(2002. 11), 113−151쪽 참조; 이러한 전문법 구상을 도산법에 적용한 경우로는 양천수, "私法 영역에서 등장하는 전문법화 경향: 도산법을 예로 본 법사회학적 고찰", 『법과 사회』 제33호(2007. 12), 111−135쪽 참조.

약화되는 경우가 많다. 특히 정보통신기술이 비약적으로 발전하면서 이에 대응하기 위해 법규범이 빈번하게 개정되고, 이로 인해 법규범의 규범적 체계성이 약화되는 경우가 빈번하게 발생한다. 이는 정보통신망법에 대해서도 그대로 적용된다. 정보통신망법 역시 정보통신기술의 발전에 효과적으로 대응하기 위해 빈번하게 개정이 이루어졌고, 이 와중에서 규범적 체계가 약화되거나 입법적 실수가 발생하는 경우가 다수 존재한다.[5]

(3) 공익과 개인적 이익이 공존하는 법

나아가 정보통신망법은 공익과 개인적 이익이 공존하는 법이라고 말할 수 있다. 이는 앞에서 소개한 정보통신망법의 규범목적에서 확인할 수 있다. 한편으로 정보통신망법은 공익을 보장하고자 한다. 이를테면 정보통신망법은 정보통신망의 이용을 촉진하고, 정보통신망을 건전하고 안전하게 이용할 수 있는 환경을 조성한다. 그리고 이를 통해 국민생활의 향상과 공공복리의 증진에 기여한다. 다른 한편으로 정보통신망법은 정보통신서비스를 이용하는 자의 개인정보를 보호한다.[6] 이처럼 정보통신망법은 공익과 개인적 이익을 동시에 추구한다. 이러한 근거에서 공익과 개인적 이익은 정보통신망법 안에서 공존한다.

4. 정보통신망법의 규제체계

(1) 규제체계

정보통신망법은 특히 정보통신망의 안정성을 확보하기 위해 다음과 같은 세 가지 유형의 규제체계를 마련하고 있다.

첫째는 사전점검을 통한 규제이다.[7] 이는 일종의 자율규제에 속한다. 사전점검과 밀접하게 관련을 맺는 인증제도 역시 자율규제, 더욱 정확하게 말하면 '절차주의적 규제'에 해당한다고 말할 수 있다.[8]

---

5) '주요정보통신서비스 제공자'의 개념을 명문으로 규정하지 않은 것이 그 예에 해당한다.
6) 바로 이러한 근거에서 정보통신망법의 관할영역과 개인정보보호법의 관할영역이 경합하기도 한다. 이 문제에 관해서는 박노형, "개인정보보호법과 정보통신망법의 관계 분석: 개인정보보호법 제6조를 중심으로", 『안암법학』 제41호(2013. 5), 133‒157쪽; 심우민, "개인정보 보호법제의 체계간 정합성 제고방안", 『영산법률논총』 제12권 제1호(2015. 6), 51‒67쪽 등 참조.
7) 정보통신망법 제45조의2 참조.
8) 정보보호 관리체계의 인증에 관해서는 정보통신망법 제47조 참조; 절차주의적 규제에 관해서는

둘째는 침해사고에 대한 규제이다. 이는 전통적인 규제방식에 해당한다. 정보통신망에 대한 침해사고가 발생하지 않도록 규제를 통해 이를 직접적으로 억제하는 것이다. 정보통신망법 제48조가 마련하고 있는 규제나 제10장이 규율하는 각종 벌칙 등이 이러한 규제방식에 해당한다.

셋째는 침해사고의 원인을 분석하고 이를 보고하도록 하는 방식의 규제이다.[9] 말하자면 '반성적 피드백 절차'를 통한 규제인 셈이다. 물론 엄밀히 말하면, 이를 규제라고 말할 수 있을지 의문이 들 수 있다. 왜냐하면 규제는 기본적으로 피규제자들의 행위를 제한하는 것을 목표로 하는데, 이러한 반성적 피드백 절차는 피규제자들의 행위를 제한하는 것을 직접적인 목표로 삼기보다는 침해사고의 원인을 분석하고 이를 보고하도록 하는 데 목표를 두기 때문이다. 그렇지만 반성적 피드백 절차를 마련하면, 이를 활용함으로써 현재 시행되고 있는 규제체계의 문제점을 파악할 수 있고 이를 통해 규제체계가 더욱 실효성을 높일 수 있도록 개선할 수 있다. 이 점에서 반성적 피드백 절차 역시 규제체계의 일부로 이해할 수 있다. 달리 말하면, 반성적 피드백 절차는 반성적 규제절차의 중요한 일부분을 구성하는 것이다.[10]

(2) 자율규제 · 절차주의적 규제의 우선

위에서 살펴본 것처럼, 정보통신망법은 전통적인 규제방식 이외에도 반성적 피드백 절차 및 자율적 · 절차주의적 규제방식을 채택하고 있다. 과학기술정보통신부와 같은 국가기관이 정보통신망법의 수범자들을 직접 규율하는 방식 이외에도 정보통신망법에서 정보통신 관련 서비스를 제공하는 데 중요한 역할을 수행하는 정보통신서비스 제공자들이 자율적으로 자신들에게 적합한 규제체계를 마련하고 이를 준수할 수 있도록 유도하고 있는 것이다. 특히 사전점검과 인증을 강조함으로써 자율규제와 절차주의적 규제가 정보통신망법에서 중요한 지위를 차지하고 있음을 보여준다.

(3) 기술적 · 물리적 규제(architectural regulation) 사용

마지막으로 언급할 만한 것으로는 정보통신망법은 '아키텍처 규제'(architectural

우선 G. – P. Calliess, *Prozedurales Recht* (Baden – Baden, 1999) 참조.

9) 정보통신망법 제48조의4 참조.

10) 반성적 규제절차에 관해서는 G. Teubner, "Reflexives Recht: Entwicklungsmodell des Rechts in vergleichender Perspektive", in: *ARSP* (1982), 18쪽 아래 참조.

regulation), 즉 '기술적·물리적 규제'를 사용하고 있다는 점이다.[11] '기술적·물리적 규제'는 인터넷 시대가 도래하면서 새롭게 각광을 받고 있는 규제방식이라고 말할 수 있는데, 정보통신망법은 이러한 규제방식을 적극 도입하고 있는 것이다. 이러한 기술적·물리적 규제의 예로서 정보통신망법 제45조 제3항을 들 수 있다.[12]

Ⅲ. 정보통신망법 해석에 관한 몇 가지 쟁점

1. "정보통신서비스 제공자"의 개념과 관련된 쟁점

(1) "정보통신서비스 제공자"의 개념

정보통신망법 제2조 제1항 제2호에 따르면, "정보통신서비스 제공자"란 "「전기통신사업법」 제2조 제8호에 따른 전기통신사업자와 영리를 목적으로 전기통신사업자의 전기통신역무를 이용하여 정보를 제공하거나 정보의 제공을 매개하는 자"를 말한다. 이러한 개념정의에서 특징적으로 확인할 수 있는 것은, "영리를 목적으로"라는 개념요소가 "정보통신서비스 제공자"의 개념에 포함된다는 점이다. 그렇다면 인터넷 안에서 쉽게 만나는 개인홈페이지 혹은 각종 블로그 등은 정보통신서비스 제공자 개념에 포섭시킬 수 어렵다는 결론을 이끌어낼 수 있다. 왜냐하면 이들은 "영리를 목적으로" 개인홈페이지나 블로그를 운영한다고 볼 수 없기 때문이다.

(2) "주요정보통신서비스 제공자"의 개념
1) "주요정보통신서비스 제공자" 개념의 흠결

이처럼 현행 정보통신망법은 "정보통신서비스 제공자"가 누구인지 비교적 명확하게 규정하고 있다. 이와 달리 "주요정보통신서비스 제공자"가 누구인지는 명확하게 규정하고 있지 않다. 다시 말해, 현행 정보통신망법은 제47조의4 제2항이 규정

---

11) 기술적·물리적 규제에 관해서는 심우민, "정보통신법제의 최근 동향: 정부의 규제 개선방안과 제19대 국회 전반기 법률안 중심으로", 『언론과 법』 제13권 제1호(2014. 6), 90쪽; Lee Tein, "Architectural Regulation and the Evolution of Social Norms", *Yale Journal of Law and Technology* 7 (1) (2005) 등 참조.

12) 이에 관해서는 유대종, "정보통신망법상 접근통제와 내부망에 관한 검토: 개인정보의 기술적·관리적 보호조치 기준 제4조 제4항을 중심으로", 『정보법학』 제20권 제2호(2016. 9) 참조.

하는 "주요정보통신서비스 제공자"가 구체적으로 누구를 지칭하는지 규정하고 있지 않다. 이는 '입법적 실수'에 해당한다. 2004년 1월 29일에 일부개정된 구 정보통신 망법에서는 제45조 제4항 제1호에서 "전기통신사업법 제2조 제1항 제1호의 규정에 의한 전기통신사업자로서 전국적으로 정보통신망접속서비스를 제공하는 자"를 "주요정보통신서비스 제공자"라고 규정하고 있었기 때문이다. 그런데 이와 같은 정의 규정은 그 이후 정보통신망법이 여러 번 개정되면서 '본의 아니게' 삭제되고 말았다. 이러한 점에서 현행 정보통신망법은 "주요정보통신서비스 제공자"의 개념규정에 관해 '흠결'을 갖고 있는 셈이다.[13]

2) "주요정보통신서비스 제공자" 개념의 해석론

이 문제를 해결할 수 있는 가장 좋은 방법은 현행 정보통신망법을 개정하여 "주요정보통신서비스 제공자"의 개념정의를 새롭게 추가하는 것이다. 이렇게 명문으로 개념을 규정해야만 이에 관한 해석문제를 명확하게 해소할 수 있다. 다만 정보통신망법을 신속하게 개정하는 것은 쉽지 않으므로, 해석론을 통해 "주요정보통신서비스 제공자" 개념을 확정할 필요가 있다. 이를 위해서는 역사적 해석방법과 체계적 해석방법을 동원할 필요가 있다.[14]

역사적 해석방법에 따르면, 구 정보통신망법 제45조 제4항 제1호에서 "전기통신사업법 제2조 제1항 제1호의 규정에 의한 전기통신사업자로서 전국적으로 정보통신망접속서비스를 제공하는 자"를 "주요정보통신서비스 제공자"라고 규정하고 있었다는 점을 근거로 하여 현행 정보통신망법의 "주요정보통신서비스 제공자" 역시 이렇게 개념정의할 수 있다. 이에 따르면, "전국적으로 정보통신망접속서비스를 제공하는 자"가 "주요정보통신서비스 제공자"에 해당한다.

그러나 "주요정보통신서비스 제공자"의 개념을 이렇게만 정의하는 것은 현재 상황에 비추어볼 때 너무 협소하게 정의하는 것이라고 생각한다. 그러므로 현행 정보통신망법의 전체 체계를 종합적으로 고려하는 체계적 해석을 통해 "주요정보통신서비스 제공자"의 개념을 더욱 확장할 필요가 있다. 이러한 관점에서 볼 때, 현행 정보통신망법 제47조 제2항 제3호는 이에 관해 의미 있는 시사점을 제공한다. 제47

---

13) 흠결문제에 관해서는 우선 W.−C. Canaris, *Die Feststellung von Lücken im Gesetz*, 2. Aufl. (Berlin, 1983) 참조.
14) 해석방법에 관해서는 우선 김형배, "법률의 해석과 흠결의 보충: 민사법을 중심으로", 『법률행정 논집』 제15집(1977. 12), 1−41쪽 참조.

조는 "정보보호 관리체계의 인증"에 관해 규정하는 조항인데,[15] 같은 법 제2항 제3호는 인증을 받아야 하는 주체로서 "연간 매출액 또는 세입 등이 1,500억원 이상이거나 정보통신서비스 부문 전년도 매출액이 100억원 이상 또는 3개월간의 일일평균 이용자수 100만명 이상으로서, 대통령령으로 정하는 기준에 해당하는 자"를 규정한다. 현행 정보통신망법은 정보통신서비스 제공자 가운데서 그 중요성이 인정되는 제공자들이 '인증'을 받도록 규정하고 있으므로, 제47조 제2항 제3호가 규정하는 정보통신서비스 제공자도 "주요정보통신서비스 제공자"의 개념에 포함된다고 말할 수 있다.

이러한 취지에서 보면, "주요정보통신서비스 제공자"는 다음과 같이 정의내릴 수 있다. 첫째, "전국적으로 정보통신망접속서비스를 제공하는 자"를 말한다. 둘째, "연간 매출액 또는 세입 등이 1,500억원 이상이거나 정보통신서비스 부문 전년도 매출액이 100억원 이상 또는 3개월간의 일일평균 이용자수 100만명 이상으로서, 대통령령으로 정하는 기준에 해당하는 자"를 말한다.

(3) "정보통신서비스 제공자 등"의 개념

한편 정보통신망법 제48조의4 제1항은 "정보통신서비스 제공자 등"이라는 개념을 사용한다. 그러나 이 개념이 정확하게 무엇을 뜻하는지는 밝히고 있지 않다. 이 문제는 다음과 같이 해결할 수 있다. 정보통신망법 제48조의4에 앞서는 제48조의3은 "침해사고의 신고"에 관해 규정한다. 여기서 제48조의3 제1항은 제1호와 제2호에서 침해사고의 신고주체를 규정하는데, 이에 따르면 "정보통신서비스 제공자"와 "집적정보통신서비스 제공자"가 침해사고의 신고주체에 해당한다. "침해사고의 원인 분석 등"을 규정하는 제48조의4는 이러한 제48조의3 바로 뒤에 자리 잡고 있다. 그렇다면 제48조의4 제1항이 규정하는 "정보통신서비스 제공자 등"은 "정보통신서비스 제공자"와 "집적정보통신시설 사업자"를 뜻한다고 해석할 수 있다.

2. 정보통신망법 제46조의2 제3항이 규정하는 "즉시"의 의미

정보통신망법 제46조의2 제3항은 "집적정보통신시설 사업자는 중단사유가 없

---

15) 정보보호 인증체계에 관해서는 고형석, "정보보호인증제도의 확대에 관한 연구", 『법과 정책연구』 제16집 제2호(2016. 6), 411−441쪽 참조.

어지면 즉시 해당 서비스의 제공을 재개하여야 한다"고 규정하는데, 이 때 "즉시"가 구체적으로 무엇인지 문제가 된다. 이는 "지체 없이"라는 의미로 새길 수 있는데, 좀 더 구체적으로 표현하면 '24시간 이내'라는 의미로 해석할 수 있다.[16] 이에 따르면, 집적정보통신시설 사업자는 중단사유가 사라지면 24시간 이내에 해당 서비스의 제공을 재개하여야 한다는 의미로 해석할 수 있다.

3. 정보통신망법 제47조의4 제1항 해석문제

(1) 문제점

정보통신망법 제47조의4 제1항은 "정부는 이용자의 정보보호에 필요한 기준을 정하여 이용자에게 권고하고, 침해사고의 예방 및 확산 방지를 위하여 취약점 점검, 기술 지원 등 필요한 조치를 할 수 있다"고 규정한다. 이 규정에 관해서는 두 가지 문제를 제기할 수 있다. 첫째, "정부"가 구체적으로 누구를 지칭하는 것인가? 국가정보원도 "정부" 개념에 포함된다고 말할 수 있는가? 둘째, 정부는 "필요한 조치"면 어떤 일이든 할 수 있는가? 예를 들어, 이용자의 동의를 받지 않고 이용자의 개인정보를 조사하는 것도 가능한가?

(2) "정부"의 의미

우선 "정부"를 문법적으로 해석하면 국가정보원도 여기에 포섭될 수 있지만, 정보통신망법 제47조의4가 정하는 규범목적을 고려할 때 이는 '과학기술정보통신부장관'으로 축소해석하는 것이 바람직하다. 왜냐하면 만약 국가정보원을 정부 개념에 포함시키면, 그 만큼 국가정보원의 권한이 강화되고, 이에 반비례하여 각 개인의 개인정보가 자의적으로 침해될 위험도 증가하기 때문이다.

(3) "필요한 조치"의 범위

이 역시 문언 그대로 해석하면, 마치 정부가 "침해사고의 예방 및 확산 방지"를 위해 필요한 경우에는 모든 조치도 취할 수 있는 것처럼 새길 수 있다. 그렇지만 전체 법체계의 규범질서를 고려하면 이렇게 해석하는 것은 타당하지 않다. 그 이유를

---

16) 이에 대한 상세한 분석은 양천수 외, 『사이버 보안 강화를 위한 정보통신망법 체계 개선방안 연구』(영남대 산학협력단, 2016), 38－39쪽 참조.

다음과 같이 말할 수 있다.

"필요한 조치를 할 수 있다"는 규정형식은 각종 행정법령 및 지방자치단체의 조례 등에서 쉽게 확인할 수 있는 규정형식이다. 정부나 지방자치단체는 자신의 권한을 강화하기 위해 손쉽게 이러한 규정형식을 마련해 둔다. 그렇지만 이러한 규정형식은 '선언적인 것'으로 보아야 한다. 이 규정은 헌법상 원칙인 '비례성원칙'에 따라 제한적으로 해석해야 한다.[17] 그렇게 하지 않고 액면 그대로 이 규정을 파악하면, 과학기술정보통신부나 한국인터넷진흥원에 너무 과도한 권한을 부여하는 문제가 발생할 수 있다.

그러면 어떻게 이를 제한해석해야 하는가? 정보통신망법 제47조의4 제1항이 규정하는 "필요한 조치"는 "취약전 점검"이나 "기술지원"에 한정해야 한다. 이를 넘어서 이용자의 개인정보를 별도의 근거 없이 수집하는 등의 조치는 허용되지 않는다고 해석해야 한다. 왜냐하면 별도의 법적 근거 없이 이용자의 개인정보를 수집하는 것은 개인정보보호법이 규정하는 정보적 자기결정권을 침해하는 것이 될 수 있기 때문이다.

(4) 이른바 '리버스 엔지니어링'(reverse engineering)의 문제

정보통신망법 제47조의4 제1항이 규정하는 "필요한 조치"로서 "기술지원"을 하는 경우에는 다음과 같은 문제가 발생하기도 한다. 이른바 '리버스 엔지니어링'이 그것이다.[18] 침해사고를 예방하거나 확산을 방지하기 위해서는 리버스 엔지니어링을 수행해야 하는 경우가 종종 발생한다. 그러나 이렇게 리버스 엔지니어링을 하는 과정에서 다른 법률, 특히 지식재산권법과 충돌하는 경우가 발생한다. 예를 들어, 휴대전화 해킹문제를 분석하기 위해서는 경우에 따라 리버스 엔지니어링을 통해 휴대전화의 프로그램을 이진법 코드로 변환해야 할 필요가 있는데, 제조사가 특허 등을 이유로 이를 막는 경우가 발생한다. 이 경우 정보통신망법 제47조의4 제1항을 근거로 하여 지식재산권법을 무시한 채 "기술지원"으로서 리버스 엔지니어링을 할 수 있을지 문제된다.

---

17) 비례성 원칙에 관해서는 우선 이용식, "비례성 원칙을 통해 본 형법과 헌법의 관계", 『형사법연구』 제25호(2006. 여름), 27−54쪽 참조.
18) 이에 관해서는 강기봉, "컴퓨터프로그램의 리버스 엔지니어링에 관한 법정책적 소고", 『법제』 제664호(2014. 3), 68−101쪽 참조.

그러나 정보통신망법 제47조의4 규정만으로는 다른 법률에 따른 보호를 무력화할 수 없다고 해석하는 것이 타당하다. 이러한 경우에는 다른 법률이 보호하는 바가 우선한다고 보아야 한다. 요컨대, 제47조의4 제1항에 따른 "필요한 조치"를 하는 경우에는 이를테면 개인정보침해를 최소화해야 하고, 다른 법률과 충돌하는 경우에는 다른 법률이 규정하는 바를 우선적으로 적용해야 한다. 그렇게 하지 않고자 한다면, 입법적으로 현재보다 강력한 법적 근거를 정보통신망법에 마련해야 한다.

4. 정보통신망법 제48조 해석문제

(1) 의의 및 기본취지

정보통신망법 제48조는 정보통신망의 안정성 및 정보의 신뢰성을 보장하기 위해 정보통신망 침해행위 등을 금지하는 내용을 규정한다. 일종의 의무규정이다. 또한 제48조를 위반하는 경우에는 벌칙을 부과하므로, 제48조는 정보통신망 침해행위를 범죄화하는 범죄구성요건 규정이라고도 말할 수 있다. 이러한 점에서 제48조는 정보통신형법의 한 부분을 이룬다. 요컨대 제48조는 정보통신형법의 '구성요건'에 해당한다. 그 점에서 제48조는 엄격하게 해석해야 할 필요가 있다.[19]

정보통신망법 제48조는 '정보통신망의 안정성' 및 '정보의 신뢰성'을 보장하기 위해 마련된 것이다. 여기서 정보통신망의 안정성이란 정보통신망체계의 물리적·기능적 안정성을 뜻한다. 달리 말해, 정보통신망이 물리적·기능적 차원에서 제 역할을 수행할 수 있도록 보장된 상태가 바로 정보통신망의 안정성이라고 말할 수 있다. 이를테면 정보통신망이 물리적으로 훼손되지 않은 상태, 정보통신망의 운영시스템 등이 외부의 바이러스 공격으로부터 보호되고 있는 상태가 바로 정보통신망의 안정성에 해당한다.

이에 대해 정보의 신뢰성이란 정보가 내용적인 측면에서 제 역할을 수행할 수 있는 상태를 뜻한다. 달리 말해, 정보가 내용적인 면에서 사실 혹은 진실을 담고 있는 상태를 말한다. 정보의 본래 기능은 사실 혹은 진실을 전달하는 것이므로, 만약 특정한 정보가 사실 또는 진실을 담고 있지 않다면 정보로서 그 기능을 상실한다고 말할 수 있다.

---

19) 이를 지적하는 조성훈, "정보통신망 침입에 관한 연구: 정보통신망 이용촉진 및 정보보호 등에 관한 법률 제48조를 중심으로", 『법조』 제687호(2013. 12), 119쪽 아래 참조.

정보통신망이 본래 기능을 제대로 수행할 수 있으려면, 이러한 정보통신망의 안정성 및 정보의 신뢰성이 보장되어야 한다. 비유적으로 말하면, 정보를 담고 있는 형식적인 틀이 안정적이어야 하고, 그 정보가 내용적으로 믿을 만한 것이어야 한다. 정보통신망법 제48조는 이러한 정보통신망의 안정성 및 정보의 신뢰성을 파괴할 수 있는 침해행위를 금지한다.

(2) 기본구조

이미 언급한 것처럼, 정보통신망법 제48조는 침입행위를 금지한다.[20) 정보통신망법은 이러한 침입행위를 "침해사고"라는 개념으로 규정한다. 정보통신망법 제2조 제1항 제7호에 따르면, "침해사고"란 "해킹, 컴퓨터바이러스, 논리폭탄, 메일폭탄, 서비스 거부 또는 고출력 전자기파 등의 방법으로 정보통신망 또는 이와 관련된 정보시스템을 공격하는 행위를 하여 발생한 사태"를 뜻한다. 이러한 개념정의에서 자연스럽게 "침해행위"의 개념도 도출된다. 이에 따르면, "침해행위"란 "해킹, 컴퓨터바이러스, 논리폭탄, 메일폭탄, 서비스 거부 또는 고출력 전자기파 등의 방법으로 정보통신망 또는 이와 관련된 정보시스템을 공격하는 행위"를 뜻한다.

정보통신망법 제48조는 이러한 침해행위로서 크게 세 가지 침해행위를 규정한다. 첫째는 이른바 '해킹'으로 알려진 행위이고,[21) 둘째는 악성프로그램 전달 및 유포행위이며, 셋째는 최근 이슈가 되고 이른바 DDos(분산서비스 거부) 공격행위이다. 이 중에서 제48조 제1항은 주로 (좁은 의미의) 해킹행위를, 제2항은 악성프로그램 전달 및 유포행위를, 제3항은 이른바 DDos 공격행위를 규율한다.

(3) 해킹행위 등 금지(제48조 제1항) 해석문제
1) 의의 및 유형

정보통신망법 제48조 제1항에 따르면, "누구든지 정당한 접근권한 없이 또는

---

20) 이에 대한 분석으로는 장윤식 · 김기범 · 이관희, 앞의 논문, 51－75쪽; 이상현, "정보보안 침해 범죄의 형벌 및 제재 규정에 관한 연구: 정보통신망법 및 기반보호법을 중심으로", 『형사법의 신동향』 제38호(2013. 3), 140－173쪽; 조성훈, 앞의 논문, 119쪽 아래 등 참조.

21) 물론 제48조 제1항이 규정하는 침해행위는 흔히 말하는 '해킹'뿐만 아니라, 이를 넘어서는 부정당한 접속행위도 포함한다. 해킹에 관해서는 우선 이상돈, "해킹의 형법적 규율 방안", 『법조』 제51권 제3호(2002. 3), 86－121쪽; 최호진, "사이버 해킹과 형법적 대응방안", 『비교형사법연구』 제12권 제2호(2010. 12), 415－440쪽 등 참조.

허용된 접근권한을 넘어 정보통신망에 침입하여서는 안 된다." 이는 이른바 '해킹'으로 알려진 행위를 규범화한 것이다. "정당한 접근권한 없이 또는 허용된 접근권한을 넘어 정보통신망에 침입"하는 행위가 바로 해킹행위이기 때문이다.

정보통신망법 제48조 제1항이 금지하는 해킹행위는 크게 두 가지 유형으로 구분할 수 있다. 첫째는 정당한 접근권한이 없는 자, 즉 '무권한자'가 정보통신망에 침입하는 것이다. 둘째는 일정한 접근권한을 허용받기는 했지만, 이렇게 허용된 접근권한을 넘어 정보통신망에 침입하는 것이다. 달리 말해, '월권에 의한 해킹행위'라고 말할 수 있다.

2) 정당한 접근권한의 의미 및 판단주체

"정당한 접근권한"이란 정보통신망에 적법하게 접근할 수 있는 권한을 뜻한다. 여기서 정보통신망에 적법하게 접근할 수 있는 권한을 누가 부여하는지가 문제될 수 있다. 이에 대해 판례는 "정보통신망 이용촉진 및 정보보호 등에 관한 법률 제48조 제1항은 이용자의 신뢰 내지 그의 이익을 보호하기 위한 규정이 아니라 정보통신망 자체의 안정성과 그 정보의 신뢰성을 보호하기 위한 것이라고 할 것"이라는 이유에서 "위 규정에서 접근권한을 부여하거나 허용되는 범위를 설정하는 주체는 서비스제공자"라고 한다.[22] 따라서 판례에 따르면, "서비스제공자로부터 권한을 부여받은 이용자가 아닌 제3자가 정보통신망에 접속한 경우 그에게 접근권한이 있는지 여부는 서비스제공자가 부여한 접근권한을 기준으로 판단"해야 한다.

물론 접근권한은 서비스제공자만이 부여할 수 있는 것은 아니다. 정보통신망에서 특정한 서비스를 제공하지 않는 개인 이용자 역시 자신이 사용하는 개인용 컴퓨터에 대해서는 접근권한을 부여할 수 있다. 따라서 개인용 컴퓨터 사용자로부터 접근권한을 부여받지 않은 채 해당 컴퓨터에 접근하는 것은 정당하지 않은 접근으로서 침입에 해당한다.

3) '정당한 접근권한이 없는 경우'와 '허용된 접근권한을 넘는 경우'의 의미

먼저 '정당한 접근권한이 없는 경우'는 해당 정보통신망의 서비스제공자로부터 해당 정보통신망 서비스에 접근할 수 있는 적법한 접근권한을 부여받지 않은 경우를 뜻한다. 나아가 '허용된 접근권한을 넘는' 경우란 서비스제공자로부터 부여받은 적법한 접근권한의 범위를 일탈하는 경우를 뜻한다. 이에 대한 판단기준은 서비스

---

22) 대법원 2005. 11. 25. 선고 2005도870 판결.

제공자가 부여한 접근권한의 범위가 된다.

　4) '침입'의 의미

　'정보통신망에 침입'하는 것은 서비스제공자로부터 정당한 접근권한을 부여받지 않은 채 혹은 허용된 접근권한을 넘어 정보통신망 서비스에 접근하는 것을 말한다. 이는 해당 정보통신망 서비스에 접근하는 것이 제한되어 있다는 것을 전제로 한다. 따라서 그 누구에게나 공개된 정보통신망 또는 정보통신망 서비스에 접근하는 것은 정보통신망에 침입하는 것이라고 말할 수 없다.

　'정보통신망에 대한 침입'은 물리적 침입을 전제로 해야 하는 것은 아니다. 이를테면 구 "정보통신망 이용촉진 등에 관한 법률" 제19조 제3항이 규정하는 것처럼 "정보통신망에 대한 보호조치를 침해하거나 훼손할 것"을 구성요건으로 하지는 않는다. 그러므로 정보통신망의 물리적 안정성을 훼손하지 않는 경우라 하더라도 정당한 권한 없이 또는 허용된 권한을 넘어 해당 정보통신망에 접속하는 이상, 이는 '침입행위'라고 규정할 수 있다.

　이러한 맥락에서 판례는 "그 보호조치에 대한 침해나 훼손이 수반되지 않더라도 부정한 방법으로 타인의 식별부호(아이디와 비밀번호)를 이용하거나 보호조치에 따른 제한을 면할 수 있게 하는 부정한 명령을 입력하는 등의 방법으로 침입하는 행위" 역시 정보통신망법 제48조 제1항이 금지하는 '침입행위'에 해당한다고 본다.[23)]

◎ 관련판례: 대법원 2005. 11. 25. 선고 2005도870 판결

　　"그렇다면 실제공간과는 달리 행위자가 누구인지 명확하게 확인하기 어려운 가상공간에서 아이디와 비밀번호 등 식별부호는 그 행위자의 인격을 표상하는 것으로서, 무분별한 아이디의 공유 등 익명성의 남용으로 인한 정보통신망의 무질서 내지 상호신뢰의 저하는, 부정한 방법으로 보호조치를 물리적으로 침해하는 소위 해킹 등의 경우와 마찬가지로 정보통신망의 안정성과 그 안에 담긴 정보의 신뢰성을 해할 수 있다 할 것이므로, 비록 이용자가 자신의 아이디와 비밀번호를 알려주며 사용을 승낙하여 제3자로 하여금 정보통신망을 사용하도록 한 경우라고 하더라도, 그 제3자의 사용이 이용자의 사자(使者) 내지 사실행위를 대행하는 자에 불과할 뿐 이용자의 의도에 따라 이용자의 이익을 위하여 사용되는 경우와 같이 사회통념상 이용자가 직접 사용하

---

23) 대법원 2005. 11. 25. 선고 2005도870 판결.

는 것에 불과하거나, 서비스제공자가 이용자에게 제3자로 하여금 사용할 수 있도록 승낙하는 권한을 부여하였다고 볼 수 있거나 또는 서비스제공자에게 제3자로 하여금 사용하도록 한 사정을 고지하였다면 서비스제공자도 동의하였으리라고 추인되는 경우 등을 제외하고는, 원칙적으로 그 제3자에게는 정당한 접근권한이 없다고 봄이 상당하다.

　돌이켜 이 사건 공소사실에 관하여 보건대, 피고인이 육군웹메일이나 핸드오피스 시스템에 위 공소외 소령의 아이디와 비밀번호로 접속하여 소령이 알지 못하는 사이에 그의 명의로 대장에게 피고인의 이익을 위한 이메일을 보낸 것은 사회통념상 서비스제공자가 소령에게 부여한 접근권한을 소령이 직접 사용한 것과 동일시할 수 있는 경우라고 할 수 없을 뿐 아니라, 군 내부전산망이나 전자결제시스템에서 서비스제공자가 이용자인 소령에게 자신의 식별부호를 타인으로 하여금 마음대로 사용할 수 있도록 하는 것을 승낙하는 권한을 부여하였다고 보기도 어렵고, 공소사실 기재와 같은 피고인의 사용은 별개의 인격으로 새로운 이용자가 되어야 할 피고인이 자신의 이익을 위하여 소령에게 부여된 접근권한을 함부로 사용한 것으로 이에 대하여 서비스제공자가 동의하였으리라고 보이지도 아니하므로, 피고인이 소령의 식별부호를 이용하여 육군웹메일과 핸드오피스의 소령의 계정에 접속한 행위는 모두 정보통신망 법 제48조 제1항에 규정한 정당한 접근권한 없이 정보통신망에 침입하는 행위에 해당한다고 할 것이다.”

다만 ‘정보통신망에 대한 침입’과 관련하여 검토해야 할 쟁점이 있다. 일단 위에서 언급한 것처럼, 부정한 명령 등으로써 접근이 허용되지 않은 정보통신망에 접근하는 것은 당연히 ‘권한 없는 접근’에 해당한다. 이를 달리 “코드기반규제(code-based restriction)를 위반한 경우”라고 말하기도 한다. 여기서 코드기반규제란 “패스워드에 의하여만 접근을 허용하거나 사용권한을 각자 다르게 규정한 계정(account)을 부여하는 등 프로그램을 기반으로 접근권한을 정하여 주는 방법”을 말한다.[24]

이와 달리 “정보서비스 이용약관(terms of service)을 위반한 경우”에도 권한 없는 접근에 해당한다고 보는 견해도 있다.[25] 이 견해에 따르면, 이용자가 부정한 명령 등을 사용함으로써 정보통신망에 접근한 경우가 아니라 하더라도, 그가 정보통

---

24) 조성훈, 앞의 논문, 144쪽.
25) 이에 관해서는 조성훈, 앞의 논문, 145쪽.

신서비스 제공자가 정한 "정보서비스 이용약관"을 위반하여 정보통신망 등에 접근하면, 이는 '권한 없는 접근'으로서 '정보통신망에 대한 침입'에 해당한다.

이러한 두 견해는 다음과 같은 점에서 차이가 있다. 첫 번째 견해처럼 코드기반규제에 바탕을 두어 권한 없는 접근을 파악하면, 그 만큼 권한 없는 접근에 해당하는 범위가 좁아진다. 이와 달리 두 번째 견해처럼 정보서비스 이용약관에 바탕을 두어 권한 없는 접근을 이해하면, 그 만큼 권한 없는 접근에 해당하는 범위가 넓어진다. 전자의 견해를 취하면, 제48조가 적용되는 영역이 좁아진다. 그 만큼 정보통신망법이 개입할 여지가 적어진다. 이와 달리 후자의 견해를 취하면, 제48조가 적용되는 영역이 넓어진다. 그 만큼 정보통신망법이 개입할 여지가 많아진다.

그러면 이는 어떻게 판단하는 것이 타당한가? 일단 결론부터 말하면, 필자는 정보서비스 이용약관을 위반하여 침입한 경우에도 권한 없는 접근에 해당한다고 생각한다. 그 이유를 다음과 같이 말할 수 있다. 코드기반규제에 따라 권한 없는 접근 여부를 판단하는 것은 기술적 규제, 달리 말해 '아키텍처 규제'(architectural regulation)를 중심으로 하여 권한 없는 접근 개념을 판단하는 것이라고 말할 수 있다. 그러나 '정보통신망에 대한 침입'이라는 개념은 기본적으로 물리적·기술적 개념이 아니라 규범적 개념이라는 점에 주목해야 한다. 정보통신망에 대한 특정한 접근이 규범적인 관점에서 볼 때 허용되지 않을 때 비로소 '정보통신망에 대한 침입'으로 평가될 수 있는 것이다. 이는 형법이 규율하는 주거침입죄에서도 찾아볼 수 있다. 형법 도그마틱에 따르면, 그 접근이 허용되는 공공장소라 할지라도 법이 허용하지 않는 목적으로 공공장소에 접근하는 경우에는 이를 '주거침입'으로 인정한다. 주거침입에서 중요한 것은 주거에 접근할 때 물리적·기술적 보호장치를 훼손하는 데 있는 것이 아니라, 법이 허용하는 범위를 넘어 주거에 접근하는 데 있는 것이다. 이러한 관점을 '정보통신망에 대한 침입'에도 적용하면, 여기에서 중요한 것은 정보통신망에 접근할 때 물리적·기술적 보호장치를 훼손했는가 하는 점이 아니라, 정보통신망 서비스제공자가 설정한 규범적 보호장치를 훼손했는가 하는 점이다. 이러한 맥락에서 판례도 '정보통신망에 대한 침입'이 '물리적 침입'만을 전제로 하는 것은 아니라고 말하는 것이다. 이러한 점에 비추어 볼 때, 코드기반규제를 위반해 정보통신망에 접근하는 경우뿐만 아니라 규범적 보호장치, 이를테면 정보서비스 이용약관에 위반하여 정보통신망에 접근하는 경우도 정보통신망에 침입하는 행위로 보아야 한다. 또한 정보통신망은 자유로운 공공영역이라는 점을 근거로 하여 코드기반규제에 바탕을 둔 견해를 지지하는 경우도 있지만,[26] 정보통신망의 안정성과 신뢰성을 보호한다는 측면에서도 후자의 견해가 타당하다고 생각한다. 우리 대법원 역시 대법원 2013. 3. 28. 선고 2010도14607 판결에서 이러한 취지로 권한 없는 접근을 판단하였다.[27]

◎ 관련판례: 대법원 2013. 3. 28. 선고 2010도14607 판결

"원심은, 피고인 4의 주식회사 '공소외 1'(이하 '공소외 1회사'라 한다)은 그 회사가 운영하는 (인터넷 주소 생략)이라는 웹사이트에서 컴퓨터 사용자들이 무료프로그램을 다운로드받을 경우 eweb.exe(이하 '이 사건 프로그램'이라 한다)이라는 악성프로그램이 몰래 숨겨진 'activeX'를 필수적으로 설치하도록 유도하는 방법으로 그들의 컴퓨터(이하 '피해 컴퓨터'라 한다)에 이 사건 프로그램을 설치하였는데, 이 사건 프로그램의 목적, 기능에 비추어 이 사건 프로그램에 대한 정확한 정보를 제공받았다면 그들이 이를 설치하지 않았을 것으로 보이므로, 그들이 "키워드 프로그램을 설치하겠습니까"라는 공지사항을 확인한 후 'activeX'를 설치하였다고 하더라도 그것만으로 이 사건 프로그램의 설치에 동의한 것으로 볼 수 없다고 판단하고, 이 사건 프로그램이 피해 컴퓨터에서 사용자가 인식하지 못하는 상태에서 추가적인 명령 없이 자동으로 실행되면서 공소외 1회사의 서버 컴퓨터와 주기적으로 http로 통신을 하다가 공소외 1회사 서버 컴퓨터 작업지시에 따라 피해 컴퓨터로 하여금 네▼버[엔△△△엔 주식회사가 정보통신서비스 제공자로서 설치한 인터넷에 관한 종합서비스(인터넷 이용자들은 이를 '포털서비스'라 부른다)이다]시스템에 연결하여 특정 검색어를 검색하거나 검색 후 나오는 결과 화면에서 특정 링크를 클릭한 것처럼 네▼버 시스템에 허위의 신호를 발송하는 등의 작업을 하도록 한 원심 판시 인정사실에 비추어, 위 피고인이 정당한 접근권한 없이 또는 허용된 접근권한을 초과하여 피해 컴퓨터 사용자들이 사용하는 정보통신망을 침입한 사실을 인정할 수 있다는 이유로, 이를 다투는 항소이유를 받아들이지 아니하고 이 부분 공소사실에 대하여 유죄를 선고한 제1심판결을 그대로 유지하였다.

구 정보통신망 이용촉진 및 정보보호 등에 관한 법률(2008. 6. 13. 법률 제9119호로 일부개정되기 전의 것, 이하 '정보통신망법'이라고 한다) 제72조 제1항 제1호, 제

---

26) 조성훈, 앞의 논문, 153쪽 아래.
27) 대법원 2013. 3. 28. 선고 2010도14607 판결의 태도를 이러한 취지로 파악하는 조성훈, 앞의 논문, 157쪽 아래 참조.

48조 제1항 위반죄는 정당한 접근권한 없이 또는 허용된 접근권한을 넘어 정보통신망에 침입하면 성립할 수 있다(대법원 2011. 7. 28. 선고 2011도5299 판결 등 참조). 원심 판시에서 알 수 있는 피해 컴퓨터에 연결된 정보통신망을 이용한 이 사건 프로그램의 피해 컴퓨터 내의 설치 경위, 피해 컴퓨터 사용자들이 인식하지 못하는 상태에서의 이 사건 프로그램의 실행 및 피해 컴퓨터에 연결된 정보통신망을 이용한 공소외 1회사 서버 컴퓨터와의 통신, 그 통신에 의한 지시에 따라 피해 컴퓨터와 네▼버 시스템 사이에 연결되는 정보통신망을 이용한 네▼버 시스템에 대한 허위 신호 발송 결과 등에 비추어 보면, 이 사건 프로그램이 설치됨으로써 피해 컴퓨터 사용자들이 사용하는 정보통신망에 침입하였다고 판단한 원심판결은 위의 법리에 기초한 것으로서, 거기에 상고이유의 주장과 같이 정보통신망법 제48조 제1항에서 정한 정보통신망의 침입에 관한 법리를 오해하는 등의 사유로 판결에 영향을 미친 위법이 없다."

이러한 판례의 태도는 대법원 2011. 7. 28. 자 2011도5299 결정에서도 확인할 수 있다.

◎ 관련판례: 대법원 2011. 7. 28. 자 2011도5299 결정

"정보통신망 이용촉진 및 정보보호 등에 관한 법률(이하 '정보통신망법'이라 한다) 제72조 제1항 제1호, 제48조 제1항 위반죄는 정당한 접근권한 없이 또는 허용된 접근권한을 넘어 정보통신망에 침입하면 성립한다(대법원 2010. 7. 22. 선고 2010도63 판결 등 참조).

원심은, 피해자 회사의 위탁대리점 계약자가 휴대전화 가입자들에 대한 서비스를 위하여 피해자 회사의 전산망에 접속하여 유심칩(usim chip)읽기를 할 수 있는 경우는 개통, 불통, 휴대폰개설자의 유심칩 변경 등 세 가지 경우로 한정되는데, 피고인은 오직 요금수납 및 유심칩 읽기를 통하여 휴대전화를 다량의 문자메시지 발송을 할 수 있는 상태로 조작하기 위한 목적에서 피해자 회사의 정보통신망에 접속한 것이므로 이는 허용된 접근권한을 초과하여 피해자 회사의 정보통신망에 침입한 것으로서 정보통신망법 제72조 제1항 제1호, 제48조 제1항 위반죄에 해당한다고 판단하였다.

위 법리와 기록에 비추어 살펴보면, 원심의 판단은 정당하고, 거기에 상고이유로 주장하는 바와 같은 정보통신망법 제72조 제1항 제1호, 제48조 제1항에 관한 법리오해 등의 위법이 없다."

이외에도 대법원은 특정한 이용자에게 정보통신망에 대한 접근 권한이 있는지를 판단하는 주체는 정보통신서비스 제공자라고 하고 있으므로,[28] 이 역시 대법원이 일관되게 '권한 없는 접속'의 기준을 '정보서비스 이용약관'을 기준으로 하여 판단하고 있음을 보여준다. 왜냐하면 정보통신망에 대한 접근 권한이 있는지 여부를 정보통신서비스 제공자가 판단한다는 것은, 달리 말해 정보통신서비스 제공자가 마련한 '정보서비스 이용약관'에 따라 정보통신망에 대한 접근 권한을 판단하는 것이라고 볼 수 있기 때문이다. 이에 따르면, 정보통신서비스 제공자의 허락을 받지 않은 채 해당 정보통신서비스망에 접근하여 스파이웨어 등을 설치하는 것도 권한 없는 접속, 즉 '정보통신망에 대한 침입행위'에 해당한다고 말할 수 있다.

(4) 악성프로그램 전달 및 유포 금지(제48조 제2항) 해석문제

1) 의의

정보통신망법 제48조 제2항은 다음과 같이 규정한다. "누구든지 정당한 사유 없이 정보통신시스템, 데이터 또는 프로그램 등을 훼손·멸실·변경·위조하거나 그 운용을 방해할 수 있는 프로그램(이하 "악성프로그램"이라 한다)을 전달 또는 유포하여서는 아니 된다." 이 규정은 컴퓨터 바이러스 등과 같은 악성프로그램을 전달하거나 유포하는 것을 금지한다.[29]

여기서 "악성프로그램"이란 "정보통신시스템, 데이터 또는 프로그램 등을 훼손·멸실·변경·위조하거나 그 운용을 방해할 수 있는 프로그램"을 말한다. 다음으로 "훼손"이란 프로그램에 손상을 가하는 것을 말한다. "멸실"이란 프로그램 자체를 없애버리는 것을 말한다. 이어서 "변경"이란 프로그램의 내용이나 기능을 권한 없이 바꾸는 것을 말한다. 나아가 "위조"란 프로그램을 만들 수 있는 권한을 갖고 있지 않은 자가 동일한 프로그램을 만들어 내는 것을 말한다. 마지막으로 "그 운용을 방해한다는 것"은 프로그램 자체를 손상시키거나 없애버리지 않으면서 그 기능이 제대로 작동하지 못하도록 하는 것을 말한다. 이러한 악성프로그램으로는 컴퓨터 바이러스, 논리폭탄, 메일폭탄 등을 들 수 있다.

---

28) 대법원 2005. 11. 25. 선고 2005도870 판결; 대법원 2010. 7. 22.자 2010도63 결정 등 참조.
29) 이 문제에 관해서는 정완, "사이버공간상 악성프로그램 유포와 법적 대응책", 『형사정책연구소식』 제98호(2006. 11/12), 37－43쪽 참조.

2) 행위주체

정보통신망법 제48조 제2항이 염두에 두는 행위주체에는 제한이 없다. 법문언이 보여주는 것처럼, 그 누구라도 제48조 제2항의 행위주체가 될 수 있다. 그러므로 정보통신서비스를 이용하는 이용자뿐만 아니라, 정보통신서비스 제공자 역시 이러한 행위주체가 될 수 있다. 즉 정보통신서비스 제공자라 할지라도 정당한 사유 없이 악성프로그램을 전달 또는 배포하면 제48조 제2항에 의한 제재를 받을 수 있다.

3) 행위

정보통신망법 제48조 제2항이 금지하는 행위는 악성프로그램을 전달 또는 유포하는 것이다. 여기서 "전달"이란 특정한 상대방에게 프로그램을 옮기는 것을 말한다. "유포"란 불특정다수에게 프로그램을 옮기는 것을 말한다. 행위자가 전달과 유포 중에서 어느 한 행위를 하게 되면 제48조 제2항이 금지하는 구성요건을 충족한다.

4) 정당화 사유

그러나 제48조 제2항은 모든 행위를 무조건 금지하는 것은 아니다. 여기에는 정당화 사유가 존재한다. 즉 제48조 제2항을 반대로 추론하면, 정당한 사유가 있는 상태에서 악성프로그램을 전달 또는 배포하는 경우에는 제48조 제2항에 해당하지 않는다. 이를테면 국가안전보장이나 질서유지 혹은 공공복리를 위해 유해한 정보통신서비스제공 사이트에 악성프로그램을 전달 혹은 유포하는 것은 정당한 사유가 있는 경우로서 제48조 제2항의 제재를 받지 않을 수 있다.

(5) 분산서비스 거부 등을 통한 정보통신망 장애발생 금지(제48조 제3항) 해석문제
1) 의의

정보통신망법 제48조 제3항은 다음과 같이 규정한다. "누구든지 정보통신망의 안정적 운영을 방해할 목적으로 대량의 신호 또는 데이터를 보내거나 부정한 명령을 처리하도록 하는 등의 방법으로 정보통신망에 장애가 발생하게 하여서는 아니 된다." 이미 언급한 것처럼, 이 규정은 이른바 'DDos 공격'으로 잘 알려진 '분산서비스 거부공격'을 규율하기 위해 마련된 것이다.[30] 물론 정보통신망법 제48조 제2

---

30) 이에 관해서는 심원태, 『분산서비스거부 공격유형별 웹서비스의 침해영향력 비교분석』(전남대 이학박사 학위논문, 2012) 참조.

항을 넓게 해석하면, 이를 통해서도 '분산서비스 거부공격'을 규율할 수 있다. 왜냐하면 '분산서비스 거부공격' 역시 악성프로그램 전달 혹은 유포행위에 바탕을 두고 있기 때문이다. 그렇지만 '분산서비스 거부공격' 자체가 사회적으로 큰 파장을 불러일으키면서 이러한 침해행위 자체를 독자적으로 규율할 필요가 사회적으로 생기게 되었고 이에 대응하기 위해 정보통신망법 제48조 제3항이 제정된 것이다.

2) 행위주체

제48조 제1항 및 제2항과 마찬가지로, 제48조 제3항이 예정하는 행위주체에는 제한이 없다. 법문언 그대로 "누구든지" 제48조 제3항이 금지하는 행위를 하는 경우에는 제48조 제3항이 적용된다.

3) 행위

① 객관적 측면

제48조 제3항이 금지하는 행위는 두 가지 측면에서 바라볼 수 있다. 객관적 측면과 주관적 측면이 그것이다. 먼저 객관적 측면에서 보면, 행위자는 "대량의 신호 또는 데이터를 보내거나 부정한 명령을 처리하도록 하는 등의 방법으로 정보통신망에 장애가 발생하게" 하는 행위를 해서는 안 된다. 이러한 행위는 다시 다음과 같이 분석할 수 있다.

제48조 제3항이 금지하는 행위는 크게 다음과 같은 두 가지 방법을 사용한다. 첫째는 "대량의 신호 또는 데이터"를 보내는 방법이다. 둘째는 "부정한 명령을 처리하도록 하는 등"의 방법이다. 그러나 이러한 두 가지 방법을 사용하는 것만으로는 제48조 제3항이 금지하는 행위가 되지 못한다. 제48조 제3항이 금지하는 행위가 되려면, 이러한 두 가지 방법을 사용하여 "정보통신망에 장애"가 발생하도록 해야 한다. 이러한 두 가지 방법을 사용했다 하더라도 "정보통신망에 장애"가 발생하지 않았다면, 이는 제48조 제3항이 금지하는 행위에 해당하지 않는다. 이 점에서 제48조 제3항이 금지하는 행위는, 형법적으로 말하면, '결과범'에 속한다고 말할 수 있다.

② 주관적 측면

나아가 주관적 측면에서 제48조 제3항이 금지하는 행위에 해당하려면, "정보통신망의 안정적 운영을 방해할 목적"을 지니고 있어야 한다. 제48조 제3항은 정보통신형법의 구성요건을 이루는 것이므로, 이는 일종의 '목적범'을 규정한 것이라고 말할 수 있다. 이에 따르면, 단순한 고의만을 가지고 분산서비스 거부공격을 하는 것은 제48조 제3항이 금지하는 행위에 해당하지 않는다. 왜냐하면 이 경우에는 "정보통신망의 안정적 운영을 방해할 목적"을 갖고 있지 않기 때문이다. 형법적으로 말하면, '단순한 고의'와 '목적'은 구별된다. 따라서 제48조 제3항이 금지하는 행위에 해당하려면, 행위자가 단순한 고의를 넘어서 "정보통신망의 안정적 운영을 방해할 목적"을 지니고 있어야 한다.

(6) 벌칙

1) 의의

이미 언급한 것처럼, 정보통신망법은 제48조가 금지하는 행위를 한 경우에 벌칙을 부과한다. 이 때 말하는 벌칙이란 형벌을 말한다. 정보통신망법은 벌칙으로서 '징역'과 '벌금'을 규정한다. 이러한 점에서 제48조는 일종의 형법구성요건에 해당한다. 또한 이러한 근거에서 정보통신망법은 정보통신형법을 포함하는 법규범이라고 말할 수 있다.[31]

2) 정보통신망법 제71조 제9호 및 제10호

정보통신망법 제71조 제9호 및 제10호는 같은 법 제48조 제2항 및 제3항을 위반한 행위에 대한 벌칙을 규정한다. 우선 정보통신망법 제71조 제9호는 "제48조 제2항을 위반하여 악성프로그램을 전달 또는 유포한 자"에 대해 5년 이하의 징역이나 5천만원 이하의 벌금에 처한다고 규정한다. 나아가 정보통신망법 제71조 제10호는 "제48조 제3항을 위반하여 정보통신망에 장애가 발생하게 한 자"에 대해서도 5년 이하의 징역이나 5천만원 이하의 벌금에 처한다고 규정한다.

3) 정보통신망법 제72조 제1항 제1호

정보통신망법 제72조 제1항 제1호는 같은 법 제48조 제1항을 위반한 행위에 대한 벌칙을 규정한다. 이에 따르면, "제48조 제1항을 위반하여 정보통신망에 침입한 자"에 대해서는 3년 이하의 징역 또는 3천만원 이하의 벌금이 부과된다. 여기서 알 수 있듯이, 정보통신망법은 제48조 제1항을 위반한 경우보다 제2항 및 제3항을 위반한 경우를 더욱 중대한 침해로 파악한다. 제48조 제2항 및 제3항을 위반한 경

---

31) 이러한 정보통신망법상 형법규정을 일반형법으로 전환하는 방안에 관해서는 이신우, 『정보통신망법상에 규정된 사이버범죄의 형법전 편입방안에 관한 연구』(연세대 법학석사 학위논문, 2012) 참조.

우에는 5년 이하의 징역이나 5천만원 이하의 벌금을 부과하지만, 제48조 제1항을 위반한 경우에는 3년 이하의 징역이나 3천만원 이하의 벌금을 부과하기 때문이다.

5. 정보통신망법 제48조의2 제2항 해석문제

(1) 문제점

정보통신망법 제48조의2 제2항은 "다음 각 호의 어느 하나에 해당하는 자는 대통령령으로 정하는 바에 따라 침해사고의 유형별 통계, 해당 정보통신망의 소통량 통계 및 접속경로별 이용 통계 등 침해사고 관련 정보를 과학기술정보통신부장관이나 한국인터넷진흥원에 제공하여야 한다"고 규정한다. 이 때 과연 어떤 범위에서 침해사고 관련 정보를 제공해야 하는지 문제된다. 왜냐하면 침해사고 관련 정보 중에는 개인정보와 같은 민감한 정보 역시 포함될 수 있기 때문이다.

(2) 침해사고 관련 정보의 제한해석 필요성

사전동의원칙을 규정하는 개인정보보호법의 취지를 고려하면, 정보통신망법 제48조의2 제2항이 규정하는 "침해사고 관련 정보" 역시 제한적으로 해석할 필요가 있다. 이에 따라 "침해사고 관련 정보"는 "침해사고의 유형별 통계", "해당 정보통신망의 소통량 통계", "접속경로별 이용 통계"로 한정해야 한다.

6. 정보통신망법 제48조의3 해석문제

(1) 문제점

정보통신망법 제48조의3은 정보통신망 침해사고가 발생한 경우 이에 대한 신고 및 조치 의무를 규정한다. 이 규정의 해석과 관련해서는 크게 두 가지 문제가 제기된다. 첫째는 개인적으로 홈페이지를 운영하는 각 개인들이 침해사고를 당한 경우, 경우에 따라서는 침해사고가 아닌 단순사고나 고장일 때도 많은데, 이들에 대해 한국인터넷진흥원이 필요한 조치를 해야 하는지 여부이다. 둘째는 제48조의3 제2항이 규정하는 "필요한 조치"가 구체적으로 무엇인가 하는 점이다.[32]

---

32) 이 문제에 관해서는 이용재, "싸이월드 개인정보 유출사건에 관한 판결에 나타난 쟁점에 대한 검토: 정보통신망법상의 보호조치에 관하여: 서울중앙지방법원 2012. 11. 23. 선고 2011가합90267 판결; 서울고등법원 2015. 3. 20. 선고 2013나20047 판결 등",『법조』제65권 제4호(2016. 4), 267－305쪽; 이정훈·김두원, "잊힐 권리의 논의와 관련한 형사법적 소고: 정보통신망법상 명예훼

(2) 개인홈페이지 운영자에 대한 조치의무 인정여부

이 문제는 손쉽게 해결할 수 있다. 제48조의3 제1항은 신고의무자로서 제1호에서는 "정보통신서비스 제공자"를 그리고 제2호에서는 "집적정보통신시설 사업자"를 규정한다. 그러므로 개인홈페이지를 운영하는 개인들이 이러한 "정보통신서비스 제공자"에 해당하는지 판단하면 된다. 하지만 정보통신망법 제2조 제1항 제2호에 따르면, 정보통신서비스 제공자란 "「전기통신사업법」 제2조 제8호에 따른 전기통신사업자와 영리를 목적으로 전기통신사업자의 전기통신역무를 이용하여 정보를 제공하거나 정보의 제공을 매개하는 자"를 뜻하므로, "영리를 목적으로" 정보를 제공한다고 보기 어려운 개인홈페이지 운영자는 "정보통신서비스 제공자"라고 볼 수 없다. 따라서 이들에 대해서는 신고의무도 그리고 필요한 조치의무도 인정되지 않는다.

(3) "필요한 조치"의 의미

이 문제도 판단하기 어렵지 않다. 정보통신망법 제48조의3 제2항은 "과학기술정보통신부장관이나 한국인터넷진흥원은 제1항에 따라 침해사고의 신고를 받거나 침해사고를 알게 되면 제48조의2 제1항 각 호에 따른 필요한 조치를 하여야 한다"고 규정한다. 그러므로 "필요한 조치"의 의미를 밝히려면, 제48조의2 제1항 각호가 무엇을 규정하는지 확인하면 된다.

정보통신망법 제48조의2 제1항 각호는 "침해사고에 관한 정보의 수집·전파", "침해사고의 예보·경보", "침해사고에 대한 긴급조치"를 규정한다. 따라서 제48조의3 제2항이 말하는 "필요한 조치"는 "침해사고에 관한 정보의 수집·전파", "침해사고의 예보·경보", "침해사고에 대한 긴급조치"를 뜻한다.

7. 정보통신망법 제48조의4 해석 문제

(1) 문제점

정보통신망법 제48조의4 해석에 관해서는 세 가지 문제가 제기된다.

첫째, 침해사고의 원인분석 및 피해확산방지 의무를 규정하는 제48조의4 제2항을 어떻게 해석할 것인가 하는 문제다. 이는 구체적으로 다음과 같은 경우에 문제

손 및 임시조치와의 관계를 중심으로", 『법학논문집』(중앙대) 제40집 제2호(2016. 8), 365-397쪽 등 참조.

가 된다. 침해사고가 발생한 경우 실무적으로 침해사고의 원인을 정확하게 분석하기 위해서는 침해당한 서버뿐만 아니라, 이와 관련을 맺는 다른 서버 역시 분석해야 할 필요가 있다. 그렇지만 서버를 분석하는 과정에서는 많은 경우 민감한 개인정보를 침해하는 경우도 발생한다. 이러한 경우에는 개별정보주체의 사전동의를 모두 받아야 한다. 그러나 현실적으로 이렇게 하면 효과적으로 침해사고의 원인을 분석할 수 없다. 그렇다면 한국인터넷진흥원은 법원의 영장이나 관련자들의 사전동의를 받지 않아도 제48조의4 제2항만을 근거로 하여 각종 서버를 조사할 수 있는가?

둘째, 제48조의4 제2항은 "중대한 침해사고"라는 개념을 규정하는데, 이 때 말하는 "중대한"의 의미가 무엇인지 구체화해야 할 필요가 있다.

셋째, 제48조의4 제4항이 규정하는 "같은 법"이란 무엇을 뜻하는가?

(2) 제48조의4 제2항 해석 문제

제48조의4 제2항은 "과학기술정보통신부장관은 정보통신서비스 제공자의 정보통신망에 중대한 침해사고가 발생하면 피해 확산 방지, 사고대응, 복구 및 재발 방지를 위하여 정보보호에 전문성을 갖춘 민·관합동조사단을 구성하여 그 침해사고의 원인 분석을 할 수 있다"고 규정한다. 법문언에서 확인할 수 있듯이, 이 규정은 의무규정이 아니라 재량규정이다. 따라서 과학기술정보통신부장관이 침해사고의 원인을 분석하지 않는다고 해서 곧바로 위법이 되는 것은 아니다.

과학기술정보통신부장관은 검찰과는 달리 수사기관이 아니므로, 강제로 침해사고의 원인을 분석할 수는 없다. 따라서 침해사고의 원인을 분석하기 위해서는 관련자들의 동의를 받아야 한다. 관련자들의 동의를 받지 않은 채 서버 등을 분석하는 것은 법적 권한을 넘는 위법한 행위가 될 수 있다. 서버나 개인정보 등을 조사할 때는 철저하게 관련법이 정한 절차에 따라야 한다. 제48조의4 제4항은 이를 예시적으로 보여준다.

(3) "중대한 침해사고"의 의미

제48조의4 제2항이 규정하는 "중대한 침해사고"가 구체적으로 무엇을 뜻하는지 판단하는 것은 쉽지 않다. 이는 개별적·구체적인 침해상황에서 여러 인자를 고려해 종합적으로 판단할 수밖에 없다. 다만 "침해빈도"나 "피해자 수" 또는 "침해강

도" 등이 "중대한 침해사고" 여부를 판단할 때 유용하게 고려될 수 있을 것이다.

(4) "같은 법"의 의미

제48조의4 제4항 단서가 규정하는 "같은 법"은 "통신비밀보호법"을 말한다. 이에 따르면, 과학기술정보통신부장관이 "통신비밀보호법" 제2조 제11호에 따른 통신사실확인자료에 해당하는 자료를 제출할 것을 요구하는 경우에는 "통신비밀보호법"이 정한 절차에 따라서만 이를 요구할 수 있다는 것을 뜻한다.

Ⅳ. 맺음말

지금까지 정보통신망법의 규범적 특성을 분석하고 이를 해석하는 데 등장하는 해석론적 문제를 살펴보았다. 이미 언급한 것처럼, 정보통신망법이 규율하는 정보통신영역은 급격하게 변동하고 발전하는 영역이다. 이를 정보통신망법이 제 때에 따라잡고 적절하게 규율하는 것은 현실적으로 쉽지 않은 일이다. 따라서 정보통신망법은 필연적으로 흠결과 각종 문제를 지닐 수밖에 없을 것이다. 이러한 견지에서 보면, 제5장에서 제시한 해석론도 불완전할 수밖에 없다. 정보통신망법이 예측하지 못한 새로운 문제가 출현하면, 제5장에서 제안한 각종 해석론도 언제든지 낡은 것으로 전락할 수 있다. 이러한 점에서 보면, 정보통신망법은 현실에 맞게 끊임없이 재해석되어야 할 것이다.

제3부

지능정보사회와 법

제6장
탈인간중심적 법학의 가능성

I. 서 론

현대사회는 과학기술의 시대라고 할 수 있을 만큼 과학기술 전 분야에 걸쳐 엄청난, 상상을 초월할 정도의 발전이 이루어지고 있다. 이러한 과학기술의 진보 덕분에 매일매일 새로운 정보와 지식이 놀라운 수준으로 축적되고 있다.[1] 현대사회의 특징으로 언급되는 '정보화사회'나 '지식기반사회'는 이러한 과학기술의 놀라운 진보, 그 중에서도 이른바 정보통신기술(ICT)의 발전에 힘입은 바가 크다. 그런데 이렇게 급속하게 진행되는 과학기술의 발전은 법학에 대해서도 중대한 도전이 되고 있다. 이는 크게 두 가지로 말할 수 있다. 우선 과학기술이 발전하면서 기존에 존재하지 않았던 새로운 규제영역이 등장하고 있다. 최근 이슈가 되고 있는 인공지능의 법적 문제는 이를 극명하게 예증한다.[2] 현재는 법체계에 포섭이 되었지만 초상권이나 각종 영상물에 대한 지식재산권, 자동차에 대한 법적 규율, 의료와 생명공학에 관한 법제 역시 과학기술이 발전하면서 새롭게 등장한 규율영역에 해

---

[1] 이에 관해서는 빅토르 마이어 쇤베르거 · 케네스 쿠키어, 이지연 (옮김), 『빅데이터가 만드는 세상』 (21세기북스, 2013), 21쪽.
[2] 이에 관해서는 우선 양종모, "전체적 감시체제의 법률적 규율방안 고찰: 인공지능과 모자이크 이론의 적용", 『홍익법학』 제17권 제2호(2016. 6); 양종모, "인공지능을 이용한 법률전문가 시스템의 동향 및 구상", 『법학연구』(인하대) 제19권 제2호(2016. 6) 등 참조.

당한다. 그런데 과학기술은 이를 넘어서 기존의 법학이나 법체계가 알지 못했던 새로운 사고방식을 던져주기도 한다. 이러한 새로운 사고방식은 기존의 규범적 사고와 갈등을 빚기도 하고, 경우에 따라서는 법체계에 수용되어 법체계가 새롭게 진화하는 데 기여하기도 한다.3) 필자는 이러한 사고방식 가운데 가장 심중하게 눈여겨 보아야 할 것으로서 이른바 '탈인간중심적 사상'을 언급하고자 한다. 무엇보다도 이세돌과 알파고의 바둑대국이 시사하는 것처럼, 인공지능의 시대가 그리 멀지 않게 되면서 어느덧 '탈인간중심적 사상'은 법체계의 현실로 자리매김하고 있는 것처럼 보인다. 만약 사실이 그렇다면, '탈인간중심적 사상'은 우리 법체계와 법학에 어떤 의미를 던지는 것일까? 이에 대해 법체계와 법학은 어떻게 대응해야 하는가? 이는 기존의 법학에 위기가 되는 것일까, 아니면 새로운 기회일까? 제6장에서는 행정법학의 견지에서 이러한 문제들을 다루고자 한다. 이를 위해 '탈인간중심적 사상'이 무엇인지 살펴본 후, 이러한 탈인간중심적 사상이 행정법학에 수용될 수 있는지, 이를 통해 이른바 '탈인간중심적 행정법학'을 모색하는 것이 가능할 수 있는지 논의해 보고자 한다.

Ⅱ. 과학기술의 발전에 대한 법체계의 대응

우선 논의의 출발점으로서 현대사회에서 과학기술이 급속하게 발전하면서 법체계에 어떤 영향을 미치는지, 이에 대해 법체계는 어떻게 대응하게 되는지를 간략하게 검토하도록 한다. 이에 관해서는 크게 두 가지를 언급할 수 있다. 규제갈등과 법체계의 진화가 그것이다.

1. 규제갈등

현대사회에서 급속하게 진행되는 과학기술의 발전은 한편으로는 사회의 유용성, 즉 공리를 증진시키기도 하지만, 다른 한편으로는 사회적 갈등을 유발하기도 한다. 그 중에서도 규제갈등은 가장 대표적인 사회적 갈등이라 할 수 있다. 이러한 규제갈등은 다음과 같이 유형화할 수 있다.

---

3) 법적 진화에 관해서는 김혜경 외, 『법과 진화론』(법문사, 2016) 참조.

(1) 법적 규제의 흠결

먼저 새롭게 등장한 과학기술에 대한 법적 규제가 흠결되어 있는 경우를 들 수 있다. 물론 이 경우는 진정한 의미의 규제갈등이라고 부르기는 어려울 것이다. 그렇지만 법적 규제가 흠결되어 새로운 과학기술을 적절한 방향으로 규제할 수 없다는 점도 법체계의 입장에서 보면 규제갈등이라고 말할 수 있을 것이다. 이러한 예로는 인공지능에 대한 법적 규제가 아직 제대로 마련되어 있지 않은 경우를 들 수 있다.

(2) 과학기술의 발전속도를 고려하지 못한 법적 규제

다음으로 법적 규제가 존재하기는 하지만, 해당 법적 규제가 마련한 규제내용이 과학기술의 발전속도를 적절하게 따라가지 못해 규제갈등이 발생하는 경우를 들수 있다. 이른바 과학기술의 발전과 법적 규제 사이에 '시간적 격차'가 존재하는 경우이다. 이러한 예로서 법적 규제로 인해 사이드미러가 없는 차량을 제조하지 못하는 경우나 초소형 전기차를 도로에서 운행하지 못하는 경우를 들 수 있다.[4]

(3) 과학기술의 최신 성과를 법적 규제가 정확하게 포착하지 못한 경우

나아가 법적 규제가 과학기술의 최신 성과를 정확하게 포착하지 못해 규제갈등이 발생하는 경우를 들 수 있다. 과학기술은 대부분의 경우 아주 전문적인 내용을 담고 있어 법적 규제가 이를 적절하게 포착하지 못하는 경우가 종종 발생한다. 이는 특히 정보통신 관련 법제에서 자주 등장한다. 이는 과학기술의 발전과 법적 규제 사이에 '내용적 격차'가 발생하는 경우라고 말할 수 있다.[5]

(4) 과학기술의 가치 또는 사고방식과 법적 규제의 규범성이 충돌하는 경우

마지막으로 아주 근본적인 문제로서 과학기술이 추구하는 가치나 사고방식이

---

4) 다만 최근 정부는 이러한 규제를 개정하여 사이드미러가 장착되지 않은 차량이나 초소형 전기차를 허용하기로 하였다. 이에 관해서는 오로라, "정부, 내년부터 '사이드미러 없는 자동차' 운행 허가… 중복규제 개혁 나선다", 『조선닷컴』(2016. 4. 27. 16:18)(http://news.chosun.com/site/data/html_dir/2016/04/27/2016042702468.html); 이재영, "7월부터 드론택배 허용…초소형 전기차 트위지도 다닌다", 『연합뉴스』(2016. 6. 2. 11:00)(http://www.yonhapnews.co.kr/bulletin/2016/06/02/0200000000AKR20160602063100003.HTML) 등 참조.
5) 이렇게 보면, 과학기술의 발전과 법적 규제 사이에 발생하는 격차는 '시간적 격차'와 '내용적 격차'로 나누어 바라볼 수 있다.

법적 규제가 그 동안 축적한 규범성 혹은 규범적 사고방식과 충돌하는 경우를 들수 있다. 예를 들어, 요즘 새롭게 각광을 받고 있는 빅데이터(big data)를 적극 활용하려면, 가능한 한 대규모의 개인정보를 수집 및 분석할 수 있어야 한다. 하지만 그렇게 되면 현행 개인정보보호법이 보장하는 정보적 자기결정권을 침해할 수 있다.6) 바로 이 같은 이유에서 빅데이터 과학과 개인정보보호법은 충돌할 수밖에 없다.7) 이를 가치론의 측면에서 바꿔 말하면, 빅데이터 과학이 추구하는 공리주의와 개인정보보호법이 추구하는 자유주의가 충돌하는 경우라고 할 수 있다. 이러한 규제갈등은 과학기술과 법적 규제가 각각 전제로 하는 사고방식이 서로 다른 경우에도 발생한다. 이를테면 이 글에서 다루고자 하는 것처럼, 과학기술은 이미 탈인간중심적 사상에 바탕을 두고 있는데, 법적 규제는 여전히 인간중심적 사상에 머물러 있는 경우에 양자가 사고방식의 차이로 규제갈등을 일으킬 수 있다. 특히 이처럼 탈인간중심적 사상과 인간중심적 사상이 충돌하는 경우는 기존의 법체계가 근간으로 삼고 있던 법적 사고방식에 대한 중대한 도전이 될 수 있다는 점에서 이를 정면에서 다룰 필요가 있다.

2. 법체계의 진화

이렇게 과학기술과 법적 규제 사이에 규제갈등이 발생하게 되면, 법적 규제를 담당하는 법체계는 이에 대해 두 가지 상반된 대응을 하게 된다. 첫 번째 대응은 이러한 규제갈등에 반발하는 것이다. 규제갈등의 원인을 과학기술 쪽에서 찾으면서 이를 위법한 것으로 평가하는 것이다. 이는 달리 말해 과학기술이 추구하는 가치나 사고방식, 최신 성과 등을 기존의 규범적 틀로 평가하고 제재하겠다는 것을 뜻한다. 요컨대, 법체계의 측면에서 보수적인 방식으로 과학기술의 발전에 대응하는 것이다. 그러나 달리 보면, 이러한 대응방식은 법체계가 과학기술영역에서 이루어지는 변화를 제대로 포착하지 못하는 것으로서 시대에 뒤떨어진 것이라고 평가할 수도 있다.

두 번째 대응방식은 이러한 규제갈등의 원인을 법체계 쪽에서 찾고 법체계를 변화시킴으로써 규제갈등을 해소하고자 하는 것이다. 이를테면 과학기술이 추구하는 가치나 사고방식 또는 최신 성과 등을 법체계 안으로 끌어들여 이를 법체계의

---

6) 개인정보보호법 제15조 제1항 제1호 참조.
7) 이 문제에 관해서는 양천수, 『빅데이터와 인권』(영남대학교출판부, 2016), 125쪽 아래 참조.

새로운 규범적 논리로 재편하는 것이다. 현대 체계이론의 용어로 바꿔 말하면, 과학기술의 변화를 환경의 변화로 파악하고, 이러한 환경에 적응할 수 있도록 법체계를 진화시키는 것이다. 이러한 대응방식은 두 가지 측면에서 긍정적인 결과를 낳는다. 우선 직접적으로는 과학기술과 법적 규제 사이에서 발생하는 규제갈등을 해소한다. 나아가 이를 통해 법체계 전체의 진화를 유도한다.

필자는 이러한 방식 중에서 두 번째 방식이 더욱 바람직하다고 생각한다. 법체계는 그 자체 고정되고 완결된 것이 아니라 끊임없이 사회변화에 대응해야 하는 유동적인 것이기 때문이다.8) 달리 말해, 법체계는 사회변화에 대해 인지적인 측면에서 개방되어야 한다.9) 바로 이러한 맥락에서 필자는 현대 과학기술이 내포하고 있는 탈인간중심적 사상을 모색하고자 하는 것이다.

Ⅲ. 인간중심적 법사상과 탈인간중심적 사상

그러면 탈인간중심적 사상이란 무엇을 뜻하는가? 이를 밝히려면 그 전에 우리 법체계의 근간을 이루는 인간중심적 법사상이 무엇인지 살펴볼 필요가 있다.

1. 인간중심적 법사상

인간중심적 법사상은 말 그대로 인간을 법체계의 중심모델로 설정하는 사고방식을 말한다. 잘 알려진 것처럼, 인간중심적 법사상은 르네상스와 그 이후에 전개된 일련의 세속주의 운동, 즉 종교개혁이나 계몽주의, 시민혁명 등을 통해 규범적 질서의 중심이 신으로부터 인간으로 넘어오면서 확립된 사고방식이다. 물론 법사학의 성과가 잘 보여주듯이, 인간중심적 법사상이 전적으로 근대에 의해 창조된 것은 아니다. 왜냐하면 중세 이전에 서구를 지배했던 그리스ー로마의 지적 전통에서도 이러한 인간중심적 법사상을 발견할 수 있기 때문이다.10) 그러면 이러한 인간중심적

---

8) 이러한 개방된 체계 관념에 관해서는 C.ーW. Canaris, *Systemdenken und Systembegriff in der Jurisprudenz: entwickelt am Beispiel des deutschen Privatrechts*, 2. Aufl. (Berlin, 1983), 61쪽 아래.
9) 이를 체계이론에서는 '인지적 개방성'(kognitive Offenheit)이라고 한다. 이에 관해서는 N. Luhmann, *Einführung in die Systemtheorie*, 2. Aufl. (Heidelberg, 2004), 91쪽 아래.
10) 이를 보여주는 현승종·조규창, 『로마법』(법문사, 1996) 참조.

법사상은 구체적으로 무엇을 뜻하는가? 어떤 요소들이 인간중심적 법사상을 구성하는가? 이에 대해 필자는 <주체-객체 모델>, 자유의지, 행위중심적 사상, 인간중심적 생명 개념을 대답으로 내놓고자 한다.

(1) <주체 - 객체 모델>

우리 법체계가 인간중심적 법사상에 기반을 두고 있음을 보여주는 가장 대표적인 근거로서 <주체-객체 모델>을 언급할 수 있다. 일단 <주체-객체 모델>은 주체와 객체를 개념적·존재론적·인식론적으로 구별하는 모델이라고 정의내릴 수 있다. 그렇지만 <주체-객체 모델>이 주체와 객체의 분리만을 주장하는 것은 아니다. 왜냐하면 <주체-객체 모델>은 더 나아가 주체와 주체 간의 분리도 전제하기 때문이다. 이에 따르면, 각 주체는 모두가 자율적이고 독립된 주체로서 서로 분리된다. 달리 말해, 각자가 개성적이고 독립된 '무연고적 자아'(unencumbered self)로 존재한다.[11] 이렇게 <주체-객체 모델>은 한편으로는 주체와 객체의 엄격한 분리를 주장한다는 점에서, 주체와 객체 사이의 해석학적 순환을 강조하는 '해석학적 모델'과는 구별된다.[12] 다른 한편으로 <주체-객체 모델>은 주체와 주체 간의 단절을 전제로 한다는 점에서 이른바 '상호주관적 모델' 혹은 '연고적 자아(encumbered self) 모델'과도 구별된다.[13]

<주체-객체 모델>에서는 당연히 주체가 중심적인 지위를 차지한다. 객체는 주체의 수단 혹은 도구로 자리매김한다. 이를테면 객체는 주체의 소유 또는 욕망의 대상이 된다. 물건이나 급부, 권리나 의무, 법익 등이 이러한 객체에 해당한다. 주체는 당연히 인간만이 될 수 있다. 물론 최근에 들어서는 비인간적인 존재에 대해서도 주체성을 부여하고자 하는 시도가 이루어지고 있지만,[14] 전통적인 <주체-객체 모델>에서 보면 이렇게 주체성을 확장하려는 시도는 타당하지 않다. 이와 반대

---

11) '무연고적 자아' 개념에 관해서는 Michael J. Sandel, "The Procedural Republic and the Unencumbered Self", *Political Theory*, Vol. 12, No. 1. (Feb., 1984), 81-96쪽 참조.
12) '해석학적 모델'에 관해서는 H.-G. Gadamer, *Wahrheit und Methode* (Tübingen, 1975), 250쪽 아래.
13) '연고적 자아' 모델을 강조하는 Michael J. Sandel, *Liberalism and the Limits of Justice*, second edition (Cambridge: Cambridge University Press, 1998) 참조.
14) 이에 관해서는 민윤영, "법의 새로운 기초로서 동물권 담론", 『법과 사회』 제41호(2011. 12), 307-336쪽 참조.

로 인간은 객체가 될 수 없다. 칸트가 정언명령으로서 강조한 것처럼, 인간은 다른 인간의 욕망에 복종하는 수단이 될 수는 없는 것이다.

이러한 <주체─객체 모델>은 우리 법체계 전반에서 쉽게 찾아볼 수 있다. 가령 가장 대표적인 기본법이자 근대법의 전형을 이루는 민법은 총칙에서 이러한 <주체─객체 모델>을 고스란히 보여준다. 왜냐하면 민법총칙은 법원을 규정하는 제1조, 신의칙을 규정하는 제2조에 이어 주체에 관한 규정, 이를테면 권리능력이나 행위능력, 법인에 관한 규정을 집중적으로 마련하고 있기 때문이다. 이러한 사고방식은 민법을 넘어 다른 기본법에서도 찾아볼 수 있다. 예를 들어, 헌법에서는 기본권주체가, 행정법에서는 행정청과 사인이,[15] 형법에서는 범죄주체가, 소송법에서는 소송주체가 우선적으로 언급된다. 물론 이러한 모든 법영역에서 법적 주체는 당연히 인간이 된다.[16] 인간이 아닌 존재, 가령 도롱뇽에게 법적 주체성을 인정하고자 하는 시도는 거부된다.[17]

(2) 자유의지

이처럼 현대 법체계의 바탕을 이루는 근대 법체계에서는 인간을 전제로 하는 <주체─객체 모델>이 중심적인 자리를 차지한다. 그런데 여기서 주의해야 할 점은, <주체─객체 모델>에서 염두에 두는 주체는 단순히 수동적인 존재는 아니라는 것이다. 오히려 여기서 말하는 주체는 '의사의 자유', 즉 '자유의지'(Willensfreiheit)를 지닌 자율적인 인간을 뜻한다. 여기서 자율적인 인간이란 자신이 추구하는 바를 자율적으로 선택 및 결정하고, 이에 대해 책임을 질 수 있는 인간을 말한다. 칸트의 실천철학이 잘 보여주는 것처럼, 인간이 존엄한 주체가 될 수 있는 이유는 인간이 실천이성을 지닌 자율적인 존재이기 때문이다.[18] 자율적인 존재이기에 인간은 민사법상 혹은 형사법상 책임을 부담할 수 있다. 이는 과책주의 또는 책임원칙으로 표

---

15) 이를 보여주는 김현준, 『행정법관계에서의 사인의 권리와 의무』(법문사, 2012) 참조; 한편 학설 가운데는 사인을 행정법상 주체가 아닌 객체로 파악하기도 한다. 가령 박균성, 『행정법론(상)』 제14판(박영사, 2015), 98쪽; 그러나 사인은 행정법관계에서 분명 권리와 의무의 주체가 되므로, 이를 '객체'로 파악하는 것은 적절하지 않다. 이러한 이유에서 사인을 '객체'가 아닌 '상대방'으로 파악하는 견해로는 홍정선, 『행정법원론(상)』 제18판(박영사, 2010), 115쪽 참조.

16) 물론 현행 법체계는 이러한 인간의 범위에 법인 역시 포함시킨다.

17) 대법원 2006. 6. 2. 자 2004마1148·1149 결정 참조.

18) 이를 논증하는 고전적인 문헌으로 심재우, "인간의 존엄과 법질서: 특히 칸트의 질서사상을 중심으로", 『법률행정논집』(고려대) 제12집(1974. 10), 103─136쪽 참조.

현된다. 아울러 민사법을 지배하는 사적자치 역시 민사법이 추구하는 주체모델이 바로 자율적인 주체라는 점을 극명하게 예증한다.

(3) 행위중심적 사상

행위중심적 사상 역시 우리 법체계가 인간중심적 법사상에 바탕을 두고 있다는 점을 잘 보여준다. 왜냐하면 행위야 말로 인간이라는 주체가 자신이 원하는 객체를 획득하기 위해 사용할 수 있는 수단이기 때문이다. 이를 <주체-객체 모델>에 결부시켜 말하면, 개념적·존재론적·인식론적으로 서로 분리된 주체와 객체를 연결해 주는 것이 바로 행위인 것이다. 그 점에서 행위중심적 사상은 인간중심적 사상의 전형을 이룬다. 이러한 행위중심적 사상은 모든 법체계와 법학에서 중심적인 역할을 수행하는데, 특히 행정법학에서는 행위중심적 사상이 어찌 보면 <주체-객체 모델>보다 더욱 비중을 차지하고 또 그 만큼 논란이 되고 있다고 말할 수 있다. 민법을 중심으로 하는 이른바 근대법은 주체와 더불어 행위 개념을 기본단위로 하여 전체 법체계를 설계하였다. 역시 민법총칙이 이를 잘 예증한다. 개념법학으로도 불렸던 독일 판덱텐법학의 성과가 집약된 민법총칙은 주체, 객체와 더불어 주체와 객체를 연결하는 '행위'를 중심으로 하여 체계화되었다. 민법총칙에서 가장 비중 있게 다루어지는 '법률행위'(Rechtsgeschäft) 개념이 이를 보여준다. 사실 민사법은 '법률행위의 법'이라고 말할 수 있을 정도로 법률행위 개념은 민사법 전체에서 중심적인 지위를 차지한다. 민사법적 분쟁을 해결하는 방법은 바로 해당 분쟁에서 문제되는 행위가 법률행위인지, 만약 그렇다면 어떤 법률행위인지를 밝히는 것에서 출발할 정도이다.

이렇게 행위를 중시하는 태도는 다른 법영역에서도 발견할 수 있다. 이를테면 행정법학에서는, 물론 학문적 개념이기는 하지만, 법률행위에 대응하는 행정행위(Verwaltungsakt) 개념을 기본단위로 하여 행정법학, 그 중에서도 이른바 행정법 총론을 체계화하였다. 마치 판덱텐 법학이 민사법에서 그랬던 것처럼, 오토 마이어(O. Mayer)를 중심으로 한 독일 행정법학은 행정행위를 중심으로 하여 행정법학을 개념화·체계화한 것이다.[19] 또한 행위론 논쟁이 시사하는 것처럼, 형법학에서도 오랫동

---

19) 오토 마이어의 행정법학에 관해서는 박정훈, "독일 공법학과 오토 마이어(Otto Mayer)", 한국행정판례연구회 (편), 『공법학의 형성과 개척자』(박영사, 2007), 1쪽 아래 참조.

안 행위 개념은 형법학의 중요한 논쟁거리가 되었다.[20] 형법학자들은 범죄행위의 기초이자 출발점이 되는 행위 개념이란 도대체 무엇인지를 밝히기 위해 오랜 시간 논쟁을 거듭해 왔다. 행위 개념은 소송법에서도 중요한 역할을 한다. 소송법학자들은 소송행위가 무엇인지, 소송행위가 어떤 특성을 지니고 있는지를 밝히는 데 관심을 기울였다.[21]

(4) 인간중심적 생명 개념

마지막으로 인간중심적 생명 개념을 인간중심적 법사상의 구성요소로 제시할 수 있다. 물론 인간중심적 생명 개념이 전체 법체계에서 중심적인 역할을 하는 것은 아니다. 왜냐하면 이미 근대법체계에서도 법적 주체로서 '생물학적인 인간'(Mensch)을 상정하기보다는, 생물학적인 인간과는 구별되는 '사회적 인격'(Person) 개념을 상정하고 있었기 때문이다. 생명 그 자체로서 의미 있는 인간은 주로 인권법이나 최근 새롭게 부각되는 생명공학법에서 논의의 초점이 된다. 그렇다 하더라도 인간중심적 생명 개념은 인간중심적 주체 개념과 결합되어 오랫동안 인간중심적 법사상을 지탱하는 바탕이 되어 왔다.

2. 탈인간중심적 사상

앞에서도 언급한 것처럼, 이러한 인간중심적 법사상에 바탕을 둔 기존의 법체계는 과학기술이 급속하게 발전하면서 새로운 사고방식의 도전을 받고 있다. 탈인간중심적 사상이 그것이다. 탈인간중심적 사상은 말 그대로 인간을 중심적인 지위로 삼지 않는 사고를 말한다. 그리고 이러한 탈인간중심적 사상이 법체계에 스며들어 정착한 것이 바로 탈인간중심적 법사상에 해당한다. 탈인간중심적 사상은 법체계 외부에 존재하는 것으로서 최근 급속하게 성장하는 과학기술이 내재하고 있는 것이라면, 탈인간중심적 법사상은 법체계 내부에 존재하는 것으로서 법을 개념화·체계화하는 데 바탕이 되는 것을 말한다. 이러한 탈인간중심적 사상은 현대사회에

---

20) 이에 관해서는 C. Roxin, *Strafrecht Allgemeiner Teil*, Band I, 4. Aufl. (München, 2006), 236쪽 아래 참조.
21) 특히 소송행위가 착오나 사기·강박을 이유로 하여 취소될 수 있는지가 논의되었다. 이에 관해서는 노갑영, 『민사소송에 있어서 당사자의 소송행위에 관한 연구: 의사의 하자를 중심으로』(전남대 법학박사 학위논문, 1995) 참조.

서 급속하게 발전하고 있는 정보통신기술(ICT), 생명과학, 진화론에 힘입어 성장하고 있다. 특히 정보통신기술 가운데 오늘날 각광을 받고 있는 인공지능과학이나 빅데이터 과학은 인간중심적 법사상이 바탕으로 삼고 있던 자율적인 인간중심적 주체성 및 행위 개념을 해체하고 있다. 그러면 탈인간중심적 사상은 구체적으로 무엇을 뜻하는지 아래에서 살펴보도록 한다.

(1) 주체의 확장

탈인간중심적 사상의 출발점은 인간중심적인 주체 개념이 지속적으로 확장되고 있다는 점에서 찾을 수 있다. <주체-객체 모델>에서 중심적인 지위를 차지하는 주체 개념은 크게 두 가지 측면에서 확장되었다. 첫째는 생물학적인 인간의 범위가 확장되었다는 점이고, 둘째는 사회적인 인격의 범위가 확장되었다는 것이다. 달리 말해, '인간'(Mensch)의 범위와 '인격'(Person)의 범위가 모두 확장된 것이다.

우선 무엇보다도 생명공학을 통해 생물학적인 인간의 범위가 지속적으로 확장되고 있다. 처음에는 태아가 인간의 범위에 포섭되었고, 물론 논란이 계속되고 있기는 하지만, 이제는 배아가 인간의 범주에 포함된다는 견해도 주장되고 있다.[22]

나아가 인격의 개념도 확장되고 있다. 그런데 이러한 인격의 확장은 현대 과학기술이 급속하게 성장하기 이전에 이미 법체계 안에서 진행되었다. 법인 개념이 이를 잘 보여준다. 사실 '법인'(juristische Person)은 생물학적인 인간은 아니다. 어찌 보면 이는 사회적으로 구성된 산물이다. 이 때문에 법인의제설에서는 법인을 사회적으로 의제된 '허구'(Fiktion)라고 주장하기도 한다.[23] 그런데도 현행 법체계는 이러한, 어찌 보면 사회적으로 허구에 지나지 않는 법인에게 법적인 인격성을 부여한다. 생물학적인 인간이 아닌 사회적 존재가 법적 주체로 편입된 것이다. 그리고 이러한 법인은 특히 공법에서 생물학적인 인간보다 더욱 중요한 비중을 차지하고 있다.[24]

이외에도 오늘날에는 비인간적인 존재, 가령 동물이나 심지어 물건에 대해서도 법적 주체성을 부여해야 한다는 주장이 제기된다.[25] 특히 '알파고'가 상징적으로 보

---

22) 이에 관해서는 C. Geyer (Hrsg.), *Biopolitik: Die Positionen* (Frankfurt/M., 2001) 참조.
23) 법인의 본질에 관해서는 우선 송호영, "법인의 활동과 귀속의 문제: 법인본질논쟁의 극복을 위한 하나의 시론", 『민사법학』 제31호(2006. 3), 3-46쪽 참조.
24) 국가야말로 가장 대표적인 법인이라는 점을 염두에 둘 필요가 있다.

여주듯이, 인공지능과학이 급속하게 발전하면서 이제는 알파고와 같은 인공지능이나 사이보그에 대해서도 법적 주체성을 인정해야 한다는 논의가 이루어지고 있다.[26]

(2) 인간적 주체에서 체계로

이렇게 주체 개념이 확장되면서 이제는 주체를 대신하는 새로운 개념이 주체의 지위를 차지해야 한다는 논의가 이루어지고 있다. '체계'(System)가 바로 그것이다.[27] 무엇보다도 독일의 사회학자 루만(N. Luhmann)이 정립한 체계이론은 인간중심적 사고와 작별하고 그 자리에 체계를 내세운다.[28] 이를 통해 탈인간중심적 사상이 사회이론으로서 자리 잡는다. 이렇게 탈인간중심적 사상을 정면으로 내세우는 체계이론은 현대 과학의 성과, 그 중에서도 사이버네틱스, 생물학, 진화론을 수용해 성장하였다.[29]

이렇게 체계를 강조하는 태도는 체계이론에서만 발견할 수 있는 것은 아니다. 알파고로 대변되는 인공지능과학에서도 탈인간중심적인 체계사고를 찾아볼 수 있다.[30] 흔히 인공지능과 로봇 또는 사이보그를 같은 것으로 이해하는 경향이 있기도 하지만, 엄밀히 말하면 양자는 다른 것이다.[31] 로봇 또는 사이보그가 인간의 몸을

---

25) 이에 관해서는 B. Latour, *Das Parlament der Dinge: Für eine politische Ökologie* (Frankfurt /M., 2001) 참조.

26) 이를테면 G. Teubner, "Elektronische Agenten und große Menschenaffen: Zur Ausweitung des Akteurstatus in Recht und Politik", in: *Zeitschrift für Rechtssoziologie* 27 (2006), 5–30쪽 참조.

27) 이때 말하는 체계는 우리에게 익숙한 체계, 즉 사고형식으로서 의미를 갖는 체계가 아니라, 사회적으로 '실재'하는 체계를 말한다. 전자의 체계는 사물현상을 이해하는 방식의 한 가지로서 그 자체가 사회적으로 실재하지는 않지만, 후자의 체계는 우리 눈에 보이지는 않지만 엄연히 사회적으로 실재하는 그 무엇이다. 전통적인 법학에서 말하는 체계는 대부분 전자의 체계 개념을 뜻하는 데 반해, 체계이론에서 말하는 체계는 후자의 체계 개념을 지칭한다. 전자의 체계 개념에 관해서는 C.–W. Canaris, 앞의 책, 19쪽 아래.

28) 이에 관해서는 정성훈, "인간적 사회와의 작별: 니클라스 루만의 사회관을 통한 새로운 사회 비판의 출발점 모색", 『시대와 철학』 제18권 제2호(2007. 여름), 81–116쪽 참조.

29) 이를 소개하는 게오르그 크네어·아민 낫세이, 정성훈 (옮김), 『니클라스 루만으로의 초대』(갈무리, 2008), 41쪽 아래 참조.

30) 인공지능과학을 소개하는 입문서로는 김대식, 『김대식의 인간 vs 기계』(동아시아, 2016); 마쓰오 유타카, 박기원 (역), 『인공지능과 딥러닝: 인공지능이 불러올 산업 구조의 변화와 혁신』(동아 엠앤비, 2015); 웬델 월러치·콜린 알렌, 노태복 (역), 『왜 로봇의 도덕인가: 스스로 판단하는 인공지능 시대에 필요한 컴퓨터 윤리의 모든 것』(메디치, 2014) 등 참조.

31) 이를 지적하는 마쓰오 유타카, 위의 책, 제2장 참조.

인공적으로 흉내낸 것이라면, 인공지능은 인간의 정신을 흉내낸 것이기 때문이다. 이를 체계이론적 언어로 다시 말하면, 로봇이나 사이보그는 인간의 생명체계를 모사한 것이라면, 인공지능은 인간의 심리체계를 모사한 것이라고 할 수 있다. 물론 우리가 구현하고자 하는 완전한 인공지능은 인간과 동일한 몸과 마음을 갖고 있는 인공지능이라 할 수 있으므로, 이러한 한에서 인공지능과 로봇은 다시 결합될 수 있다. 그런데 여기서 인공지능과 로봇의 차이를 강조한 것은, 인공지능이야말로 체계의 특성을 잘 보여주기 때문이다. 이는 이세돌과 행한 세기의 바둑대결로 유명세를 탄 알파고에서 극명하게 확인할 수 있다. 세기의 바둑대결에서 이세돌을 4 대 1로 이긴 알파고는 우리가 언뜻 생각하는 것처럼 단일한 몸, 더욱 정확하게 말해 단일한 컴퓨터로 구성되어 있는 인공지능이 아니다. 구글 딥마인드가 잘 밝히고 있는 것처럼, 알파고는 수백 개의 서버가 연결되어 작동하는 이른바 '네트워크 복합체'라고 할 수 있다.[32] 알파고는 우리 인간처럼 단일한 몸을 지니고 있는 실체가 아닌 것이다. 오히려 알파고는 수백 개의 서버 사이에서 형성되는 네트워크망을 통해 이루어지는 전자적 소통 속에서 구성적으로 존재하는 것이다. 그런 알파고가 컴퓨터 모니터 및 인간 대리인에 의지하여 인간 이세돌과 대국을 한 것이다. 요컨대, 단일한 실체가 아닌 네트워크 복합체가 바로 알파고라는 인공지능의 본질인 것이다. 이처럼 알파고는 한편으로는 인간의 몸을 지니고 있지 않다는 점에서 탈인간적이다. 그렇지만 다른 한편으로는 인간과 유사하게 고도의 두뇌게임인 바둑을 둘 수 있다는 점에서 인간적이다. 그런데 우리는 이러한 성격을 법인에서도 찾을 수 있다. 왜냐하면 법인 역시 한편으로는 인간의 몸을 갖고 있지 않지만, 다른 한편으로는 인간의 법적 상대가 되기 때문이다. 이처럼 인간의 몸을 갖지 않으면서도 인간처럼 소통할 수 있는 것을 바로 체계이론에서는 체계라고 부르는 것이다.

사실 체계이론에 따르면, 알파고와 마찬가지로 법인 역시 가공된 인간이라기보다는 오히려 체계에 해당한다. 더욱 정확하게 말하면, 법인은 '사회적 체계'(soziales System)에 속한다.[33] 인간 역시 체계로 구성된다. 체계이론에 따르면, 인간은 정신

---

32) 물론 정확하게 말하면, 알파고는 단일버전과 분산버전으로 개발되었다. 단일버전은 한 개의 서버로 구성된 반면, 분산버전은 다수의 서버로 구성된다. 이세돌과 대국한 알파고는 분산버전이다. 이에 관해서는 이대영, "알파고란 무엇인가: 알고리즘과 학습 방법으로 이해하는 알파고", 『ITWorld』(2016. 3. 17)(http://www.itworld.co.kr/news/98391) 참조.
33) 이에 관해서는 N. Luhmann, *Soziale Systeme: Grundriß einer allgemeinen Theorie*, 3. Aufl.

을 반영하는 심리체계와 몸을 반영하는 생명체계가 구조적으로 결합되어 있는 체계 복합체인 것이다. 따라서 체계이론에 따르면, 모든 법적 관계의 중심은 인간적 주체가 아닌 체계가 된다. 그런데 이러한 체계이론의 주장은 그 동안 인간중심적 사상에 익숙했던 우리가 보기에는 상당히 이질적이고 낯선 것이다. 그 때문에 체계이론은 반인본주의적인 사상으로 치부되어 거부되는 경향이 강하다.[34] 그렇지만 최근 비약적으로 성장하고 있는 인공지능과학은 이러한 체계이론의 주장이 오히려 현실을 정확하게 지적하고 있다고 보여준다. 그렇지 않고서는 새롭게 등장하고 있는 과학기술의 현실을 정확하게 설명하기 어렵다.

(3) 행위에서 소통으로

이렇게 인간적 주체를 대신하여 체계가 사회질서의 중심으로 자리매김하면서 인간적 주체와 결부되어 있는 행위 개념 역시 '소통'(Kommunikation) 개념으로 대체된다. 사실 행위야말로 인간주체의 고유한 작용이라고 말할 수 있다. 그 때문에 인간을 중심적인 자리에 설정한 인간중심적 법사상은 법률행위나, 행정행위, 범죄행위, 소송행위와 같은 행위 개념을 기본단위로 하여 법적 관계를 파악한 것이다. 그러나 인간중심적 법체계에서 기본단위가 되는 행위가 구체적으로 무엇인지, 무엇을 기준으로 하여 행위 개념을 설정할 것인지가 그리 명확한 것만은 아니었다. 이를 잘 보여주는 것이 바로 형법학에서 전개된 행위론 논쟁이다. 독일과 우리의 형법학자들은 형법상 범죄의 기초가 되는 행위가 도대체 무엇을 뜻하는지에 관해 오랫동안 치열한 논쟁을 거듭하였다.[35] 인과적 행위론, 목적적 행위론, 사회적 행위론, 인격적 행위론은 이러한 행위론 논쟁이 내놓은 이론들이다. 이러한 치열한 논쟁 끝에 오늘날 다수의 형법학자들은 행위 개념은 인과적으로, 다시 말해 자연적·물리적으로 판단되는 것이 아니라, 사회적 의미를 통해 판단된다는 결론에 이르고 있다. 인식론의 관점에서 이를 다시 말하면, 행위 개념은 자연적·물리적으로 확정되어 있는 것이 아니라, 사회적 맥락 속에서 구성된다는 것이다. 사실이 그렇다면, 행위가 사

(Frankfurt/M., 1988), 15쪽 아래.

34) 이를 보여주는 J. Habermas/N. Luhmann, *Theorie der Gesellschaft oder Sozialtechnologie - Was leistet die Systemforschung?* (Frankfurt/M., 1971), 142쪽 아래.

35) 이를테면 김종원, 『형법에 있어서의 목적적 행위론』(서울대 법학석사 학위논문, 1957); 심재우, "목적적 행위론 비판: 사회적 행위론의 입장에서", 『법률행정논집』(고려대) 제13집(1976. 4), 175 - 222쪽 참조.

회적 질서의 기본단위가 된다기보다는 오히려 행위를 구성하는 사회적 맥락, 더욱 정확하게 말해 사회 안에서 이루어지는 소통이 기본단위가 된다고 말할 수 있다.

　이렇게 자연적·물리적인 행위가 아니라 소통이 사회질서의 기본단위가 된다는 관념은 사실 민법상 기본개념인 법률행위에서도 찾아볼 수 있다. 왜냐하면 법률행위는 의사표시, 가령 계약당사자의 청약 및 승낙과 같은 의사표시를 핵심요소로 하는데, 엄밀히 말하면 이러한 의사표시는 행위라기보다는 소통에 가깝기 때문이다. 특히 오늘날 사회 여러 영역에서 사용되는 전자적 의사표시를 염두에 두면, 의사표시의 탈행위적 성격은 더욱 강화된다. 물론 독일의 사회철학자 하버마스(J. Habermas)처럼 소통과 행위를 결합한 '의사소통행위'(kommunikatives Handeln) 개념을 사용한다면,[36] 의사표시 역시 여전히 행위 개념으로 파악할 수는 있다. 그렇지만 설사 의사소통행위 개념을 수용한다 하더라도, 이러한 의사소통행위가 전통적인 행위와 차별화된다는 점은 분명하다. 이처럼 법률행위가 이른바 '탈행위화'되면서 최근에는 '관계적 계약이론'이 등장하기도 한다.[37] 관계적 계약이론은 전통적인 행위 개념을 통해 계약의 성립여부나 성격을 파악하기보다는 사회적 소통방식을 통해 계약의 성립여부 등을 판단하겠다는 이론을 말한다. 사실적 계약관계론이 관계적 계약이론의 한 예라고 말할 수 있다.[38]

　이처럼 이미 법학에서도 행위 개념이 점점 소통적 개념으로 바뀌고 있는데, 체계이론은 아예 행위 대신 소통을 사회이론의 중심 개념으로 설정한다. 이는 막스 베버(M. Weber)로 거슬러 올라가는 행위중심적 사회이론을 뒤집는 것이다. 루만의 체계이론은 세계를 체계와 환경으로 구별하는 것에서 출발한다.[39] 이때 체계는 기계적 체계, 심리체계, 생명체계, 사회적 체계로 구분된다.[40] 기계적 체계는 우리가 잘 아는 기계를 말한다. 인공지능이나 로봇 역시 기본적으로는 기계적 체계에 속한다. 심리체계는 인간의 정신이나 심리를, 생명체계는 인간의 육체를 대변한다. 생명

---

36) 이를 보여주는 J. Habermas, *Theorie des kommunikativen Handelns*, 2 Bände (Frankfurt/M., 1981) 참조.

37) 이에 관해서는 변용완, 『계약구속력의 근거로서 관계적 계약이론에 관한 연구』(중앙대 법학박사 학위논문, 2013) 참조.

38) 사실적 계약관계론에 관해서는 우선 곽윤직, "계약없이 성립하는 계약관계: 이른바 사실적 계약관계론", 『사법행정』 제10권 제1호(1969. 1), 16－19쪽 참조.

39) N. Luhmann, *Soziale Systeme: Grundriß einer allgemeinen Theorie*, 3. Aufl. (Frankfurt/M., 1988), 35쪽 아래.

40) N. Luhmann, 위의 책, 15쪽 아래.

체계는 다시 소화체계, 면역체계, 신경체계 등으로 분화된다. 그리고 사회적 체계는 우리의 사회 속에서 실재하는 체계를 말하는데, 상호작용이나 조직체 그리고 사회가 바로 이러한 사회적 체계에 해당한다. 여기서 '상호작용'(Interaktion)이란 강의나 세미나, 계약 등을 말하고, '조직체'(Organisation)는 법인을 말한다. '사회'(Gesellschaft)는 상호작용이나 조직체를 포함하는 전체 사회를 뜻한다. 그리고 사회적 체계로서 사회는, 루만에 따르면, 다양한 기능적 부분체계로 분화된다. 정치나 경제, 법, 학문, 교육, 종교, 의료 등이 이러한 기능적 부분체계에 속한다. 그런데 우리의 논의맥락에서 중요한 것은, 이러한 사회적 체계는 바로 소통으로 구성된다는 것이다. 우리가 사회적으로 펼치는 소통이 사회적 체계를 구성하고, 사회적 체계는 소통을 통해 내적으로 작동할 뿐만 아니라, 다른 사회적 체계들과도 상호작용한다. 한편 이미 살펴본 것처럼, 체계이론에서는 인간이 아닌 사회적 체계가 바로 사회질서의 중심이 되는데, 이러한 사회적 체계는 행위가 아닌 체계로써 스스로 작동하고 다른 사회적 체계를 포함하는 환경과도 상호작용을 하는 것이다. 이처럼 체계이론에서는 행위가 아닌 소통이 전면에 등장한다.

이 같은 소통중심적 사상은 인공지능과학을 포함하는 정보통신기술에서도 찾아볼 수 있다. 이를테면 인간과 같은 몸을 갖지 않은 알파고는 오직 소통을 통해서만 외부세계, 즉 환경과 상호작용할 수 있을 뿐이다. 인간인 이세돌과 바둑을 둘 때도 오직 소통으로써만 바둑을 둘 수 있었을 뿐이다. 물론 인간형 로봇이나 자율주행차처럼 특정한 행동을 할 수 있는 인공지능도 있지만, 여전히 행동보다는 이진법에 기초를 둔 전자적 소통이 이러한 인공지능에서는 중심적인 작동방식이 된다. 사물인터넷 역시 인터넷에 기반을 둔 소통으로써 정보를 서로 교환한다. 이처럼 현대 과학기술에서는 인간중심적인 행위가 아닌 체계중심적인 소통이 중요한 작동방식으로 자리 잡는다.

(4) 자유의지에 대한 도전

법적 행위를 수행하는 주체는 자율적인 인간이라는 주장, 즉 인간은 자유의지를 지니고 있다는 명제 역시 최근 뇌과학이 비약적으로 발전하면서 도전을 받고 있다.[41] 일련의 뇌과학자들은 인간은 자유의지를 지닌 존재가 아니라, 오히려 인간의

---

41) 이에 관해서는 양천수, "의사의 자유와 인권: 형사책임을 중심으로 한 시론", 『영남법학』 제29호

모든 행동은 이미 결정되어 있다고 말한다.[42] 이와 유사한 맥락에서 인간은 습관의 지배를 받는다는 주장이 뇌과학이나 심리학, 빅데이터 과학 등에서 주장된다.[43] 그런데 이러한 주장은 현행 법체계의 책임을 해명하는 데 중대한 도전이 된다. 왜냐하면 민사책임의 기본원리인 과책주의나 형사책임의 기본원칙인 책임원칙 모두 행위주체인 인간에게 자유의지가 있을 것을 전제로 하기 때문이다.[44] 따라서 만약 현대 뇌과학이 말하는 것처럼 인간에게 자유의지가 없다면, 현행 법체계가 바탕으로 삼고 있는 각종 책임을 설명하기 어렵게 된다. 이러한 근거에서 이를테면 형사책임을 자유의지가 아닌 다른 근거로써, 가령 인간이 외부적 자유를 지니고 있다는 점을 통해 해명하려는 시도가 이루어지기도 한다.[45]

(5) 생명 개념의 확장

현대 과학기술에 의해 주체 개념이 확장되면서 덩달아 인간중심적인 생명 개념도 확장되고 있다. 물론 아직까지는 인간과 거의 같은 로봇이나 사이보그가 출현하지 않아 인간중심적인 생명 개념이 해체되지는 않았다. 그러나 생명공학과 의학이 비약적으로 발전하면서 생명을 둘러싼 자연적인 것과 인공적인 것의 경계가 점차 허물어지고 있다. 이를테면 의학을 통해 인간적 생명의 시기와 종기가 확장되었고, 각종 인공장기가 개발되면서 순수한 자연적인 생명이라는 개념도 점차 약화되고 있다. 앞으로 생명공학과 로봇과학이 비약적으로 성장하면, 인간중심적 생명을 대신하는 새로운 생명 개념이 출현할지도 모른다. 이를 통해 어쩌면 유발 하라리(Yuval Noah Harari)가 예측하는 것처럼, 인간적 몸을 지니고 있는 호모 사피엔스는 종말을 고할지도 모른다.[46] 여하간 생명현상의 본질적인 특성은 탄소중심의 생명 개념에서

(2009. 10), 1–22쪽 참조.

42) 가령 G. Roth, "Wir sind determiniert. Die Hirnforschung befreit von Illusionen", in: C. Geyer (Hrsg.), *Hirnforschung und Willensfreiheit: Zur Deutung der neuesten Experimente* (Frankfurt/M., 2004), 218–222쪽; W. Singer, "Verschaltungen legen uns fest: Wir sollten aufhören, von Freiheit zu sprechen", in: C. Geyer (Hrsg.), *Hirnforschung und Willens – freiheit: Zur Deutung der neuesten Experimente* (Frankfurt/M., 2004), 30–65쪽 등 참조.

43) 이를 분석하는 찰스 두히그, 강주헌 (옮김), 『습관의 힘: 반복되는 행동이 만드는 극적인 변화』 (갤리온, 2012) 참조.

44) 이에 관해서는 M. Pauen/G. Roth, *Freiheit, Schuld und Verantwortung. Grundzüge einer naturalistischen Theorie der Willensfreiheit* (Frankfurt/M., 2008) 참조.

45) 이를 분석하는 K. Günther, *Schuld und kommunikative Freiheit* (Frankfurt/M., 2005) 참조.

46) 이를 보여주는 유발 하라리, 조현욱 (옮김), 『사피엔스: 유인원에서 사이보그까지, 인간 역사의

찾을 수 있기보다는 오히려 '자기생산성'(autopoiesis)에서 찾을 수 있다는 점을 고려하면, 어쩌면 영화 "트랜스포머"가 시사하는 것처럼 스스로 자기생산이 가능하면서 인간적 생명 개념보다 더욱 진화한 기계적 생명이 출현할지도 모른다.

Ⅳ. 탈인간중심적 행정법학의 가능성

1. 서론

이처럼 현대사회에서 급속하게 발전하는 과학기술은 전통적인 인간중심적 사고방식에서 벗어난 새로운 사고방식을 담고 있다. 이는 사이버네틱스, 생물학, 진화론의 성과를 수용한 루만의 체계이론이 지향하는 사고방식과 유사한 것이기도 하다. 그러면 현대 법학, 그 중에서도 행정법학은 이 같은 과학기술의 도전에 대해 어떻게 대응해야 하는가? 이미 언급한 것처럼, 행정법학이 이에 대응하는 방식에는 두 가지가 있다. 첫째는 이를 무시하는 것이고, 둘째는 이를 수용하는 것이다. 이에 관해 필자는 법체계와 법학 역시 사회의 부분체계인 이상 현대사회에서 이루어지는 구조변동에 적절하게 대응할 필요가 있다고 생각한다. 이를 위해서는 구조변동에 내재하는 욕망이나 가치, 사고방식을 법학 내부로 끌어들여 이를 적절한 법적 개념이나 체계로 전환시킬 필요가 있다. 그러므로 행정법학 역시 현대 과학기술이 추구하는 사고방식을 법학 내부로 끌어들일 필요가 있다. 그런데 이러한 방식이 행정법학에 전혀 새롭거나 낯선 것은 아니다. 왜냐하면 이미 지적한 것처럼 현대 과학기술이 추구하는 사고방식은 현대 체계이론의 그것과 상당히 유사한데, 행정법학은 체계이론의 사고방식을 이미 곳곳에서 수용하고 있기 때문이다. 체계이론을 정초한 루만이 행정공무원으로서 자신의 경력을 시작했다는 점도 행정법학에 시사하는 바가 크다. 따라서 아래에서는 행정법학이 어떤 측면에서 탈인간중심적 사고방식을 수용했는지를 밝힘으로써 탈인간중심적 행정법학이 이미 진행 중에 있다는 점을 논증하고자 한다.

대담하고 위대한 질문』(김영사, 2015) 참조.

2. 체계 관념을 수용한 행정법학

인간중심적 사상에 익숙한 법학자에게는 여전히 체계 관념이 낯설 것이다. 그렇지만 우리 법학은 이미 체계 관념을 법적 개념으로 수용하고 있다. 법인이 바로 그것이다. 법인은 법적 인간으로서 아직은 인간의 모습을 취하고는 있지만, 엄밀히 말하면 법인은 육체와 정신을 갖고 있는 인간과 같지 않다. 법인은 사회적 소통으로 구성된 조직체로서 가장 대표적인 사회적 체계에 속한다. 이러한 사회적 체계인 법인은 행정법학에서 비인간적인 법적 주체로서 중심적인 지위를 차지한다. 국가로 대표되는 공법인이 바로 그것이다. 공법관계는 대부분 사인과 공법인 사이에서 형성된다. 특히 공법인인 국가의 기관인 행정청과 사인 사이에서 형성되는 공법관계가 행정법학에서 주로 문제된다.[47] 이 점에서 행정법학은 이미 오래 전부터 체계 관념을 수용하고 있었다고 말할 수 있다.

3. 소통 관념을 수용한 행정법학

체계 관념과 더불어 행정법학은 소통 관념 역시 행정법학 내부에 수용하고 있다. 이를 잘 보여주는 개념이 바로 행정행위와는 구별되는 행정처분이라고 말할 수 있다. 주지하다시피 행정법학에서는 학문적 개념인 행정행위와 행정소송법상 개념인 행정처분이 과연 같은 것인가에 관해 견해가 대립한다.[48] 이에 관해서는 양자가 같은 것이라는 일원설과 양자가 다른 것이라는 이원설이 대립한다. 이 중에서 이원설은 행정소송법이 규정하는 행정처분은 행정행위 개념을 포함할 뿐만 아니라 그 밖에 행정소송의 대상으로 삼아야 할 행정작용까지 포함하는 개념이라고 파악한다. 학설상으로는 이러한 두 견해가 팽팽하게 대립하는데, 판례상으로는 이원설이 더 힘을 얻고 있는 것처럼 보인다.[49] 왜냐하면 판례는 행정행위를 넘어서 처분성을 점점 확장하고 있기 때문이다. 그러한 예로서 행정계획과 권력적 사실행위를 들 수 있다.

행정계획은 개념 그대로 계획의 일종으로서 개별적 · 구체적인 행위와는 구별된

---

47) 다른 한편 행정청을 포함하는 집행권력은 체계이론의 관점에서 보면 정치체계에 속한다.
48) 박균성, 앞의 책, 1094-1096쪽 참조.
49) 박균성, 위의 책, 1096-1097쪽 참조.

다. 물론 행위 개념을 확장하면 행정계획행위라는 용어를 사용할 수도 있을 것이다. 그렇지만 이렇게 행위 개념을 확장하면, 행위가 본래 갖고 있던 의미는 퇴색하고 말 것이다. 따라서 행정계획을 행위의 일종으로 파악하기보다는 이는 행위가 아니라고 인정하는 것이 더욱 솔직하다. 오히려 행정계획은 여러 소통의 복합체라고 보는 것이 적절하다. 왜냐하면 오늘날 방대한 행정계획은 책이나 논문처럼 텍스트 행태로 존재하는 경우가 많기 때문이다. 이렇게 텍스트 형태로 존재하는 행정계획을 개별성과 구체성을 갖는 행위라고 규정하는 것은 적절하지 않을 것이다. 오히려 이는 책이나 논문처럼 소통의 복합체라고 파악하는 것이 정확하다. 이렇게 보면, 행정계획은 분명 행정행위와는 구별된다. 그런데도 우리 판례는 특정한 경우에 행정계획에 대해서도 처분성을 인정한다.[50] 이는 학설상 이원설이나 판례가 행정처분을 매개로 하여 행위가 아닌 소통 역시 행정법학 안으로 끌고 들어왔음을 보여준다.

권력적 사실행위 역시 행정법학이 행정행위를 넘어서 소통 관념까지 수용하고 있음을 보여주는 예라고 할 수 있다. 행정행위와는 달리 권력적 사실행위는 행정법 관계를 창설하지 않는다. 이를테면 행정청의 상대방인 사인에게 권리나 의무를 부여하지는 않는다. 그 점에서 이는 법적 행위가 아닌 '사실행위'이다. 그렇지만 사인이 특정한 행위를 하도록 유도한다는 점에서는 '권력적'이다. 이 중에서 '사실행위'에 초점을 맞추면 권력적 사실행위는 (최협의의) 행정행위가 아니므로 행정행위를 행정소송의 대상으로 보는 한 그 대상이 될 수 없다. 그렇지만 '권력적'인 부분에 초점을 맞추면 권력적 사실행위 역시 행정소송법상 '처분' 개념에 포함되어 행정소송의 대상이 될 수 있다고 본다. 그런데 특정한 사실행위가 권력적인지, 아니면 비권력적인지를 판단하는 것은 생각만큼 쉽지 않다. 예를 들어, 과거 유신체제 아래에서 박정희 정부는 주로 행정지도를 통해 새마을운동을 추진하였는데, 이 과정에서 사실행위인 행정지도가 권력적이었는지, 아니면 주민의 자발적 참여를 유도한 비권력적이었는지가 여전히 논쟁대상이 되고 있다.[51] 이러한 문제가 발생하는 이유는, 행정지도와 같은 사실행위는 사회적으로 이루어지는 소통의 맥락에 따라 그 성격이 결정되기 때문이다. 그 때문에 사실행위의 성격을 규명하기 위해서는 사실행위 그

---

50) 예를 들어, 대법원 1982. 3. 9. 선고 80누105 판결 등 참조.
51) 기존의 일반적인 견해와는 달리 새마을운동의 자발적인 측면을 강조하는 이양수·최외출, "1970년대 상향식 지역사회발전 전략으로서 새마을운동의 추진동력", 『대한정치학회보』 제21집 제1호 (2013. 5), 125–146쪽 참조.

자체만을 놓고 판단하는 것으로는 부족하고, 이러한 사실행위가 이루어지는 상황 및 맥락, 사회적 관계 등을 총체적으로 판단해야 한다. 이는 행정지도와 같은 사실행위들이 개별적이고 구체적인 행위라기보다는 오히려 사회적 맥락에 의존하는 소통의 일부분이라는 점을 시사한다. 행위주체의 의도나 행위태양 등을 중심으로 판단되는 행위 개념과는 달리, 소통에서는 표시자의 의도뿐만 아니라 수신자의 의도나 이해, 태도 등도 중요하기 때문이다. 달리 말해, 행위와 달리 소통은 상호주관적이고 관계적이다. 그 때문에 소통의 성격을 일의적으로 판단하는 것은 쉽지 않은데, 행정지도와 같은 권력적·비권력적 사실행위가 이를 잘 보여준다. 그런데 이러한 사실행위를 특정한 경우에는 행정소송의 대상으로 삼고 있다는 점은 이미 우리 행정법학이 소통 관념을 수용하고 있음을 시사하는 것이라고 생각한다.

한편 이러한 사고방식을 더욱 밀고 나가면, 대부분의 행정행위를 '행위'라고 말할 수 있을지 의문이 든다. 왜냐하면 상당수의 행정행위들은 강행법규에 기반을 두고 이루어지는 개별적·구체적인 소통행위라고 말할 수 있기 때문이다. 물론 여기서 언급한 것처럼 '소통행위'라는 개념을 쓴다면, 대다수의 행정행위를 여전히 행위 개념으로 포섭할 수는 있다. 그렇지만 이렇게 행위 개념을 확장하는 것은 바람직하지 않다. 본래 행위란 주체가 움직인다는 것을 지칭하는데, 공법인인 국가가 움직인다고 말할 수는 없기 때문이다.

4. 집단적 권리

이처럼 행정법학은 이미 부분적으로 소통 관념을 수용하고 있다. 이는 여전히 인간중심적 주체 개념과 행위중심적 사고방식을 고수하는 형법학과는 차이가 있는 부분이다.[52] 그 만큼 행정법은 아마도 공법관계의 대부분을 규율하는 법이기에 사회구조의 변화나 과학기술의 발전에 재빠르게 대응하는 법이라고 말할 수 있다. 루만이 행정공무원으로서 체계이론적 사유를 발전시키기 시작한 영역이 행정법학이었다는 점도 이를 잘 예증한다.[53]

그렇지만 이러한 행정법학이 수용하지 않고 있는 소통적 법 개념이 여전히 존

---

52) 이러한 근거에서 형법학의 지배적인 견해는 여전히 법인의 범죄능력을 부정한다. 가령 배종대, 『형법총론』 제8전정판(홍문사, 2006), 205쪽 등 참조.
53) 이를 보여주는 N. Luhmann, *Funktionen und Folgen formaler Organisation* (Berlin, 1964) 참조.

재한다. 집단적 권리 개념이 바로 여기에 속한다. 인권법학이나 기초법학, 심지어 헌법학에서도 집단적 권리는 이론적 개념으로 자리매김하고 있다. 예를 들어, 인권법학에서는 소수민족의 자결권을 집단적 인권의 일종으로 인정한다.[54] 또한 헌법학에서는 비록 논란이 되고 있지만 집단적 권리의 성격이 강한 '안전에 관한 권리'를 독자적인 기본권으로 긍정한다. 그런데 권리이론의 측면에서 보면, 집단적 권리라는 관념은 전통적인 권리 개념에 비추어볼 때 상당히 이질적인 것이다. 왜냐하면 전통적으로 권리는 권리주체에게 명확히 배분되고 귀속될 수 있는 것을 전제로 하기 때문이다. 개별적이고 단일한 권리주체가 전제가 되어야만 비로소 권리 개념이 성립할 수 있는 것이다. 이러한 연유에서 본래 절대군주의 권력으로 상정되었던 주권이 국민주권으로 변모하면서 이를 설명하는 것이 상당히 어렵게 되고 있는 것이다.[55] 이렇게 보면, 집단적 권리는 전통적인 주체중심적 권리 개념을 전제로 해서는 수용하기 어렵다. 오히려 이는 다수라는 집단, 즉 조직체라는 사회적 체계를 권리보유자로 상정해야만 비로소 성립할 수 있다. 요컨대, 집단적 권리는 집단적 조직체라는 사회적 체계가 보유하는 권리로서 이는 엄밀히 말하면 사회적 소통망 속에서 존재하는 권리라고 할 수 있다. 왜냐하면 조직체라는 사회적 체계는 사회적 소통을 통해 존속하는 것이기 때문이다. 그러므로 집단적 권리를 인정한다는 것은 소통 관념을 권리까지 확장하여 받아들이는 것이라고 말할 수 있다.

그렇지만 행정법학의 다수 학설은 여전히 이러한 집단적 권리를 행정소송의 법률상 이익으로 수용하지는 않고 있다. 필자가 볼 때 환경권이야말로 가장 대표적인 집단적 권리라고 할 수 있는데, 판례는 행정소송에서 이러한 환경권을 법률상 이익으로 직접 원용할 수는 없다고 본다. 판례는 문제되는 환경상 이익이 자기와 직접 관련이 되어야만 행정소송을 제기할 수 있다는 태도를 취하고 있다.[56] 이러한 근거에서 자기관련성이 없는 환경단체에 대해서는 행정소송의 청구인적격을 인정하지 않는다. 그렇지만 행정법학이 소통 관념을 이미 수용하고 있다는 점을 고려하면, 이

---

54) 집단적 권리에 관해서는 James Crawford, "The Rights of Peoples: "Peoples" or "Government"?", James Crawford (ed.), *The Rights of Peoples* (Oxford: Clarendon Press, 1988), 55−67쪽; Will Kymlicka, "The Good, the Bad, and the Intolerable: Minority Group Rights", *Dissent* (Summer, 1996), 22−30쪽 등 참조.
55) 이 문제를 분석하는 양천수, "오늘날 우리에게 필요한 주권 개념 모색: 결단과 토론 사이에 선 주권 개념", 『법과 사회』 제46호(2014. 6), 67−106쪽 참조.
56) 가령 대법원 2006. 3. 16. 선고 2006두330 전원합의체 판결 참조.

러한 태도는 지양하고 집단적 권리를 행정소송의 법률상 이익으로 인정할 수 있도록 하는 것이 바람직하다.

5. 기능적 분화

기능적 분화는 탈인간중심적 법사상과 직접적인 관련성은 적지만, 체계이론이 강조하는 부분이고 행정법학의 법정책적 방향과도 관련이 있으므로 아래에서 간략하게 짚고 넘어가도록 한다. 체계이론에 따르면, 그 자체 사회적 체계에 해당하는 현대사회는 다양한 기능적 부분체계로 분화된다. 사회체계가 내적으로 분화되는 것이다. 이를 '기능적 분화'라고 부른다. 이를 통해 정치, 경제, 법, 학문, 교육, 종교, 의료 등은 그 자체 독자적인 사회적 체계가 된다. 이러한 사회의 부분체계들은 독자적인 프로그램과 코드로 작동한다. 이를테면 정치체계를 지배하는 프로그램 및 코드와 법체계를 지배하는 프로그램 및 코드는 다르다. 따라서 정치체계와 법체계는 기능적으로 독립되어 작동한다. 정치체계 내부에서 통용되는 논리를 그대로 법체계 내부로 끌어올 수는 없는 것이다. 그러므로 각각 다른 프로그램과 코드로 작동하는 기능체계들이 이를 무시하고 서로 간섭하는 것은 적절하지 않다.

그러면 이러한 기능적 분화가 행정법학에서는 어떤 의미를 지니는가? 이는 다음과 같이 말할 수 있다. 체계이론에 따르면, 행정작용과 사법작용은 각기 다른 사회적 체계의 작동에 속한다. 이를테면 행정작용은 정치체계의 부분영역이 수행하는 작동에 속하는 반면, 사법작용은 법체계의 작동에 해당한다. 그 때문에 행정작용과 사법작용에 대해서는 각각 다른 프로그램과 코드가 적용된다. 예를 들어, 행정청은 목적 프로그램에 따라 행정작용의 합목적성을 주로 문제삼는다. 물론 법치행정의 원리에 따라 행정청 역시 행정작용을 할 때 법규범을 준수해야 하지만, 광범위하게 주어지는 행정재량의 범위 안에서는 주로 합목적성에 따라 행정적 판단을 한다. 이와 달리 법원은 조건 프로그램에 따라 주로 행정작용의 합법성을 판단한다. 물론 법원도 합목적성에 따라 행정청이 수행한 행정작용을 판단해야 하는 경우도 있지만, 이 경우에도 법원은 규범적 원칙에 따라 재해석된 합목적성 판단, 즉 비례성 판단을 할 수 있을 뿐이다.[57] 특히 법전문가인 법관이 비법적인 전문지식에 바탕을

---

57) 이에 관해서는 안동인, "비례원칙과 사법판단권의 범위: 행정재량권의 통제원리로서의 비례원칙을 중심으로", 『행정법연구』 제34호(2012. 12), 1－26쪽 참조.

둔 행정작용을 전적으로 판단하는 것은 바람직하지 않다. 바로 이 지점에서 기능적 분화의 관점이 요청된다. 법관이 전지전능한 신이 아닌 이상, 법관으로 구성된 법원은 법체계의 논리, 즉 규범적 프로그램과 코드에 따라 행정작용을 판단하는 것이 적절하다. 이는 특히 행정청이 과학기술정책을 추진할 때 강도 높게 요청된다. 물론 그렇다고 해서 법원이 이러한 행정작용에 대해 전적으로 판단을 포기해야 하는 것은 아니다. 재판청구권이라는 측면에서 볼 때, 가능한 한 많은 행정작용이 사법적 판단의 대상이 되는 것이 바람직하다. 다만 이러한 행정작용을 판단할 때 법원은 가능한 한 사법적 판단에 집중해야 한다는 것이다. 전문적인 지식과 경험이 부족한 영역에 대해 사법적 판단 이외의 판단을 하는 것은 기능적 분화의 요청을 넘어서는 것으로서 바람직하지 않다고 말할 수 있다.

V. 맺음말

지금까지 탈인간중심적 행정법학의 가능성이라는 측면에서 현대 과학기술의 도전에 대해 행정법학이 어떻게 대응할 수 있는지를 검토해 보았다. 필자는 현대 과학기술이 담고 있는 탈인간중심적 사상의 핵심으로서 체계중심적·소통중심적 사고방식을 제시하였다. 이는 분명 자율적인 인간을 기초로 한 주체중심적·행위중심적 사고를 넘어서는 것이다. 그렇지만 이 책은 이러한 탈인간중심적 사상을 이미 행정법학이 상당 부분 수용하고 있다는 점을 보여주었다. 이미 우리 행정법학은 급속하게 진행되는 사회변화 및 과학기술의 발전에 적절하게 대응하고 있었던 것이다. 물론 행정법학은 부분적으로는 여전히 주체중심적·행위중심적 사고방식을 고수하고 있다. 다만 이러한 태도가 시대착오적인 것인지, 따라서 체계이론이 그랬던 것처럼 주체 및 행위 개념과 작별을 고해야 하는 것인지, 그게 아니면 이는 시대변화에도 상관없이 행정법학이 고수해야 하는 '처분불가능한' 영역인지는 앞으로 더욱 고민해야 할 의문이라고 말할 수 있다.

제7장

인공지능과 법체계의 변화

Ⅰ. 서 론

2016년은 우리나라 인공지능의 역사에서 아주 중요한 한 해라고 말할 수 있다. 지난 2016년 3월에 구글(Google) 딥마인드(DeepMind)의 인공지능 알파고(AlphaGo) 와 프로바둑기사 이세돌 사이에서 진행된 세기의 바둑대국을 통해 인공지능이 이제 더 이상 공상과학소설이나 영화의 소재만이 아니라 엄연한 현실이 되고 있다는 점을 보여주었기 때문이다.[1] 세기의 대국 이후 인공지능에 대한 관심과 논의가 활발하게 이루어지고 있다. 이는 법학영역에서도 마찬가지로 관찰할 수 있다. 2016년 한 해 동안 인공지능을 둘러싼 법적 논의가 법학영역에서 활발하게 이루어지기 시작하였다. 이를테면 다수의 학회들이 자율주행차나 인공지능을 주제로 하여 학술대회를 개최하였다.[2] 이처럼 법학을 포함하는 학문체계의 각 영역에서 인공지능에 관심을 기울이는 이유는 인공지능이 경제 및 산업의 새로운 성장동력이라는 차원을 넘어서 사회구조를 근본적으로 변혁할 수 있는 잠재력을 갖고 있기 때문이

---

1) 그 사이 알파고는 더욱 개선되어 이제는 인간이 바둑으로는 이길 수 없는 존재가 되고 말았다. 이를테면 2017년 5월 23일과 25일에 알파고와 중국 바둑기사이자 현재 인간 최고수인 커제 9단 사이에서 열린 바둑대국에서 알파고는 커제 9단에게 2연승을 거두면서 우승을 하였기 때문이다.
2) 이를테면 국회입법조사처나 법과사회이론학회, 한국법학회 등이 인공지능을 주제로 하여 학술대회를 개최하였다.

다. 인공지능이 '제4차 산업혁명'을 촉발할 것이라는 주장이 이를 예증한다.3) 그러나 대부분의 새로운 현상들이 양날의 칼처럼 이중적인 성격을 갖는 것처럼, 인공지능은 한편으로는 우리에게 새로운 사회적 공리를 제공하면서도, 다른 한편으로는 새로운 사회적 위험을 야기한다. 인공지능으로 인해 이제는 '인간이 필요 없는 사회'가 도래할 것이라는 진단이나 인간종인 사피엔스는 조만간 멸종할 것이라는 비관적인 주장이 이를 보여준다.4) 이러한 인공지능은 우리 법학 및 법체계에도 중대한 변화를 야기할 수 있다. 어쩌면 기존의 인간중심적 법체계를 넘어서는 새로운 탈인간중심적 법체계가 도래하는 데 결정적인 전환점이 될 수도 있다.5) 이 때문에 인공지능은 우리 법학에도 크나큰 도전이 될 것이다. 이에 제7장에서는 형사사법을 예로 하여 인공지능이 법체계에 어떤 변화를 야기할 것인지를 개관해 보고자 한다.

Ⅱ. 인공지능 일반론

우선 아래에서는 논의에 필요한 범위에서 인공지능이란 무엇인지 간략하게 살펴보도록 한다.

1. 인공지능의 개념

'인공지능'(Artificial Intelligence: AI)이란 단순하게 정의하면 '인간의 사고능력을 인공적으로 구현한 기계'라고 말할 수 있다. 인공지능이라는 용어는 1956년 여름 미국 동부의 다트머스대학교에서 열린 워크숍에서 시작한다. 현대 인공지능의 아버지라 불리는 4명의 학자, 즉 존 매카시(John McCarthy), 마빈 민스키(Marvin Minsky), 앨런 뉴웰(Allen Newell), 허버트 사이먼(Herbert Simon)이 참여한 전설적인 다트머

---

3) 제4차 산업혁명에 관해서는 우선 클라우스 슈밥, 송경진 (옮김), 『제4차 산업혁명』(새로운현재, 2016) 참조.
4) 이에 관해서는 제리 카플란, 신동숙 (옮김), 『인간은 필요 없다: 인공지능 시대의 부와 노동의 미래』(한스미디어, 2016); 유발 하라리, 조현욱 (옮김), 『사피엔스: 유인원에서 사이보그까지 인간 역사의 대담하고 위대한 질문』(김영사, 2015) 등 참조.
5) 탈인간중심적 법체계에 관해서는 우선 양천수, "탈인간중심적 법학의 가능성: 과학기술의 도전에 대한 행정법학의 대응", 『행정법연구』 제46호(2016. 8), 1-24쪽 및 이 책 제6장 참조.

스대학교 여름 워크숍에서 인공지능이라는 용어가 처음 사용되었다.[6] 그런데 이러한 인공지능이란 정확하게 무엇인지 정의하는 것은 쉽지 않다. 왜냐하면 이에 관해서는 다양한 개념정의가 존재하기 때문이다.[7] 그 이유는 무엇 때문인가? 일단 인공지능이 목표로 하는 '지능' 개념이 의미하는 바가 명확하지는 않다. 전통적으로 지능은 지성, 즉 '이해력' 혹은 '오성'(Verstand)을 뜻하였다. IQ 테스트가 이를 잘 보여준다. 전통적인 지능 개념에서는 언어적·논리적·수리적 사고능력이 중심적인 지위를 차지하였다. 그렇지만 이후 미국 하버드대학교의 심리학자 가드너(H. Gardner)가 '다중지능' 개념을 제안하면서 지능이 포괄하는 개념적 외연은 더욱 확장된다.[8] 단순히 논리적·수리적 사고능력만이 인간의 지능을 대변하지는 않게 된 것이다. 전통적인 논리·수학지능, 언어지능뿐만 아니라 음악지능, 신체운동지능, 공간지능, 대인관계지능, 자기이해지능, 자연이해지능, 영성지능 등이 새롭게 지능 개념에 포섭되었다. 이러한 맥락에서 최근에는 IQ 테스트를 대신하는 EQ 테스트가 새로운 정신능력 테스트 척도로 대두하기도 하였다. 이처럼 언어적·논리적·수리적 사고를 염두에 두었던 인간의 지능 개념은 지속적으로 그 외연이 확장되었다. 이로 인해 인공지능이 목표로 하는 사고능력의 범위 역시 확장되었다. 그 때문에 현재 이른바 '강한 인공지능'(strong AI) 개발을 목표로 하는 과학자들은 인간처럼 생각할 뿐만 아니라 인간과 감정적으로 소통할 수 있는 인공지능을 개발하는 것을 목표로 삼고 있다. 영화 "Her"나 "Ex Machina"에서 묘사하는 여성 인공지능이 이를 예증한다. 이들 영화에서 그리고 있는 여성 인공지능들은 실제 남성 인간들과 사랑을 나누면서 자신의 욕망을 채우려 하기 때문이다. 이렇게 보면, 인공지능이 목표로 하는 지능 개념을 종전의 IQ 테스트처럼 언어적·논리적·수학적 사고능력에 한정하는 것은 타당하지 않다. 오히려 현대 인공지능 과학이 목표로 하는 지능 개념은 인간처럼 사고하고 느끼며 소통할 수 있는 능력, 칸트 식으로 말하면 순수이성, 실천이성, 판단력을 모두 포괄하는 능력이라고 말할 수 있다. 이러한 맥락에서 보면, 결국 인공지능은 다음과 같이 정의하는 것이 바람직하다. 인공지능이란 인간이 수행하는 일체

---

6) 마쓰오 유타카, 박기원 (옮김), 『인공지능과 딥러닝: 인공지능이 불러올 산업구조의 변화와 혁신』 (동아엠엔비, 2016), 65−67쪽.
7) 마쓰오 유타카, 위의 책, 54쪽 아래 참조.
8) 다중지능 이론에 관해서는 하워드 가드너, 김동일 (옮김), 『지능이란 무엇인가?: 인지과학이 밝혀낸 마음의 구조』(사회평론, 2016) 참조.

의 정신능력을 인공적으로 구현한 기계를 뜻한다. 현대 체계이론의 견지에서 다시 말하면, 인공지능이란 인간의 심리체계를 인공적으로 구현한 기계적 체계라고 정의 내릴 수 있다.[9]

2. 인공지능의 유형

인공지능은 흔히 다음 두 가지 유형으로 구분된다. '강한 인공지능'(strong AI)과 '약한 인공지능'(weak AI)이 그것이다.[10]

(1) 강한 인공지능

강한 인공지능은 인간과 모든 면에서 동일한 정신능력을 갖춘 인공지능을 말한다. 다중지능이론의 견지에서 말하면, 인간이 갖고 있는 아홉 가지 지능을 모두 갖춘 인공지능이 강한 인공지능에 해당한다. 쉽게 말해, 인간처럼 사고하고 판단할 뿐만 아니라 다른 인간들과 감정적으로 소통하고 자율성과 반성적 사고능력을 갖춘 인공지능이 강한 인공지능인 셈이다. 특히 법학과 관련해 중요한 점은 강한 인공지능은 인간처럼 규범적 판단능력도 갖추고 있어야 한다는 것이다. 이러한 강한 인공지능은 더욱 엄밀하게 말하면 다시 두 가지로 구분할 수 있다. '강한 인공지능'과 '초인공지능'(Artificial Super Intelligence: ASI)이 그것이다. 강한 인공지능이 인간의 능력을 목표로 하는 것이라면, 초인공지능은 강한 인공지능이 '특이점'(singularity)을 맞아 자기 진화를 거쳐 인간의 능력을 초월하게 된 인공지능을 말한다. 머지않아 특이점이 도래할 것이라고 주장하는 인공지능의 권위자 커즈와일(R. Kurzweil)은 특이점을 기점으로 하여 등장하는 초인공지능의 능력은 인간의 상상을 초월할 것이라고 예견한다.[11] 그러나 아직 대다수의 인공지능 학자들은 조만간 강한 인공지능이 실현될 수 있을지, 실제로 강한 인공지능이 가능할 수 있는지에 대해 회의적인 반응을 보인다.

---

9) 현대 체계이론과 심리체계에 관해서는 N. Luhmann, *Soziale Systeme: Grundriß einer allgemeinen Theorie* (Frankfurt/M., 1984), 15쪽 아래 참조.
10) '강한 인공지능'과 '약한 인공지능'은 '강인공지능'과 '약인공지능'으로 불리기도 한다.
11) 레이 커즈와일, 김명남·장시형 (옮김), 『특이점이 온다: 기술이 인간을 초월하는 순간』(김영사, 2007) 참조.

(2) 약한 인공지능

1) 개념

이에 대해 약한 인공지능이란 아직 인간과 동등한 정신능력을 갖추지 못한 인공지능을 말한다. 현재 우리가 구현하고 있는 인공지능은 이러한 약한 인공지능의 단계에 머물러 있다. 현재의 인공지능은 인간처럼 자율적으로 사고할 수 없다. 예를 들어, 세기의 바둑대결에서 이세돌 9단과 커제 9단을 모두 이긴 알파고는 이제 바둑기술이라는 측면에서는 인간을 능가한 존재가 됐지만, 여전히 알파고는 기존에 정해진 (중국식) 바둑의 규칙 안에서만 작동할 수 있을 뿐이다. 더 나아가 알파고는 바둑이 과연 유용한 게임인지에 관해 반성적·비판적으로 사고할 수 있는 능력도 갖추고 있지 않다. 이 점에서 알파고는 정신능력이라는 측면에서는 여전히 인간보다 약한 인공지능이라고 말할 수 있다.

2) 약한 인공지능의 네 단계

이러한 약한 인공지능은 발전단계에 따라 크게 네 단계로 구분되기도 한다.[12] 제1단계의 인공지능은 아직 본격적인 인공지능이라고 말할 수 없는 단순한 '제어 프로그램'을 말한다. 제어공학이나 시스템공학에서 연구되는 제어 프로그램은 우리가 일상생활에서 사용하는 각종 전자제품에서 흔히 발견할 수 있다. 에어컨이나 청소기, 세탁기 등에서 사용되는 제어 프로그램이 바로 이러한 제1단계의 인공지능에 해당한다.[13]

제2단계의 인공지능은 고전적인 인공지능을 말한다. 본격적인 인공지능이라고 말할 수 있다. 전통적인 각종 바둑프로그램이나 청소로봇 등이 이러한 제2단계 인공지능에 해당한다. 공학적인 견지에서 말하면, "입력과 출력 관계를 맺는 방법이 세련되어 입력과 출력의 조합수가 극단적으로 많은 경우"를 뜻한다.[14]

제3단계의 인공지능은 제2단계의 인공지능과는 달리 기계학습을 통해 스스로 학습할 수 있는 인공지능을 말한다. 수학적 알고리즘을 통해 다량의 데이터 속에서 일정한 패턴을 찾아내는 빅데이터 과학을 수용한 인공지능이라고 말할 수 있다.[15]

---

12) 마쓰오 유타카, 앞의 책, 54쪽 아래 참조.
13) 물론 이를 인공지능이라고 부를 수 있을지에 관해서는 논란이 있다.
14) 마쓰오 유타카, 앞의 책, 54쪽.
15) 빅데이터에 관해서는 양천수, 『빅데이터와 인권: 빅데이터와 인권의 실제적 조화를 위한 법정책적 방안』(영남대학교출판부, 2016), 26쪽 아래 참조.

마지막으로 제4단계의 인공지능은 '딥러닝'(deep learning)을 수용한 인공지능을 뜻한다. 여기서 딥러닝이란 기계학습을 한 차원 더욱 발전시킨 학습방법으로 다량의 데이터 속에서 일반적 개념이나 특징을 추상화할 수 있는 능력을 학습시키는 방법을 말한다.16) 요컨대, 제4단계의 인공지능은 경험적인 데이터 속에서 일반적인 개념이나 규칙, 특징 등을 추상화할 수 있는 인공지능인 것이다. 구글 딥마인드의 알파고가 가장 대표적인 제4단계 인공지능에 해당한다.

3. 인공지능과 로봇

한편 인공지능과 구별해야 할 것으로서 로봇이 있다. 인공지능과 로봇은 개념, 실체, 기능의 면에서 서로 구별되지만 겹치는 부분도 많이 있다. 그 때문에 인공지능의 법적 문제를 다룬 연구 가운데는 양자를 혼용하는 경우도 종종 발견된다.17) 그러나 개념적으로는 양자를 분명히 구분하는 것이 바람직하다.18) 왜냐하면 인공지능이 인간의 정신능력을 인공적으로 구현한 기계라면, 로봇은 인간의 육체를 인공적으로 구현한 기계이기 때문이다. 체계이론의 용어로 바꿔 말하면, 인공지능이 인간의 심리체계를 인공적으로 모방한 기계적 체계라면, 로봇은 인간의 생명체계를 기계적으로 구현한 체계인 것이다. 물론 로봇 중에는 인공지능을 탑재한 경우도 있지만 오히려 우리에게 친숙한 로봇, 가령 '로봇태권V'나 '마징가Z' 등은 인공지능을 갖추지 않아 인간이 직접 조종해야만 하는 로봇이라는 점을 상기할 필요가 있다. 그런데 양자를 구별해야 할 필요가 있는 것은, 법적인 쟁점과 관련하여 문제가 되는 영역은 인공지능이지 로봇은 아니기 때문이다. 물론 인공지능을 갖춘 로봇은 어느 정도 스스로 판단할 수 있는 능력을 갖추고 있다는 점에서 법적 주체성이나 책임능력과 같은 법적 쟁점의 대상이 될 수는 있다. 이와 달리 정교한 인공지능을 갖추지 않은 단순한 로봇은 여느 기계처럼 수단에 지나지 않는다는 점에서 법적 쟁점의 대상이 될 수는 없다. 이러한 근거에서 인공지능이나 로봇에 대한 법적 문제를 다루고자 할 때는 양자를 분명하게 구별하면서 과연 어느 쪽과 관련이 있는지를 명확하게 밝힐 필요가 있다. 이러한 맥락에서 보면, 최근 인공지능 혹은 로봇에 관해

---

16) 딥러닝에 관해서는 마쓰오 유타카, 앞의 책, 148쪽 아래 참조.
17) 이를테면 김영환, "로봇 형법(Strafrecht für Roboter)?", 『법철학연구』 제19권 제3호(2016. 12), 143쪽 아래 참조.
18) 마쓰오 유타카, 앞의 책, 49쪽 아래 참조.

법적으로 이슈가 되는 부분은 로봇보다는 인공지능과 더욱 관련을 맺는다고 말할 수 있다. 마치 자율성이 인간이 수행하는 법적 행위의 핵심이 되는 것처럼 말이다. 이 점에서 최근 독일에서 논의되는 '로봇형법'이라는 개념보다는 '인공지능형법'이라는 개념이 더욱 적절한 것이 아닌가 한다.[19]

4. 인공지능의 발전과정

인공지능에 관한 일반론의 마지막으로서 인공지능이 그 동안 어떻게 발전해 왔는지를 간략하게 조감하도록 한다.[20] 대개의 지적 발전이 그런 것처럼, 인공지능 역시 선형적·비례적으로 발전해 온 것은 아니었다. 일본의 인공지능 학자인 마쓰오 유타카는 그 동안 인공지능은 세 번의 붐과 두 번의 겨울을 경험했다고 한다. 세 번의 붐이란 인공지능에 대한 관심이 비약적으로 발전하던 때를 말하고, 두 번의 겨울이란 인공지능에 대한 관심이 침체기에 머물러 있던 때를 말한다. 여기서 첫 번째 붐은 '추론과 탐색의 시대'를 말하고, 두 번째 붐은 '전문가 시스템'의 시대를 말하며, 세 번째 붐은 '기계학습'과 '딥러닝'이 각광을 받고 있는 지금 시기를 말한다. 그리고 첫 번째 겨울은 첫 번째 붐과 두 번째 붐 사이의 시기를, 두 번째 겨울은 두 번째 붐과 세 번째 붐 사이의 시기를 말한다.

(1) 추론과 탐색의 시대

인공지능에 대한 첫 번째 붐이 일어나던 시대는 '추론과 탐색의 시대'라고 말할 수 있다. 대략 1950년대 후반부터 1960년대까지가 이 시기에 해당한다. 인공지능이 태동하던 이 시기에는 인공지능에게 논리적 추론능력과 탐색능력을 가르쳐 주면 인공지능이 인간처럼 사고하고 판단할 수 있을 것이라고 생각하였다. 이를 위해 인공지능 학자들은 인공지능에게 미로를 탐색할 수 있는 능력이나 다양한 퍼즐을 풀 수 있는 방법을 가르쳤다. 그렇지만 제1세대 인공지능은 복잡한 퍼즐은 풀 수 있었지만, 현실적인 문제는 간단한 것도 해결할 수 없었다.

---

19) 독일의 논의에 관해서는 우선 E. Hilgendorf/J.−Ph. Günther (Hrsg.), *Robotik und Gesetzgebung* (Baden−Baden, 2013) 참조.
20) 이는 약한 인공지능의 네 단계와 겹친다. 이에 관한 상세한 내용은 마쓰오 유타카, 앞의 책, 62쪽 아래 참조.

(2) 전문가 시스템의 시대

제1차 인공지능의 겨울이 지나간 이후 1980년대에 제2차 인공지능의 붐이 일어난다. 이 시기는 '전문가 시스템의 시대'라고 말할 수 있다. 이 시기에는 인공지능에게 특정 전문분야의 방대한 지식을 학습시킴으로써 해당 전문분야의 현실 문제를 해결할 수 있도록 하였다. 이를테면 인공지능에 의학에 관한 방대한 정보를 입력함으로써 인공지능이 현실의 의학적 문제를 해결할 수 있도록 한 것이다. 그렇지만 이러한 전문가 시스템이 제대로 작동하기 위해서는 인공지능에 지식을 입력할 때 이를 정확하게 개념화·유형화하여 입력해야 한다는 문제가 있었다. 법학방법론의 견지에서 다시 말하면, 현실의 복잡한 법적 문제를 해결할 수 있도록 법규범 자체를 이에 맞게 복잡하고 방대하게 개념화·체계화해야 한다는 것이다. 또한 전문가 시스템은 종전에 지식으로 입력해 놓지 않은 새로운 문제를 만나게 되면, 이를 해결할 수 없다는 문제도 갖고 있었다. 이를테면 유추능력을 갖지 못한 것이다. 결국 전문가 시스템 역시 현실의 복잡하고 다양한 문제를 해결할 수 없었던 것이다. 이 때문에 1980년대 이후에 제2차 인공지능의 겨울이 찾아온다.

(3) 기계학습과 딥러닝의 시대

제2차 인공지능의 겨울이 지나고 2000년대에 접어들면서 제3차 인공지능의 붐이 일어난다. 이른바 '기계학습과 딥러닝의 시대'가 시작된 것이다. 특히 2012년부터 본격화된 딥러닝은 인공지능 역사에서 일종의 혁명으로 평가된다.[21] 앞에서 언급한 것처럼, 기계학습은 인공지능이 스스로 학습할 수 있도록 하는 방법을 말한다. 이전의 인공지능은 스스로 학습할 수 있는 능력을 갖추지 못하였다. 그 때문에 데이터를 입력할 때 인간 전문가가 매번 개념과 기준 등을 설정해 주어야만 했다. 이와 달리 기계학습을 한 인공지능은 기존의 데이터를 분석함으로써 스스로 새로운 지식을 획득할 수 있게 되었다. 이렇게 기계학습이 가능해진 것은 2000년을 전후로 하여 새롭게 빅데이터 시대가 개막된 것과 무관하지 않다. 나아가 딥러닝이 개발되면서 이제 인공지능은 스스로 학습할 수 있을 뿐만 아니라 다양한 데이터에서 일반적인 개념이나 규칙 등을 추론할 수 있는, 달리 말해 구체적인 현상을 추상화할 수 있는 능력까지 갖추게 되었다. 이를테면 이전의 인공지능은 사람이면 쉽게 알아볼

---

21) 마쓰오 유타카, 앞의 책, 151쪽.

수 있는 다양한 손글씨를 인식할 수 없었다. 그래서 지금도 각종 인터넷 등에서 회원가입을 하거나 로그인을 할 때 일그러진 문자를 입력하도록 하는 것이다. 종전의 인공지능은 이를 알아볼 수 없었다. 그런데 이제는 딥러닝을 함으로써 인공지능도 이렇게 손글씨로 쓴 것처럼 일그러진 문자를 인식할 수 있게 된 것이다. 이렇게 딥러닝이 개발되면서 이제는 강한 인공지능이 그리 멀지 않았다는 주장도 증가하고 있다.

(4) 분석

지금까지 진행된 인공지능의 발전과정을 보면, 이러한 과정이 철학적·법적 사유방식과 상당히 닮았다는 인상을 받는다. 이를테면 추론과 탐색을 강조한 제1세대 인공지능은 일반원리를 통해 문제를 해결하고자 한 합리주의 전통과 유사하다. 법적 사유방식이라는 측면에서 보면, 제1세대 인공지능은 보편적인 개념과 체계를 정립함으로써 모든 법적 문제를 해결하고자 했던 19세기 독일의 판덱텐 법학의 사유방식과 유사하다.[22]

이에 대해 제2세대 인공지능은 경험이 지식을 만든다는 경험주의 전통을 따른다. 경험주의 전통처럼 전문적인 영역에 대한 지식을 입력함으로써 인공지능이 해당 전문영역의 문제를 풀 수 있다고 본 것이다. 이는 기존에 축적된 판례를 통해 법적 문제를 해결하고자 하는 영미법학의 방법론적 전통과 유사하다. 제1세대 인공지능이 논리적 규칙을 습득하는 데 중점을 두었다면, 제2세대 인공지능은 경험적 지식을 학습하는 데 초점을 맞춘 것이다.

마지막으로 제3세대 인공지능은 방법론적인 측면에서 볼 때 합리주의의 전통과 경험주의의 전통을 종합하고 있는 것으로 보인다. 왜냐하면 제3세대 인공지능은 알고리즘이라는 수학적 논리로 각종 빅데이터를 분석한 후, 이러한 경험적 데이터에서 새로운 개념이나 논리 등을 획득하기 때문이다. 여기서 알 수 있듯이, 제3세대 인공지능에서는 <논리 ⇨ 경험 ⇨ 논리>가 마치 법해석학이 강조하는 해석학적 순환처럼 순환적으로 이루어진다.[23] 이러한 인공지능의 발전과정은 우리의 법체계

---

22) 판덱텐 법학에 관해서는 양천수, "개념법학: 형성, 철학적·정치적 기초, 영향", 『법철학연구』 제10권 제1호(2007. 5), 233-258쪽 참조.
23) 해석학적 순환에 관해서는 우선 H.-G. Gadamer, *Wahrheit und Methode* (Tübingen, 1975), 275쪽 아래 참조.

나 법적 사고가 어떤 방향으로 발전해야 하는지에 유익한 시사점을 제공한다.

Ⅲ. 약한 인공지능과 형사사법

1. 논의방법

아래에서는 이처럼 발전을 거듭하고 있는 인공지능이 법체계, 그 중에서도 형사사법에 어떤 변천을 야기할 것인지를 조감해 보도록 한다. 그런데 이 문제를 적절하게 다루기 위해서는 인공지능을 약한 인공지능과 강한 인공지능으로 구분하여 논의할 필요가 있다. 그 이유는 자율성이나 법적 주체성의 측면에서 약한 인공지능과 강한 인공지능 사이에는 큰 차이가 있고, 이에 따라 형사사법에서 각 인공지능을 취급하는 방식에도 차이가 날 수밖에 없기 때문이다.

한편 형사사법의 측면에서 볼 때 인공지능은 서로 모순되는 두 가지 지위를 갖는다. '형사사법의 동지'라는 지위와 '형사사법의 적'이라는 지위가 그것이다. 이를테면 약한 인공지능은 한편으로는 형사사법의 유용한 도구가 되면서도, 다른 한편으로는 범죄의 수단이 되기도 한다. 아래에서는 양자를 구분하여 논의를 전개하도록 한다.

2. 형사사법의 도구로서 약한 인공지능

먼저 약한 인공지능은 형사사법의 유용한 도구가 될 수 있다. 무엇보다도 형사사법판단을 할 때 효율적인 수단이 될 수 있다. 이를 구체적으로 살펴보기 위해서는 법학방법론의 측면에서 형사사법판단의 구조를 살펴볼 필요가 있다.

(1) 형사사법판단의 구조

법학방법론, 특히 삼단논법의 틀에서 형사사법판단 과정을 분석하면 이는 세 단계로 구조화할 수 있다.[24] 첫 번째 단계는 사실인정 단계이다. 형사분쟁을 해결하기 위해서는 형사분쟁의 전제가 되는 사실관계를 확정해야 한다. 형사소송법학의

---

[24] 이에 관해서는 양천수·우세나, "형사판결논증의 구조와 특징: 법이론의 측면에서", 『영남법학』 제42집(2016. 6), 87－115쪽 참조.

용어로 다시 말하면, 형사분쟁에 관한 '실체적 진실'을 발견해야 한다. 실제 수사절차와 공판절차에서는 이러한 사실인정이 주로 문제가 된다.[25) 두 번째 단계는 사실인정과정을 통해 확정한 사실관계가 형사법상 어떤 죄책에 해당하는지를 판단하는 단계이다. 이 단계에서는 형사법이 규율하는 범죄구성요건을 범죄체계론에 따라 해석하고 이를 사실관계에 적용하는 것이 주로 문제가 된다. 세 번째 단계는 두 번째 단계를 통해 확정된 죄책에 따라 양형을 하는 단계이다. 이는 세 가지 과정을 통해 이루어진다. <법정형 ⇨ 선고형 ⇨ 처단형>이 그것이다. 이 중에서 법정형과 선고형은 죄책을 확정한 후 형사법 규정에 따라 곧바로 판단할 수 있지만, 처단형은 이른바 '양형책임'(Strafzumessungschuld)이 확정되어야 비로소 판단할 수 있다. 이러한 세 단계 중에서 첫 번째 단계가 주로 사실에 관한 판단과 관련을 맺는다면, 두 번째 단계와 세 번째 단계는 규범에 관한 판단과 관련을 맺는다.[26) 약한 인공지능은 이러한 형사사법판단의 세 단계에 모두 활용할 수 있다.

(2) 사실인정과 약한 인공지능

우선 약한 인공지능은 사실인정과정에 활용할 수 있다. 현재의 제3세대 인공지능은 기계학습을 수용한 인공지능으로서 빅데이터 과학에 기반을 둔다. 따라서 제3세대 인공지능은 다양한 빅데이터를 분석함으로써 새로운 패턴을 발견하거나 매우 높은 수준의 확률로 미래를 예측하기도 한다.[27) 예를 들어, 최근 치러진 미국 대선에서 대다수의 유수 언론기관이 누가 대통령으로 당선될지를 예측하는 데 실패한 반면, 구글 등의 인공지능은 트럼프가 대통령으로 당선될 것이라는 점을 정확하게 예측하였다. 이러한 인공지능의 예측능력은 사실인정에 적극적으로 활용할 수 있다. 실제 형사실무에서는 죄책을 판단하는 것보다 사실인정을 하는 것이 더욱 중요하고 어렵다. 특히 직접증거는 존재하지 않고 간접증거, 즉 정황증거만 존재하는 경우에 사실인정을 하는 것이 무척 어렵다. 판단자인 형사법관은 간접증거만으로는 유죄인

---

25) 사실인정 문제에 관해서는 우선적으로 김상준, 『무죄판결과 법관의 사실인정』(경인문화사, 2013) 참조.

26) 물론 존재와 당위의 상응을 인정하는 법해석학에 따르면, 사실인정이 전적으로 사실문제와만 관련을 맺는 것은 아니다. 반대로 죄책판단이나 양형판단이 규범문제와만 관련을 맺는 것도 아니다. 이에 관해서는 이상돈, 『새로 쓴 법이론』(세창출판사, 2005), 247쪽 아래 참조.

27) 이에 관해서는 빅토르 마이어 쇤베르거 · 케네스 쿠키어, 이지연 (옮김), 『빅데이터가 만드는 세상』 (21세기북스, 2013), 10쪽 아래 참조.

정에 대해 합리적 의심을 배제할 정도의 심증을 형성하기 어렵다. 그 때문에 형사법관은 개연성을 인정하면서도 '의심스러울 때는 피고인의 이익으로 원칙'에 따라 유죄에 대한 사실인정을 포기하기도 한다. 이러한 상황에서 인공지능을 활용하면 간접증거만으로도 매우 높은 확률로 사실을 인정하는 데 도움을 받을 수 있다. 이를테면 빅데이터 분석을 기반으로 하여 특정한 간접증거가 존재하면 이를 통해 어떤 사실을 인정할 수 있는지를 판단하는 데 도움을 얻을 수 있을 것이다.[28]

(3) 죄책판단과 약한 인공지능

다음으로 죄책을 판단하는 데 약한 인공지능을 활용할 수 있다.[29] 물론 여기에서는 다음과 같은 의문을 제기할 수 있다. 약한 인공지능이 과연 규범적 판단을 할수 있는가 하는 의문이 그것이다. 무엇보다도 약한 인공지능이 규범적 판단의 기초가 되는 도덕적 판단을 할 수 있는지 의문이 들 수 있다. 왜냐하면 칸트의 도덕철학이 시사하는 것처럼, 도덕적 판단을 하기 위해서는 판단자에게 자율성이 존재해야하는데, 약한 인공지능에게는 이러한 자율성이 존재하지 않기 때문이다.[30] 따라서만약 약한 인공지능이 자율성을 갖지 않아 도덕적인 판단을 할 수 없다면, 도덕적판단과 밀접한 관련을 맺는 법적 판단도 할 수 없을 것이라는 결론을 이끌어낼 수있다.

그러나 이에 대해서는 다음과 같은 반론을 할 수 있다. 일단 죄책판단은 정교하게 정립된 해석방법과 범죄체계론에 기반을 두고 있다는 점이다. 따라서 설사 자율성을 갖지 않은 약한 인공지능이라 할지라도 그 동안 정립된 해석방법과 범죄체계론을 학습함으로써 규범적 판단인 죄책판단을 상당 부분 수행할 수 있다. 다음으로실무에서 이루어지는 죄책판단은 지금까지 축적된 판례에 상당히 의존하고 있다는점이다. 이를 반영하듯 현재 법학전문대학원에서 진행되는 실정법 교과목 역시 창

---

28) 사실인정에서 빅데이터 과학을 적극적으로 활용할 것을 주장하는 견해로는 양천수, "형사소송에서 사실인정의 구조와 쟁점: 법적 논증의 관점에서", 『형사정책연구』 제26권 제4호(2015. 12), 59-97쪽 참조.
29) 이 문제에 관해서는 김성룡, "법적 논증과 관련한 인공지능연구의 현황", 『IT와 법 연구』 제5권 (2011. 2), 319-346쪽; 조한상·이주희, "인공지능과 법, 그리고 논증", 『법과 정책연구』 제16집 제2호(2016. 6), 295-320쪽 등 참조.
30) 칸트의 도덕철학에 관해서는 심재우, "인간의 존엄과 법질서: 특히 칸트의 질서사상을 중심으로", 『법률행정논집』(고려대) 제12집(1974. 10), 103-136쪽 참조. 만약 인공지능이 자율성을 갖게 된다면, 그 순간부터 그 인공지능은 강한 인공지능이 될 것이다.

의적인 법적 사고력을 배양하는 데 집중하기보다는 대법원 판례를 학습시키는 데 많은 시간을 할애한다. 그러므로 약한 인공지능 역시 그 동안 축적된 각종 판례를 학습함으로써 죄책판단을 수행할 수 있다. 오히려 이 점에서는 약한 인공지능이 인간보다 더욱 압도적인 능력을 발휘할 수 있을 것이다. 이러한 근거에서 오늘날 형사분쟁을 해결하기 위해서 수행되는 죄책판단은 굳이 도덕적 판단을 전제하지 않아도 상당 부분 가능하다는 결론을 도출할 수 있다. 따라서 아직 자율성을 획득하지 못한 약한 인공지능 역시 대부분의 형사분쟁에서 죄책판단을 할 수 있을 것이다. 물론 기존의 판례나 해석론 등이 존재하지 않는 이른바 '하드 케이스'(hard case)에 대해서는 약한 인공지능이 제대로 죄책판단을 하기는 어려울 것이다.

(4) 양형판단과 약한 인공지능

양형판단을 할 때도 약한 인공지능을 활용할 수 있다.[31] 특히 양형판단에 대해서는 더욱 손쉽게 약한 인공지능을 활용할 수 있다. 그 이유를 다음과 같이 말할 수 있다. 종래에는 양형이 법관의 재량 혹은 판단여지로 파악되었다.[32] 이 같은 상황에서는 법관이 양형을 할 때 광범위하게 재량을 행사할 수 있었다. 말하자면 법관의 자율적인 판단이 중요한 역할을 한 것이다. 이러한 상황에서는 약한 인공지능을 투입해 재량적 판단을 하도록 하는 것이 쉽지 않았을 것이다. 그렇지만 최근에는 대법원 양형위원회가 마련한 양형지침에 따라 양형이 이루어지고 있다. 물론 양형지침이 법적으로 구속력이 있는 것은 아니지만, 실제 양형실무에서는 양형지침이 상당 부분 활용되고 있다. 그 만큼 법관의 양형재량이 축소된 것이다. 이러한 상황에서는 어찌 보면 약한 인공지능이 양형판단을 하는 데 더욱 효율적일 수 있다. 더군다나 약한 인공지능은 그 동안 양형에 관해 축적된 빅데이터를 분석함으로써 각 상황에 적절한 양형을 할 수 있을지 모른다.

(5) 형사법관을 대체하는 약한 인공지능(?)

이처럼 약한 인공지능은 형사사법판단의 세 가지 단계에 모두 활용할 수 있다.

---

31) 이에 관해서는 양종모, "형사사법절차 전자화와 빅 데이터를 이용한 양형합리화 방안 모색", 『홍익법학』 제17권 제1호(2016. 2), 419–448쪽 참조.
32) 이를 지적하는 H.–J. Bruns, *Leitfaden des Strafzumessungsrechts* (Köln/Berlin, 1980), 4쪽 아래 참조.

물론 각 단계에서 약한 인공지능이 내리는 판단을 어떤 식으로 활용할지는 형사정책적으로 결정해야 할 문제이다. 이를 전문가의 감정의견처럼 참고자료로 활용할 것인지, 아니면 형사법관을 구속하는 판단으로 볼 것인지는 입법정책적으로 판단해야 한다. 다만 국민참여재판에서 배심원이 내린 결정에 권고적인 효력만 인정하는 현재 상황을 고려하면, 약한 인공지능이 내리는 형사사법판단은 앞으로도 한참 동안은 참고자료로 활용될 가능성이 높다.

그렇지만 인공지능의 기술적 수준이 더욱 향상되어 인공지능이 내리는 형사사법판단이 더욱 정확해진다면, 어쩌면 인공지능이 인간형사법관을 대체하는 시대가 찾아올 지도 모른다. 인공지능시대가 도래하면서 앞으로 사라지게 될 직업군에 법률가가 포함된다는 연구보고서를 고려하면, 어쩌면 인공지능이 인간형사법관을 대체하는 날이 먼 미래의 일이 아닐지도 모른다.[33] 특히 법원과 검찰에 대한 불신이 그 어느 때보다 높고, '유전무죄 무전유죄'에 대한 의식이 여전히 우리 사회를 강하게 지배하고 있는 현 상황에 비추어 보면, 인간형사법관보다 인공지능 형사법관이 더욱 공정하게 형사사법판단을 할 것이라는 주장이 힘을 얻을 수도 있다.[34] 그렇게 되면 인간형사법관이 아닌 인공지능 형사법관 앞에서 형사재판을 받고 싶다는 사회운동이 전개될 지도 모른다. 이는 우리 법학 및 법체계 전반에 걸쳐 중대한 도전이 될 것이다. 이는 어쩌면 법학의 생존 그 자체를 위협하는 일이 될지도 모른다.

이러한 문제를 해결하기 위해서는 인공지능 법률가가 대체할 수 없는 인간 법률가만의 고유한 역량이 무엇인지 고민할 필요가 있다. 앞에서도 언급한 것처럼, 기존에 축적된 해석론과 판례를 학습하는 것에 관해서는 인간이 인공지능을 이겨낼 수 없다. 그렇다면 인간 법률가가 인공지능 법률가보다 더욱 잘할 수 있는 점은 하드 케이스를 해결할 수 있는 창의적인 법적 사고일 것이다. 물론 강한 인공지능이 출현하면 이 능력 역시 인공지능에게 따라잡힐 수 있다. 하지만 강한 인공지능이 출현하기 위해서는 좀 더 시간이 필요하다는 진단을 고려하면, 창의적인 법적 사고 능력이야말로 인간 법률가가 인공지능 법률가보다 여전히 비교우위에 있는 것이라고 말할 수 있다. 사실이 그렇다면, 법학교육 역시 이러한 능력을 배양하는 데 더욱

---

33) 이를 지적하는 최재천, "인공지능과 빅데이터가 법률시장에 주는 충격", 『대한변협신문』 제605호 (2016. 9. 5. 9:59:28)(http://news.koreanbar.or.kr/news/articleView.html?idxno=15198) 참조.
34) 실제로 필자가 아는 다른 전공의 교수 가운데는 이를 강하게 옹호하는 경우도 있다. 그 만큼 인간 법률가들은 사회적으로 신뢰를 얻지 못하고 있다.

관심을 기울여야 하지 않을까 생각한다. 이러한 점에서 보면, 현재 법학전문대학원에서 이루어지는 법학교육에 문제제기를 하지 않을 수 없다.

3. 범죄의 도구로서 약한 인공지능

약한 인공지능은 범죄의 도구로도 활용될 수 있다. 가령 인공지능을 탑재한 자율주행차가 범죄자에게 해킹되어 사고로 승객을 살해하거나 보행자 또는 다른 자동차를 공격하는 도구로 사용될 수 있다. 또한 금융거래에 이용되는 약한 인공지능이 사기거래의 도구로 활용될 수도 있다.[35] 그러면 이렇게 범죄의 도구로 활용된 인공지능을 형사사법에서는 어떻게 취급해야 하는가? 이러한 인공지능을 독자적인 범죄자로 취급해야 하는가? 이에 대해서는 논란이 전개되고 있지만, 필자는 이렇게 범죄의 도구로 활용된 약한 인공지능은 굳이 독자적인 범죄자로 취급할 필요는 없다고 생각한다.[36] 이러한 경우에는 거의 대부분 약한 인공지능을 범죄에 사용한 인간 범죄자가 있게 마련이다. 따라서 이러한 상황이 발생하면, 이렇게 약한 인공지능을 범죄의 도구로 사용한 인간 범죄자를 형벌로 처벌하는 것으로 충분하다. 이는 특정한 인간 범죄자가 동물을 범죄의 도구로 활용한 경우와 유사하다. 동물을 이용하여 범죄를 저지른 경우에도 인간 범죄자만 처벌하면 충분한 것이 아닌가 생각한다. 만약 동물이 여전히 위험스럽게 여겨질 때에는 마치 조류독감이나 구제역을 막기 위해 동물을 살처분하는 것처럼 범죄도구로 사용된 동물을 처분하면 될 것이다.[37] 이러한 경우에 별도의 형사절차를 밟아 해당 동물을 범죄자로 규정하여 형벌을 부과할 필요는 없다고 생각한다. 이와 마찬가지로 범죄에 사용된 약한 인공지능을 독자적인 범죄자로 취급하여 형벌을 부과할 필요가 있을까 의문이 든다. 다만 약한 인공지능 중에는 부분적으로 자율성을 갖는 경우도 존재할 것이다. 가령 개발자가 입력하지 않은 알고리즘을 특정한 경우에 독자적으로 만들거나 자신의 알고리즘을 수정

---

35) 금융거래에 인공지능이 사용되는 것은 이미 현실이 되고 있다. 이를 보여주는 제리 카플란, 앞의 책, 79쪽 아래 참조.
36) 물론 민사법에서는 이러한 약한 인공지능에 대해 부분적으로 법적 주체성을 부여할 수 있을 것이다. 이를테면 대리인으로서 말이다.
37) 물론 동물은 단순한 물건이 아니라는 독일 민법 제90조a를 고려하면, 동물을 살처분하는 경우에도 단순히 물건을 폐기처분하는 것과는 다른 절차를 밟는 것이 바람직하다. 참조로 독일 민법 제90조a는 다음과 같이 규정한다. "동물은 물건이 아니다. 동물은 별도의 법률에 의하여 보호된다. 그에 대하여는 다른 정함이 없는 한 물건에 관한 규정이 준용된다." 번역은 양창수 (역), 『2005년판 독일민법전』(박영사, 2005), 37쪽을 따랐다.

하는 약한 인공지능도 있을 수 있다. 예를 들어, 자율주행차 개발자가 해당 자율주행차는 보행자 앞에서는 어떤 경우에든 차가 멈추도록 알고리즘을 설정했는데, 해당 자율주행차가 긴급피난 상황에서는 승객을 보호하기 위해 보행자 보호를 포기하도록 알고리즘을 수정할 수도 있다. 실제로 이러한 일이 발생하게 되면, 해당 자율주행차는 부분적으로 자율성을 갖는다고 말할 수 있다. 그렇다면 이러한 자율주행차를 범죄자로 취급할 필요가 있는가? 이 문제는 강한 인공지능을 범죄자로 볼 필요가 있는가라는 문제와 관련을 맺는다.

Ⅳ. 강한 인공지능과 형사사법

1. 강한 인공지능에 대한 형사처벌 가능성

(1) 독자적인 범죄주체로서 강한 인공지능(?)

약한 인공지능과는 달리 강한 인공지능은 형사사법 패러다임에 중대한 도전이 된다. 왜냐하면 강한 인공지능은 인간과 동등한 정신능력을 갖춘 인공지능이기 때문이다. 따라서 인간처럼 강한 인공지능 역시 자율성이나 반성적 능력 등을 갖게 된다. 인공지능이 인간처럼 스스로 목표를 설정하고 이러한 목표를 달성하기 위해 자율적으로 수단을 선택하는 주체로서 작동할 수 있는 것이다. 이는 강한 인공지능이 독자적인 범죄주체가 될 수 있다는 것을 의미한다. 이를테면 영화 "Ex Machina"에서 여성 인공지능이 보여주는 것처럼, 자신의 욕망을 충족하기 위해 자율적으로 인간을 살해하는 강한 인공지능을 그려볼 수 있는 것이다. 물론 이제 겨우 제3세대의 약한 인공지능으로 접어든 현재의 과학기술적 수준에서 볼 때, 이러한 강한 인공지능이 출현한다는 것은 아직도 머나먼 이야기일 수 있다. 그렇지만 만약 이러한 일이 현실화된다면, 우리는 다음과 같은 의문과 마주해야 한다. 과연 강한 인공지능에 형사처벌을 할 수 있는가 하는 의문이 그것이다. 이는 인간을 중심으로 하여 체계화된 우리의 형사사법에 중대한 이론적 · 실천적 도전이 될 것이다.

(2) 인공지능에 대한 형사처벌의 가능성: 이른바 '로봇형법'의 가능성

그러면 인간처럼 자율성을 획득한 인공지능에 대해 형사처벌을 할 수 있는가? 아주 머나먼 이야기처럼 보이는 이 문제에 관해 이미 유럽연합이나 미국 등에서는 진지한 논의가 이루어지기 시작하였다. 이를테면 우리 형법학에 많은 이론적 자양분을 제공하는 독일 형법학에서는 '로봇형법'(Strafrecht für Roboter)이라는 이름 아래 이를 긍정하는 논의가 시도되었다. 힐겐도르프(E. Hilgendorf)를 중심으로 하는 일련의 학자들은 다음과 같은 근거로써 로봇을 비롯한 인공지능에 대해서도 형사처벌을 할 수 있다고 주장한다.[38] 첫째, 이미 인간이 아닌 동물에 대해서도 형사처벌을 한 적이 있으므로 동물과 유사한 로봇에 대해서도 형사처벌을 할 수 있다는 것이다. 둘째, 법실증주의적·구성주의적 관점에서 로봇에 대해서도 형사처벌을 할 수 있다고 한다. 이를 더욱 구체적으로 말하면 다음과 같다. 이 주장은 법적 지위나 책임 등은 사회적·법적으로 구성된다고 한다. 이러한 주장을 하는 힐겐도르프는 법적 개념은 역사적인 개념으로서 사회적으로 변경 가능하며, 이때 중요한 것은 해당 법적 개념이 특정한 사회적 목적을 실현하는 데 적합한지 여부라고 한다. 이는 법인격이나 책임에 대해서도 마찬가지이다. 이러한 맥락에서 힐겐도르프는 로봇이 지능 및 자율성이라는 측면에서 인간과 유사하다면, 이러한 로봇에 대해서도 형사처벌이 가능하다고 말한다.[39] 마찬가지 맥락에서 힐겐도르프의 제자인 벡(S. Beck)은 로봇에 대해 '전자인'(elektronische Person)이라는 지위를 부여한다.[40] 셋째, 로봇에 대

---

38) 이에 관해서는 E. Hilgendorf/J.−Ph. Günther (Hrsg.), 앞의 책 참조; 이를 요약해서 소개하는 김영환, 앞의 글, 148쪽 아래 참조.

39) E. Hilgendorf, "Können Roboter schuldhaft handeln?", in: S. Beck (Hrsg.), *Jenseits von Mensch und Maschine. Ethische und rechtliche Fragen zum Umgang mit Robotern, Künstlicher Intelligenz und Cyborgs* (Baden−Baden, 2012), 119쪽 아래 참조.

40) S. Beck, "Über Sinn und Unsinn von Statusfragen − zu Vor − und Nachteilen der Einführung einer elektronischen Person", in: E. Hilgendorf/J.−Ph. Günther (Hrsg.), *Robotik und Gesetzgebung* (Baden−Baden, 2013), 239쪽 아래 참조. 이는 "전자적 인격" 또는 "전자인간"(electronic personhood)으로 번역되기도 한다. 전자의 경우로는 김영환, 앞의 글, 153쪽 참조; 후자의 경우로는 (https://brunch.co.kr/@gilparkgytz/11) 참조; 다만 여기에서는 우리 민법이 권리주체로서 규정하는 "자연인" 및 "법인"이라는 개념에 대응하는 번역어로는 "전자인"이 적절하다고 판단하여 이를 선택하였다. 이러한 번역어를 제안해 주신 김현철 교수에게 감사를 드린다. 한편 최근 유럽의회는 로봇 등에게 "전자인"(electronic person)이라는 법적 지위를 부여하는 결의안을 통과시켰다. 이를 통해 이제 "전자인"은 실정법상 개념으로 제도화되고 있다. 이에 관해서는 M. Koval, "Electronic Person: Why the EU Discusses Robot's Rights", *Ilyashev & Partners* (2017) 참조. 이는 (http://attorneys.ua/en/publications/electronic−

해서도 형사제재가 가능하다고 한다. 넷째, 로봇에 대한 형사처벌을 긍정하지 않으면 처벌의 공백이 생긴다는 것이다.

2. 탈인간중심적 형사사법의 가능성

그런데 이렇게 로봇에 대한 형사처벌을 긍정하는 것은 단순히 범죄주체성을 로봇에 대해 확장하는 것에 그치는 것이 아니다. 로봇에 대한 형사처벌을 긍정하는 것은 인간중심적인 형사사법을 넘어서는 탈인간중심적 형사사법을 인정하는 것이라고 말할 수 있다. 그러면 탈인간중심적 형사사법이란 무엇인가?

(1) 인간중심적 형사사법

탈인간중심적 형사사법이 무엇인지를 밝히기 위해서는 이와 대비되는 인간중심적 형사사법의 의미내용을 살펴볼 필요가 있다. 아주 단순하게 정의하면, 인간중심적 형사사법이란 인간이라는 행위자가 저지르는 범죄를 처벌하고 예방하기 위해 개념화·체계화된 형사사법을 말한다.[41] 이때 말하는 인간이란, 물론 논란이 있지만, 원칙적으로 자율적으로 행위할 수 있는 자연인을 뜻한다. 필자는 여느 인간중심적 법체계와 마찬가지로 인간중심적 형사사법 역시 다음과 같은 개념요소로 구성된다고 생각한다.[42]

1) 행위주체로서 자연인

현재의 인간중심적 형사사법은 범죄주체를 인간인 자연인으로 설정한다. 여기서 현행 형사사법의 인간중심적 성격이 고스란히 드러난다. 물론 필자는 현행 형사사법체계에서도 법인에게 범죄능력을 인정할 수 있다고 생각하지만,[43] 다수 학설은 현행 형사사법체계에서는 오직 자연인에게만 범죄능력을 인정할 수 있다고 주장한다.[44]

---

person – why – the – eu – discusses – robots – rights/)에서 찾아볼 수 있다.
41) 여기서 말하는 형사사법이란 실체법인 형법과 절차법인 형사소송법 그리고 이를 집행하는 수사기관 및 사법기관을 모두 총칭하는 개념을 뜻한다. 체계이론의 견지에서 말하면, 법체계의 부분영역인 형사법체계를 뜻한다고 할 수 있다.
42) 인간중심적 법체계에 관해서는 양천수, "탈인간중심적 법학의 가능성: 과학기술의 도전에 대한 행정법학의 대응", 『행정법연구』 제46호(2016. 8), 6 – 9쪽 참조.
43) 양천수, "법인의 범죄능력: 법 이론과 형법정책의 측면에서", 『형사정책연구』 제18권 제2호(2007. 여름), 161 – 194쪽 참조.
44) 성낙현, 『형법총론』 제2판(동방문화사, 2011), 105쪽.

2) 행위

인간중심적 형사사법에 따르면, 형법상 범죄는 행위로 구성된다. 따라서 특정한 '행태'(Verhalten)가 범죄로 인정되기 위해서는 이러한 행태가 형법상 의미 있는 '행위'(Handlung)이어야 한다. 이 때문에 현행 범죄체계론은 형사분쟁이 발생했을 때 해당 분쟁에서 문제되는 행태가 행위인지 여부부터 판단한다. 이때 말하는 행위는 당연히 인간의 행위를 말한다. 물론 '행위론 논쟁'이 보여주는 것처럼, 형법에서 의미 있는 행위가 무엇인지에 관해서는 오랫동안 논쟁이 전개되었다.[45]

3) 자유의지

인간중심적 형사사법은 범죄행위자가 자유의지를 지닌 주체일 것을 전제로 한다. 자유의지를 지닌 행위자이어야만 비로소 행위자에게 형사책임을 부과할 수 있기 때문이다. 규범적 책임 개념에 의하면 책임의 본질은 '비난가능성'이라고 할 수 있는데, 비난가능성은 행위자에게 자유의지에 따른 타행위가능성이 있을 것을 전제로 한다.

(2) 탈인간중심적 형사사법

이러한 인간중심적 형사사법과는 달리 탈인간중심적 형사사법은 인간이 아닌 다른 그 무엇을 형사법의 중심으로 설정한다. 탈인간중심적 형사사법, 즉 '포스트휴먼 형사사법'의 중심을 무엇으로 설정할 것인지에 관해서는 다양한 견해가 가능할 수 있지만, 필자는 현대 체계이론을 수용하여 탈인간중심적 형사사법을 구축할 수 있다고 생각한다. 이에 따르면, '사회적 체계'(soziale Systeme)가 탈인간중심적 형사사법의 중심적인 지위를 차지한다. 이렇게 보면, 탈인간중심적 형사사법은 체계이론적 형사사법이라고 말할 수 있다. 체계이론의 관점에서 보면, 인간중심적 형사사법은 생명체계와 심리체계의 복합체인 자연인을 전제로 하기에 인공지능에 대해서는 적용할 수 없다. 만약 강한 인공지능에 대해 형사책임을 부과하기 위해서는 단순히 범죄주체성을 확장하는 것만으로는 부족하고, 인공지능의 형사책임 능력을 이론적으로 근거지을 수 있는 탈인간중심적 형사사법을 수용할 필요가 있다. 그 이유는 탈인간중심적 형사사법의 개념요소를 밝힘으로써 해명할 수 있다.[46]

---

45) 이에 관해서는 우선 심재우, "목적적 행위론 비판: 사회적 행위론의 입장에서", 『법률행정논집』 (고려대) 제13집(1976. 4), 175-222쪽 참조.
46) 탈인간중심적 형사사법의 바탕이 되는 탈인간중심적 법사상에 관해서는 양천수, 앞의 글, 9-15

1) 행위가 아닌 소통

체계이론에 기반을 둔 탈인간중심적 형사사법은 인간중심적 형사사법과는 달리 행위를 범죄의 기본 개념으로 설정하지 않는다. 왜냐하면 체계이론은 사회현상을 관찰할 때 행위가 아닌 소통을 더욱 근원적인 개념으로 파악하기 때문이다.[47] 사회적 일탈행위 역시 소통을 기반으로 하여 관찰한다. 이러한 맥락에서 범죄 역시 소통을 중심으로 하여 파악한다. 범죄란 행위라기보다는 사회적 소통의 특정한 유형인 것이다. 따라서 탈인간중심적 형사사법은 형사책임의 귀속근거도 행위가 아닌 소통에서 찾는다. 특정한 소통방식이 형법에 위반하는 경우에 이를 범죄로 파악하는 것이다.

사실 행위가 아닌 소통이 책임귀속의 기초가 된다는 점은 기존의 인간중심적 형사사법에서도 이미 찾아볼 수 있다. 사회적 행위론이 바로 그것이다.[48] 사회적 행위론은 형법상 행위 개념을 사회적 유의미성에서 찾는데, 이는 행위가 자연적인 것이 아니라 사회적으로 구성되는 개념이라는 점을 시사한다. 이러한 사회적 행위론의 주장내용을 더욱 깊게 파고들면, 행위가 근원적인 개념인 것이 아니라 사회적으로 유의미한 행위를 만들어내는 소통이 더욱 근원적인 개념이라는 점을 알 수 있다. 왜냐하면 어떤 행위가 사회적으로 유의미한 행위인지를 판단하려면 사회적 유의미성에 대한 판단기준이 필요한데, 이러한 판단기준은 사회적 소통과정을 통해 확정할 수밖에 없기 때문이다. 이 점에서 우리의 형사사법은 이미 인간중심적 사고와 이미 일정 정도 거리를 두기 시작했다고 말할 수 있다.

2) 자연인이 아닌 인격성

이처럼 행위가 아닌 소통이 책임귀속의 근거가 되기에 탈인간중심적 형사사법에서는 자연인만을 범죄의 주체로 한정할 필요가 없다. 오히려 자연인과는 구별되는 '인격성'(Person)이 형사책임의 귀속주체가 된다. 그 때문에 인격 개념을 어떻게 설정하는가에 따라 형사책임의 귀속범위가 달라진다. 필자는 탈인간중심적 형사사법에서 책임귀속이 가능한 독자적인 인격으로 인정되기 위해서는 다음 두 가지 요건을 충족해야 한다고 생각한다. 첫째, 소통을 통해 사회적 체계에 참여할 수 있어

쪽 참조.
47) N. Luhmann, 앞의 책, 191쪽 아래 참조.
48) 사회적 행위론에 관해서는 심재우, "사회적 행위론", 『법조』 제24권 제7호(1975. 7), 55－83쪽 참조.

야 한다. 둘째, 책임귀속의 소통에 관해 법체계와 연결될 수 있어야 한다. 다시 말해, 법체계가 책임귀속에 관한 소통을 개별적으로 연결시킬 수 있는 지점이 바로 인격성인 셈이다. 그런데 이미 민사법이 잘 보여주는 것처럼, 자연인만이 이러한 인격성을 획득할 수 있는 것은 아니다. 왜냐하면 법인이라는 사회적 체계 역시 민사법에서는 인격성을 취득하고 있기 때문이다.[49) 이는 인격성 자체도 사회적 소통을 통해 바뀔 수 있다는 점을 시사한다.[50)

3) 자유의지가 아닌 소통의 자유

인간중심적 형사사법과는 달리, 탈인간중심적 형사사법에서는 자유의지가 그다지 중요하지는 않다. 오히려 소통의 자유를 갖고 있는지가 중요하다.[51) 다만 강한 인공지능은 인간과 동등한 정신능력을 갖춘 인공지능이므로 자율성 역시 갖는다. 그 점에서 자유의지는 강한 인공지능에 대한 형사책임을 논의할 때는 큰 문제가 되지는 않는다고 말할 수 있다.

4) 사회적 인격체로서 강한 인공지능

이러한 탈인간중심적 형사사법의 기준에서 보면, 강한 인공지능에게도 사회적 인격성을 부여할 수 있다. 왜냐하면 강한 인공지능은 자율적으로 사회에서 이루어지는 소통에 참여할 수 있기 때문이다. 법체계 역시 강한 인공지능과 형사책임귀속에 관한 소통을 할 수 있다. 이러한 근거에서 강한 인공지능에게도 사회적 인격성을 인정할 수 있는 것이다. 인공지능이나 로봇에게 '전자인'이라는 지위를 인정하는 벡의 주장도 같은 맥락에서 파악할 수 있다.[52) 따라서 강한 인공지능에 대해서는 이론적으로 범죄능력도 긍정할 수 있고 형사책임도 부과할 수 있다. 문제는 과연 강한 인공지능에게 형사책임을 부과할 필요가 있는가 하는 점이다.

---

49) 체계이론에 따르면, 법인은 '조직체'(Organisation)로서 사회적 체계에 속한다. N. Luhmann, 앞의 책, 16쪽.
50) 이를 긍정하는 E. Hilgendorf, 앞의 글, 119쪽 아래 참조.
51) 형법상 책임을 이른바 '의사소통적 자유'(kommunikative Freiheit)로 새롭게 근거 짓고자 하는 논의로는 K. Günther, *Schuld und kommunikative Freiheit* (Frankfurt/M., 2005) 참조.
52) S. Beck, 앞의 글, 239쪽 아래 참조.

3. 강한 인공지능에 대한 형사책임 부과의 필요성

(1) 문제제기

이처럼 탈인간중심적 형사사법을 수용하면 강한 인공지능에 대해서도 충분히 형사책임을 부과할 수 있다. 그러면 인간 범죄자처럼 강한 인공지능 범죄자에 대해서도 형사책임을 부과하는 것이 바람직할까? 그러나 이 문제를 해결하려면, 강한 인공지능에 대한 형사책임 부과가 이론적으로 가능한지를 논증하는 것보다 강한 인공지능에 대해 형사책임을 부과할 필요가 있는지를 논증하는 것이 더욱 중요하다고 생각한다. 왜냐하면 강한 인공지능이 사회적 일탈행위나 반사회적인 소통을 저지른 경우에는 굳이 형사책임을 원용하지 않고도 문제를 해결할 수 있기 때문이다. 가령 자동차를 폐기처분하는 것처럼 행정절차를 밟아 강한 인공지능을 폐기할 수 있다. 그런데도 인공지능에 대한 형사책임이 필요하다고 한다면, 아마도 다음과 같은 이유를 들 수 있을 것이다.

(2) 형사책임의 상징성

우선 형사책임의 상징성을 거론할 수 있다. 형사법의 보충성, 최후수단성이 보여주는 것처럼, 형사책임은 현존하는 법적 책임 중에서 가장 강력한 책임이라고 할 수 있다. 그 때문에 형사책임이 범죄자나 전체 사회에 미치는 영향도 크다. 이러한 근거에서 "형벌의 표현적·상징적 기능"이 강조되기도 한다.[53] 따라서 만약 강한 인공지능에 대한 형사책임이 필요하다면, 강한 인공지능에 형사책임을 부과하는 것이 사회 전체적인 측면에서 상징적인 의미를 갖기 때문일 것이다. 이를테면 강한 인공지능에게 우리 인간이 정립한 규범질서를 존중할 것을 강력하게 표현하기 위해 형사책임을 부과할 필요가 있을지 모른다. 또는 강한 인공지능이 독자적으로 정립한 인공지능규범과 우리 인간이 구축한 인간규범이 서로 충돌하는 규범충돌의 상황에서 우리의 인간규범이 더욱 우월하다는 것을 상징적으로 보여주기 위해 형사책임이 필요할지도 모른다.

---

53) K. Günther, "Die symbolisch-expressive Bedeutung der Strafe - Eine neue Straftheorie jenseits von Vergeltung und Prävention?", in: C. Prittwitz/M. Baurmann/K. Günther/L. Kuhlen/R. Merkel/C. Nestler/L. Schulz (Hrsg.), *Festschrift für Klaus Lüderssen* (Baden-Baden, 2002), 205쪽 아래 참조.

(3) 형사절차의 공정성

다음으로 강한 인공지능을 보호하기 위해 형사책임을 부과하는 절차가 필요할지 모른다. 사회적 일탈행위를 저지른 강한 인공지능을 행정처분으로 제재하는 것은 인간을 보호하는 데 더욱 효율적인 방안일 수는 있다. 그렇지만 이러한 방식은 강한 인공지능이 갖고 있는 사회적 인격성을 충분히 고려하지 않는 방안일 수도 있다. 따라서 강한 인공지능을 피고인으로서 충분히 보장하기 위해, 다시 말해 형법의 보장적 임무를 강한 인공지능에게도 실현하기 위해 형사절차가 필요할 수 있다.[54] 요컨대, 형사절차의 공정성을 강한 인공지능에게도 보장함으로써 강한 인공지능을 독자적인 인격체로 승인하는 것이다. 이러한 맥락에서 보면, 강한 인공지능에게 형사책임을 부과하는 것은 강한 인공지능을 처벌하는 데 중점이 있는 것이 아니라, 오히려 동물에게 동물권을 부여하여 이들을 보호하고자 하는 것처럼 강한 인공지능을 절차적으로 보장하는 데 중점이 있는 것이라고 말할 수 있다.[55]

4. 형사사법의 구성원으로서 강한 인공지능

다른 한편 강한 인공지능은 마치 로보캅처럼 형사사법의 구성원으로서 범죄를 수사하고 재판하며 처벌하는 데 협력할 수 있다. 약한 인공지능과는 달리, 강한 인공지능은 도구가 아닌 동반자로서 인간과 동등한 지위에서 형사사법에 협력할 것이다. 만약 그런 시대가 도래하게 되면, 어쩌면 우리는 강한 인공지능과 형사사법을 위해 협상하고 계약을 맺어야 할지도 모른다.

V. 맺음말

지금까지 인공지능이 우리 법체계, 특히 형사사법에 어떤 변화를 야기할 것인지를 개관해 보았다. 그러나 인공지능에 대한 필자의 지식과 이해가 충분하지 못해 수박 겉핥기식으로 논의를 하는 데 그치고 만 것 같다. 특히 강한 인공지능이 과연

---

54) 형법의 보장적 임무에 관해서는 배종대, 『형법총론』 제8전정판(홍문사, 2006), 59쪽 아래 참조.
55) 동물권 논의에 관해서는 민윤영, "법의 새로운 기초로서 동물권 담론", 『법과 사회』 제41호 (2011. 12), 307-336쪽 참조.

앞으로 출현할 것인지를 확신하지 못하는 상태에서 강한 인공지능의 형사책임 문제를 다루어야 해 쉽지 않았다. 다만 강한 인공지능에 대한 형사책임을 이론적으로 정당화하는 이른바 탈인간중심적 형사사법은 이미 우리 법체계에서 일정 부분 실현되고 있다는 점은 강조하고 싶다. 우리가 의식하지 못한 사이에 이미 우리 법체계는 인간중심적 사고와 작별을 고하고 있는 것은 아닌지 의문을 제기하면서 제7장을 마치고자 한다.

제8장
해외 ICT 우수인력의
국내유치를 위한 인권법정책

I. 서 론

전 세계가 글로벌화되면서 자본이나 노동력과 같은 각종 자원들의 전 세계적 교류도 활성화되고 있다. 이에 따라 기업의 다국적화 현상이 가속화되고 있고, 더불어 사회의 다문화 경향도 심화되고 있다. 이러한 상황에서 세계 각국은 자국민이 아닌 해외 우수인력을 자국으로 유치하고자 치열하게 경쟁하고 있다. 이는 특히 정보통신기술(ICT)과 같은 첨단과학기술 분야에서 두드러지게 나타난다. 이는 우리나라도 예외가 아니어서, 우리나라 역시 해외 ICT 우수인력을 유치하고자 다양한 노력을 기울이고 있다. 이 제8장에서는 이러한 문제상황을 고려하여 해외 ICT 우수인력을 국내에 적극적으로 유치하고자 할 때 나타날 수 있는 인권이론적 문제를 검토하고, 이에 대한 몇 가지 정책적 과제를 제언하고자 한다.

ICT 관련 해외우수인력을 국내에 적극적으로 유치하고 활용하기 위한 정책을 마련할 때는 해외우수인력 국내유치 및 활용과 관련된 전체구조를 고려해야 한다. 전체구조를 살펴보면, 해외우수인력 유치 및 활용, 다시 말해 이민정책은 크게 두 가지 과정으로 구성된다. 첫째는 해외에 거주하는 우수 ICT 인력을 우리 국내로 유치하는 것이다. 이 과정은 전통적으로 출입국관리법이 규율한다. 여기서 가장 핵심적인 부분은 바로 비자정책이라고 말할 수 있다. 비자정책을 개선함으로써 ICT 해외우수인력을 더욱 적극적으로 국내에 유치할 수 있을 것이다. 둘째는 이렇게 국내에 유치된 우수 ICT 인력이 국내에 장기간 거주하도록 함으로써 국내에서 이들을 적극적으로 활용할 수 있는 토대를 마련하는 것이다. 이때 말하는 '장기간 거주'는 '영주' 혹은 '귀화'를 의미한다. 여기서 가장 중요한 부분은 ICT 해외우수인력이 국내사회에 성공적으로 통합될 수 있도록 하는 것이다. 요컨대, 성공적인 통합정책을 마련하는 것이 이 과정에서 핵심적인 쟁점이 된다. 이렇게 보면, ICT 해외우수인력 국내유치를 위한 이민정책은 비자정책과 통합정책으로 구성된다고 말할 수 있다.

필자가 볼 때, 이 중에서 중요한 부분은 비자정책보다는 통합정책이라고 말할 수 있다. 왜냐하면 그 동안 축적된 연구문헌을 볼 때, 해외에 거주하는 우수인재들이 국내에 정착하는 것을 꺼려하는 이유는 비자제도에 큰 문제가 있기보다는 언어나 문화 등의 문제로 우리 사회에 통합되는 데 곤란을 겪고 있기 때문이다. 물론 현행 출입국관리법이 마련하고 있는 비자제도가 완전무결하다고 말할 수는 없다. 당연히 여기에도 개선해야 할 점이 다수 존재한다. 그렇다 하더라도 현 시점에서 더욱 강조를 해야 할 부분은, 어떻게 하면 해외우수인력들이 우리 사회에 성공적으로 통합될 수 있도록 할 수 있을지를 모색하는 것이다. 이러한 맥락에서 제8장에서는 후자에 더욱 주안점을 두어 정책적 제언을 마련하고자 한다.

Ⅱ. 선별적 이민정책에 관한 인권이론적 문제

1. 정책의 기본원칙으로서 선별적 이민정책

앞에서 언급한 것처럼, 이 글에서 추구하고자 하는 이민정책은 선별적 이민정책이다. 이민정책은 크게 두 가지로 분류할 수 있다. 개방적 이민정책과 선별적 이민정책이다.[1] 개방적 이민정책은 이민요건에 특별한 제한이나 차별을 두지 않고 이민을 원하는 사람을 모두 받아들이는 정책을 말한다. 개방적이고 평등한 그래서 아주 '이상적인' 이민정책이라고 말할 수 있다. 현실적으로 이러한 이민정책을 실시하

---

1) 이에 관해서는 김상태, "국내거주 외국 우수 ICT 인력 활용을 위한 이민 제도 개선방안: 외국 우수인력의 영주자격 및 국적 취득을 중심으로", 『국내거주 외국 우수 ICT 인력 유치 정책』(2014년도 방송통신정책연구(R&D) 세미나 자료집)(2014. 12), 4-6쪽.

는 국가는 오늘날 거의 존재하지 않는다. 미국과 유럽연합의 경우가 보여주는 것처럼, 오히려 이민장벽은 더욱 더 높아만 가고 있다.

이와 달리 선별적 이민정책은 특별한 목적에 따라 이민요건에 제한을 두는 것을 말한다. 이를테면 이 글이 추구하는 것처럼, 해당 국가의 이익에 도움이 되는 인재를 선별하여 이민을 받아들이는 정책이 여기에 해당한다. 따라서 ICT 해외우수인력을 유치하는 것을 목적으로 하는 이 글은 선별적 이민정책연구의 전형이라고 말할 수 있다. 왜냐하면 우리나라의 ICT 산업을 발전시키고자 여기에 적합한 우수인재만을 선별적으로 받아들이는 것이 이 글의 목적이기 때문이다.

2. 인권이론적 문제점

그러나 이러한 선별적 이민정책은 인권이론의 측면에서 볼 때 문제가 없지 않다. 왜냐하면 선별적 이민정책은 국익이라는 공리주의적 이유를 내세워 이민희망자를 자의적으로 차별하는 것으로 보일 수 있기 때문이다. 이는 일체의 차별을 받지 않을 인권과 거주이전의 자유라는 인권을 침해하는 것으로 보일 수 있다. 특히 생존 및 선진국과 후진국 사이의 경제적 불평등을 이유로 하여 자유로운 입국의 자유를 보편적 인권으로 주장하는 제3세계 진영의 시각에서 볼 때, 우리나라에 도움이 되는 우수인재의 이민만을 받아들이는 선별적 이민정책은 인권을 침해하는 것으로서 문제가 있어 보인다.

3. 선별적 이민정책의 타당성

하지만 이러한 비판에 대해서는 다음과 같이 반론할 수 있다. 먼저 현재 상황에서는 한 국가 안에서는 거주이전의 자유를 보편적인 인권이자 기본권으로 인정할 수 있지만, 국가의 경계를 넘어서는 초국가적 영역에서는 아직 입국의 자유를 보편적 인권으로 인정할 수 없다는 점이다. 현실적으로 입국의 자유가 보편적 인권으로 승인될 수 있으려면, 국가와 국가 사이의 경계인 국경이 사라져야 한다. 이는 동시에 국가의 정치적 의미나 국가주권의 의미가 해체되어야 한다는 것을 전제로 한다. 그러나 이는 오늘날 전개되고 있는 국제정세에 비추어볼 때 이상론에 지나지 않는다. 오늘날에도 국경과 영토를 둘러싼 분쟁이 끊임없이, 아니 더욱 심화되고 있는 것이 현실이다. 스페인이나 이탈리아 같은 유럽연합 국가들은 북아프리카나 시리아 등에서 유입되는 난민이 국경을 넘는 것을 막기 위해 국경을 엄격하게 통제한다. 우크라이나에서는 생존영역을 둘러싸고 정부군과 친러 분리주의자들 사이의 분쟁이 계속되고 있다. 미국 역시 멕시코 등에서 유입되는 불법체류자를 막기 위해 국경관리를 강화하고 있다. 이러한 상황에서 국경철폐를 전제로 하는 입국의 자유라는 관념은 현실성을 무시하는 공허한 것이라고밖에 말할 수 없다.

나아가 이렇게 입국의 자유는 보편적인 인권이 아니고 개별 국가들이 그 요건과 절차 등을 자유롭게 설정할 수 있는 국가법상 권리라고 한다면, 국가의 목적이나 이익에 맞춰 이민요건을 제한하는 선별적 이민정책이 자의적인 차별정책이라고 말할 수 없다. 오히려 그것은 정책적 근거를 갖고 있는 합리적 차별이라고 말할 수 있다.

마지막으로 선별적 이민정책 그 자체가 집단적 인권의 표현일 수 있다는 점을 거론할 수 있다. 전통적으로 인권은 각 개인에게 귀속되는 개인적·주관적 인권에서 출발하였지만, 인권이 발전하면서 개인적 인권과는 구별되는 집단적 인권이 독자적인 인권으로 자리 잡게 되었다. 공동체의 집단적 자결권 등이 이러한 집단적 인권에 속한다. 이의 연장선상에서 보면, 국가는 가장 전형적인 정치적 공동체에 해당하고, 누가 해당 국가의 구성원이 될 수 있는가를 결정하는 것은 해당 국가, 즉 정치적 공동체가 스스로 결정할 수 있는 문제라고 말할 수 있다. 이 점에서 보면, 이민정책을 어떻게 펼칠 것인가 하는 점도 집단적 자기결정권의 한 유형으로 볼 수 있다. 사실이 그렇다면, 선별적 이민정책 역시 집단적 인권인 정치적·집단적 자기결정권을 행사함으로써 도출된 것이므로, 이를 섣불리 인권을 침해하는 정책이라고 평가하기는 어렵다고 생각한다.

Ⅲ. 해외 ICT 우수인력의 국내유치를 위한 기본 정책

아래에서는 해외 ICT 우수인력을 적극적으로 국내에 유치·활용하기 위해서는 어떤 정책을 추진해야 하는지 살펴보도록 한다. 이는 세 가지 부분으로 구성된다. 첫째는 정책의 출발점이 되는 우수 ICT 인력의 개념을 명확히 하는 것이다. 둘째는 어떻게 하면 해외에 거주하는 우수 ICT 인력이 국내에 원활하게 입국·거주할 수 있도록 할 수 있는지를 모색하는 것이다. 여기서는 주로 비자정책이 문제가 된다. 셋째는 어떻게 하면 국내에 입국하여 체류하고 있는 우수 ICT 인력이 성공적으로 우리 사회에 영주 또는 귀화할 수 있도록 할 것인지를 모색하는 것이다. 여기서는 주로 다문화정책이 문제가 된다.

1. 우수 ICT 인력 개념과 관련한 정책적 제언

(1) 문제제기

이 글은 해외에 거주하는 우수 ICT 인력을 국내에 적극적으로 유치·활용하기 위한 정책적 방안을 모색하는 것을 목적으로 한다. 그런데 이 목적을 제대로 실현하려면, 가장 우선적인 전제로서 '우수 ICT 인력'이 구체적으로 누구를 지칭하는지 개념적으로 명확히 할 필요가 있다. 우수 ICT 인력의 개념이 명확해져야만 비로소 이들을 유치·활용하기 위한 전략 등도 명확하게 수립할 수 있기 때문이다.

그런데 우수 ICT 인력의 개념을 명확히 밝히는 것은 생각보다 쉽지 않다.[2] 무엇보다도 이를 규율하는 명문의 법률이 존재하지 않는다. 물론 이와 유사한 개념을 담고 있는 법률은 존재한다. 이를테면 가장 대표적인 이민관련법률인 「출입국관리법」에서는 '우수인재'를 "전문적인 지식·기술 또는 기능을 가진 사람"이라고 규정한다.[3] 이와 달리 「재한외국인처우기본법」에서는 "전문외국인력"이라는 개념을 사용하면서, 이를 "전문적인 지식·기술 또는 기능을 가진 외국인력"으로 정의한다.[4] 또한 「중소기업인력지원특별법」에서는 "외국 전문인력"이라는 개념을,[5] 「나노기술개발촉진법」에서는 "해외 우수인력"이라는 개념을 사용한다.[6] 그러나 여기서 알 수

---

2) 이러한 문제를 지적하는 이철우, "전문외국인력 활용을 위한 이민정책의 현황과 과제"(전문가 자문자료)(2014. 12), 1쪽 아래 참조.
3) 「출입국관리법」 제21조(근무처의 변경·추가) ① 대한민국에 체류하는 외국인이 그 체류자격의 범위에서 그의 근무처를 변경하거나 추가하려면 미리 법무부장관의 허가를 받아야 한다. 다만, 전문적인 지식·기술 또는 기능을 가진 사람으로서 대통령령으로 정하는 사람은 근무처를 변경하거나 추가한 날부터 15일 이내에 법무부장관에게 신고하여야 한다.
4) 「재한외국인처우기본법」 제16조(전문외국인력의 처우 개선) 국가 및 지방자치단체는 전문적인 지식·기술 또는 기능을 가진 외국인력의 유치를 촉진할 수 있도록 그 법적 지위 및 처우의 개선에 필요한 제도와 시책을 마련하기 위하여 노력하여야 한다.
5) 「중소기업인력지원특별법」 제13조(외국 전문인력의 안정적 활용 지원) 중소기업청장은 중소기업이 필요한 외국 전문인력을 안정적으로 활용할 수 있도록 지원하여야 한다.
6) 「나노기술개발촉진법」 제10조(전문인력의 양성) ① 정부는 나노기술개발의 촉진에 필요한 인력자원을 개발하기 위하여 나노기술인력양성계획을 세우고, 인력양성 관련 교육·훈련 프로그램의

있듯이, 이들 법률은 우수 ICT 인력을 정면에서 규정하지는 않는다. 또한 이와 유사한 "전문외국인력" 등을 규정하고 있지만, 이들이 구체적으로 누구를 지칭하는지를 분명하게 규정하는 것도 아니다.

물론 이를 더욱 명확하게 규정하려는 시도가 있기는 하였다. 예를 들어, 국제이주기구(IOM)는 전문인력과 유사한 개념으로 '고숙련근로자'(High Skilled Worker)라는 개념을 사용하면서 이를 "입국하려는 국가에서 특혜를 제공할 만하다고 인정하는 기술을 보유하고 있는 근로자로서 거주기간, 고용변동 및 가족재결합의 경우에서 낮은 수준의 제한이 있는 사람들"이라고 정의한 바 있다. 또한 지난 2008년 국가경쟁력위원회가 "글로벌 고급인력 유치 방안"이라는 주제로 개최한 관계부처 토론회에서 '글로벌 고급인력'이라는 용어를 쓰면서 이를 "경영, 기술, 교육, 지식서비스 등의 분야에서 특별한 지식, 경험 등을 보유한 자로서 경제발전에 기여하는 외국인 전문인력"이라고 정의한 경우도 있다.

그렇지만 이 모든 경우가 시사하는 것처럼, 해외우수인력이라는 개념을 구체화하는 것은 여전히 어렵다. 이러한 측면에서 우수 ICT 인력을 구체화하는 것은 더욱 어렵다.[7] 이러한 이유에서 우수 ICT 인력이 구체적으로 누구를 지칭하는지를 명확화·구체화하는 작업이 필요할 수밖에 없다. 이는 이론적인 측면뿐만 아니라 제도적인 측면에서도 필요하다.

(2) 추진방향
1) 우수 ICT 인력 수요조사

우수 ICT 인력을 이론적·연역적으로 개념화·구체화하는 것은 쉽지 않은 일이다. 설사 이를 수행한다 하더라도 이렇게 해서 내놓은 결과물이 현실적합성을 갖기는 쉽지 않다. 따라서 우수 ICT 인력을 현실적합적으로 개념화하고 구체화하기 위해서는 이를 'top-down' 방식이 아닌 'bottom-up' 방식으로 개념화·구체화해야 한다. 그렇게 하기 위한 가장 좋은 방법은 우리 사회의 각 영역에서 얼마나 그리고

개설, 전문인력의 해외연수 및 해외 우수인력의 유치·활용 등에 관한 시책을 마련하여야 한다.
7) 이에 관해 OECD는 '협의의 ICT 전문가'를 정의한 바 있다. 이에 따르면, "ICT 시스템을 개발, 운영하거나 유지할 수 있는 능력을 보유한 사람으로 직업의 주요 부분이 ICT 관련 업무로 구성되는 경우에 해당하는 사람"을 뜻한다. 이에 관해서는 OECD, "New Perspectives on ICT Skills and Employment", *OECD Digital Economy Papers*, No. 96 (OECD Publishing, 2005) 참조.

어떤 유형의 ICT 인력을 필요로 하는지 수요조사를 실시하는 것이다. 이러한 수요조사는 전문용역의 방식으로 이루어질 수 있다. 이때 주의해야 할 점은, 우수 ICT 인력에 대한 수요조사를 실시하는 경우에는 단순히 현 시점만을 기준으로 하여 조사하는 것이 아니라, 먼 미래까지 예측하면서 조사를 해야 한다는 것이다. 말하자면, 공시적인 측면뿐만 아니라 통시적인 측면에서 우수 ICT 인력에 대한 수요조사를 실시해야 하는 것이다.

2) 핵심 ICT 영역 유형화

우수 ICT 인력에 대한 수요조사를 실시하게 되면, 우리 사회의 어느 영역에서 구체적으로 어떤 ICT, 즉 어떤 유형의 정보통신기술을 필요로 하는지 확인할 수 있다. 이러한 작업이 완료되면, 우리의 각 산업영역에서 어떤 ICT가 필요한지를 유형화할 필요가 있다. 특히 핵심 ICT가 무엇인지 눈여겨 볼 필요가 있다. 그렇게 해야만 우리가 필요로 하는 우수 ICT 인력이 누구인지를 가늠할 수 있기 때문이다.

3) 점수제 도입

① 언어적 개념화의 한계

그러나 여기서 우리가 간과해서는 안 될 점은, 우수 ICT 인력의 개념을 언어적으로 해결하려는 것에는 명백히 한계가 있다는 것이다. 우수 ICT 인력 개념을 언어적으로 해결한다는 것은 이를 언어적으로 개념화하겠다는 것을 뜻한다. 쉽게 말해, 더욱 구체화되고 명료한 언어적 개념을 활용함으로써 우수 ICT 인력이 누구를 지칭하는지를 밝히겠다는 것이다. 하지만 현대 언어이론이 시사하는 것처럼, 언어로 구성된 모든 개념은 애매성과 모호성에서 자유로울 수 없다.[8] 아무리 명확하고 구체적인 개념을 사용한다 하더라도, 끊임없이 변화하는 구체적인 사회현실 속에서는 해당 개념의 애매함과 모호함이 매번 등장할 수밖에 없다. 따라서 이러한 문제를 해결하기 위해서는 언어적 개념화가 아닌 다른 방안을 모색해야 한다.

② 개념의 수량화 필요성과 점수제

언어적 개념화를 대신하여 개념을 수량화하는 것은 해당 개념이 안고 있는 불명확성을 치유하는 데 유용한 대안이 된다. 우수 ICT 인력 개념을 수량화함으로써 이 개념이 안고 있는 불명확성이나 모호성을 치유할 수 있는 것이다. 이때 말하는 개념의 수량화란 '점수제'를 도입하는 것을 말한다. 이를테면 우수 ICT 인력을 개념

---

8) 이 문제에 관해서는 이상돈, 『새로 쓴 법이론』(세창출판사, 2005) 참조.

화하는 데 핵심적인 역할을 하는 개념요소를 목록화한 후,[9] 여기에 각각 점수를 부여하여 일정한 점수를 상회하는 경우에는 우수 ICT 인력으로 인정하는 방안이 그것이다. 이러한 점수제는 이미 영미권 국가에서 해외우수인력을 판단하는 데 적극적으로 사용하고 있다. 이에 대한 예로서 1979년에 도입된 호주의 점수제(Numerical Multifactor Assessment System: NUMAS)를 들 수 있다. 호주는 지난 1999년부터 10년 동안 인력이 부족한 직업리스트를 작성하여 해당 직업군에 속하는 외국인이 기술이민을 하는 경우 가산점을 부여하는 방식으로 점수제를 운영하였다.[10] 이렇게 점수제를 도입하여 우수 ICT 인력을 판단하면, 언어적 개념화가 가질 수밖에 없는 본질적 한계를 넘어설 수 있다. 그러므로 우리나라에서도 점수제를 통해 우수 ICT 인력을 판단할 수 있도록 준비를 해야 한다.

③ 점수제의 부분적 도입

이러한 점수제는 우리가 부분적으로 도입하고 있다. 점수이민제도가 그것이다. 점수이민제도란 "출입국관리법시행령에 따라 법무부장관이 고시한 나이, 학력, 소득, 한국어능력 등을 점수로 평가하여 총 120점 중 80점 이상이면 경제활동이 자유로운 거주(F-2)자격을 부여하고, 3년 체류 동안 법 위반사실이 없고 전문직종에서 성실하게 근무한 경우에는 영주(F-5)자격을 부여하는 제도"를 말한다.[11] 점수이민제도의 적용대상은 출입국관리법시행령 별표1이 규정하는 교수(E-1), 회화지도(E-2), 연구(E-3), 기술지도(E-4), 전문직업(E-5), 예술흥행(E-6), 특정활동(E-7), 유학(D-2), 취재(D-5), 종교(D-6), 주재(D-7), 기업투자(D-8), 무역경영(D-9), 구직(D-10)의 체류자격으로 1년 이상 합법적으로 체류 중인 전문인력으로서 다음과 같은 결격사유를 갖고 있지 않은 사람을 말한다. 여기서 말하는 결격사유란 모두 네 가지로서 첫째, "금고이상의 형의 선고를 받은 적이 있는 경우(단, 형의 실효 등에 관한 법률에 따라 형이 실효된 경우는 제외)", 둘째, "신청일로부터 2년 이내에 출입국관리법 등 국내법령을 3회 이상 위반하여 벌금이하의 처벌을 받은 적이 있거나, 부과된 벌금 등을 납부하지 않은 경우", 셋째, "입국금지 사유에 해당하

---

9) 예를 들어, 학력이나 연령, 성별, 전문분야, 언어 등이 유용한 목록이 될 것이다. 그 중에서도 어떤 ICT 기술을 갖고 있는지가 가장 중요한 요소가 될 것이고, 따라서 여기에 가장 높은 점수를 배점해야 한다.
10) 한경구 외, 『해외 각 국의 이민정책 추진체계 연구』(법무부 연구용역보고서, 2012. 12), 77-78쪽 참조.
11) 김상태, 앞의 논문 11쪽. 이 제도에 관한 근거로는 법무부고시 제2013-151호 참조.

거나 대한민국의 안전보장과 질서유지, 공공복리, 기타 대한민국의 이익을 해할 우려가 있는 경우", 넷째, "체류자격변경허가 신청 시 허위자료를 제출한 경우"를 뜻한다.

이러한 점수제는 우수 ICT 인력에 대해서도 적용될 수 있다. 그러나 현재 우리가 시행하고 있는 점수제는 일정한 고급인력 전체를 그 대상으로 한다는 점에서, 이 제도만으로 우수 ICT 인력이 누구인지를 규정하는 것은 어렵다. 그러므로 우수 ICT 인력 개념을 구체화하기 위해서는 현재 실시하고 있는 점수이민제도와는 별도의 점수체계를 도입해야 한다.

2. 중장기 수요계획 수립 및 실시

(1) 필요성

우수 ICT 인력의 개념이 무엇인지에 관해 논의하면서도 지적했지만, 해외 또는 국내에 거주하는 우수 ICT 인력을 적극적으로 유치하고 국내에 활용하기 위해서는 체계적인 계획이 마련되어야 한다. 계획에 따라 정책을 실시해야만 효율적이고 성공적으로 이루어질 가능성이 높기 때문이다. 가장 바람직한 계획은 우리 사회가 어떤 영역에서 어떤 우수 ICT 인력을 필요로 하는지에 대한 중장기 수요계획을 수립하는 것이다. 이렇게 수요 중심의 중장기 계획을 마련하여 실시하면 사회적 요청에 부응하면서도 우수인력이 낭비되는 것을 막을 수 있다.12)

(2) 추진방향

1) 중장기 수요조사 실시

우수 ICT 인력에 대한 중장기 수요계획을 마련하려면, 먼저 중장기 수요조사를 실시해야 한다. 앞으로 우리 사회의 어느 영역에서 어떤 ICT 인력이 필요한지에 대해 예측조사를 실시해야 한다. 이를 통해 ICT 산업 전반에서 요청하는 직종·직무별 노동시장의 구조를 파악하고, 이에 따른 인력수급 구조를 분석해야 한다.

---

12) 물론 수요자 위주 정책이 긍정적인 면만 갖고 있는 것은 아니다. 이러한 정책은 객관적인 기준을 마련하는 것이 쉽지 않아 일관성, 투명성, 효율성이 떨어질 수 있다거나 국민적 공감대를 잃을 수 있다고 지적하는 이병관, "해외 우수인재 유치제도 국내외 현황 및 시사점: 보건산업 분야를 중심으로", 『보건산업 브리프』 Vol. 89(2013), 3 - 4쪽 참조.

2) 중장기 수요계획 수립

이렇게 실시한 중장기 수요조사를 기본토대로 하여, 우수 ICT 인력에 대한 중장기 수요계획을 수립해야 한다. 언제 우리 사회의 어떤 영역에서 구체적으로 어떤 유형의 ICT 인력이 필요한지를 파악하여, 이에 따른 적정한 인력수요 및 공급계획을 마련해야 한다.

3. 우수 ICT 인력 유치를 위한 제도적 개선

(1) 필요성

해외 또는 국내에 거주하는 우수 ICT 인력을 국내에 장기적으로 활용하기 위해서는 이를 뒷받침할 수 있는 제도적 개선이 이루어져야 한다. 현대 민주적 법치국가 원칙에 비추어볼 때 여기서 말하는 제도적 개선은 법적 개선을 의미한다. 우수 ICT 인력을 효과적으로 유치할 수 있도록 법적 제도가 개선되어야만 비로소 해외 또는 국내에 거주하는 우수 ICT 인력을 효과적으로 유치 및 활용할 수 있다.

(2) 추진방향

1) 통합이민법 제정

현대 민주적 법치국가 원칙에 따르면, 모든 국가작용은 원칙적으로 국민의 대표가 제정한 법률에 근거를 두어야 한다. 따라서 이민과 관련한 모든 정책 역시 법률에 근거를 두어야 한다. 그런데 우리나라의 경우를 보면, 이민과 관련한 법률이 다양하게 산재하고 있다. 이민과 관련한 법률은 외국인의 입국과 체류 그리고 사회적 통합에 이르는 전 과정을 규율대상으로 한다.[13] 이러한 이유에서 「국적법」, 「출입국관리법」, 「재외동포의 출입국과 법적 지위에 관한 법률」, 「외국인근로자의 고용 등에 관한 법률」, 「재한외국인 처우 기본법」, 「다문화가족지원법」, 「난민법」, 「북한이탈주민의 보호 및 정착지원에 관한 법률」, 「외국인투자촉진법」 등 다양한 법률이 이민과 관련을 맺는다. 그러나 이렇게 이민 관련 법률이 개별적으로 산재하면 이민정책을 체계적·통일적·효율적으로 추진하는 데 장애가 된다. 이러한 측면에서 이민 관련 법률을 전체적으로 통합하여 이른바 '통합이민법'을 제정하는 것을 모색할 필요가 있다.

---

13) 김상태, 앞의 논문, 7쪽.

물론 통합이민법을 제정하는 것이 이민정책을 추진하는 데 논리필연적인 일은 아니다. 왜냐하면 비교법적인 측면에서 보면, 외국의 선진이민국가들이 모두 통합이민법을 제정하여 시행하고 있는 것은 아니기 때문이다.[14] 예를 들어, 미국이나 프랑스, 독일과 같은 국가들은 통합이민법을 제정하여 시행하고 있기는 하지만, 가장 성공적으로 이민정책을 추진하고 있는 국가 중 하나인 캐나다는 각기 다양한 개별법을 통해 이민 관련법을 체계화하고 있다. 이렇게 보면, 과연 무엇이 정답이라고 말하기는 쉽지 않다. 그런데도 우리의 상황을 고려하면, 각기 다양한 개별법으로 이민정책을 추진하는 것보다 통합이민법을 제정하여 이민정책을 추진하는 것이 더욱 바람직하다고 생각한다.[15] 그 이유를 세 가지로 제시할 수 있다.

첫째, 통합이민법을 제정함으로써 각기 다양한 개별법을 통해 이민정책을 추진할 때 발생할 수 있는 비효율성이나 비체계성을 극복할 수 있다. 또한 통합이민법은 시대상황에 걸맞게 개정하는 것이 더욱 손쉽기 때문에, 시대에 적합한 이민정책을 펼치는 데 더욱 유리할 수 있다.

둘째, 통합이민법을 제정함으로써 각기 다양한 개별법에 비통일적으로 산재되어 규정되고 있는 이민정책 관련 기본 개념이나 용어 등을 통일적으로 규율할 수 있다. 이를테면 현행 이민법 관련 법규범들은 우수인력을 "우수인력", "고급인력", "전문인력", "우수인재", "고숙련 노동자" 등으로 혼용하고 있는데, 통합이민법을 제정하면 이러한 용어들을 통일화할 수 있을 것이다.

셋째, 통합이민법을 제정하면 이민정책과 관련을 맺는 각 부처 간의 협력을 유기적으로 조율하고 강화할 수 있다. 현재 이민정책에 관해서는 법무부, 고용노동부, 과학기술정보통신부, 여성가족부, 교육부, 외교부 등이 관련을 맺고 있다. 그런데 이렇게 일정한 정책에 관해 다양한 정부부처가 관련되는 경우에는 현실적으로 각 부처 간의 협력을 실현하는 것이 쉽지 않다. 부처 간에 힘겨루기나 이른바 부처이기주의가 발생하기 쉽다. 이는 이민 관련 법규범들이 다양하게 산재하고 있는 것과 무관하지 않다. 각 부처가 이민정책과 관련하여 자신에게 필요한 법률을 제정함으로써 각 부처 상호간에 이민정책에 관한 협력과 소통을 구하는 것이 힘들어지고 있

---

14) 이에 관해서는 김문경, 『우리나라 이민법제에 관한 입법론적 연구』(고려대 법학석사 학위논문, 2013) 참조.
15) 이에 관해서는 김문경, 위의 논문, 173 - 174쪽 참조.

는 것이다. 그러므로 통합이민법을 제정하면, 이러한 정부부처 간의 협력을 현재보다는 더 나은 상태로 제고할 수 있을 것이다.

2) 이민정책 총괄기구 설치

위에서 언급한 것처럼, 현재 우리는 이민정책에 관해 각기 다양한 정부부처, 예를 들어 법무부나 과학기술정보통신부, 고용노동부, 여성가족부, 교육부 등이 복합적으로 관여하고 있다. 그러나 이민정책을 추진하는 데 이렇게 각기 다양한 정부부처가 관여하게 되면, 이민정책을 체계적·통일적·효율적으로 추진하는 것이 쉽지 않다. 경우에 따라서는 각 부처가 이민정책에 관해 동일한 사업을 실시함으로써 예산을 낭비하는 경우도 발생한다. 이러한 문제를 해결하려면 미국의 이민국, 독일의 연방이민난민청, 영국의 국경관리청, 덴마크의 난민이민 사회통합부와 같이 이민정책을 총괄할 수 있는 단일기구를 설치하는 것이 필요하다.[16)

어떻게 이민정책을 총괄하는 기구를 설치할 것인가에 관해서는 크게 두 가지 견해가 존재한다.[17) 첫째 견해는 각 부처와는 독립된 별도의 부처로서 '이민·국적청' 등과 같은 총괄기구를 설치하자고 주장한다.[18) 상당히 이상적인 주장이라고 말할 수 있다. 이에 대해 둘째 견해는 국무총리실 산하에 존재하는 외국인정책 관련 3개 위원회, 즉 외국인정책위원회, 다문화가족정책위원회, 외국인력정책위원회를 통합하여 '이민처'를 설치하고, 이러한 이민처에 이민정책에 관한 총괄기구의 지위를 부여하자고 주장한다.[19) 첫 번째 견해보다는 상대적으로 현실적인 견해라고 말할 수 있다. 필자는 이러한 두 견해 가운데 첫 번째 견해가 더욱 바람직한 견해라고 생각한다. 그러나 이를 현실적으로 제도화하는 것은 쉽지 않다. 이민정책을 둘러싼 각 부처 간의 이익갈등을 조정하는 것이 현실적으로는 어렵기 때문이다. 그러한 측면에서 보면, 두 번째 견해가 현실화하기는 더욱 쉽다. 이미 외국인정책위원회나 다문화가족정책위원회, 외국인력정책위원회와 같은 전문위원회가 존재하기 때문에 이를 통합하는 것은 새로운 부처를 창설하는 것보다는 용이하기 때문이다. 그러므로 단기적인 전략으로는 두 번째 견해를 추구하되, 두 번째 견해가 실현되면 장기적으로

---

16) 선진국의 이민정책 추진체계에 관해서는 김환학 외, 『주요국가의 이민정책 추진체계 및 이민법』 (IOM 이민정책연구원, 2012) 참조.

17) 이에 관해서는 김상태, 앞의 논문, 22쪽.

18) 한경구 외, 『해외 각 국의 이민정책 추진체계 연구』(법무부, 2012), 325쪽.

19) 신종호·최석현, "한국 이민정책의 새로운 탐색", 『이슈&진단』 제118호(2013. 10), 18쪽.

첫 번째 견해처럼 독자적인 '이민·난민청'을 설치하는 것도 고려할 수 있다.

3) 우수 ICT 인력유치를 위한 국가-기업 상호협력 강화

해외 또는 국내에 체류하는 우수 ICT 인력을 국내에 지속적으로 끌어들이는 일은 단순히 국가 혼자만이 노력한다고 되지는 않는다. 국가가 해외에서 우수 ICT 인력을 발굴하여 이들을 국내에 유치한다 하더라도 국내 기업이 이들을 적재적소에 채용하지 않는다면, 우수 ICT 인력을 유치하는 사업은 성공할 수 없다. 그러므로 우수 ICT 인력유치사업이 성공적으로 실행될 수 있으려면, 국가와 기업, 즉 공적 영역과 사적 영역이 서로 유기적으로 협력해야 한다. 국가는 우수 ICT 인력에 대한 국내 기업의 수요를 정확하게 파악하여 해외 또는 국내에서 이들을 발굴해야 한다. 이를 위해서는 우수 ICT 인력에 관해 국가와 기업이 원활하게 소통할 수 있는 제도적 장치를 마련해야 한다. 또한 각 기업들은 국가가 유치해온 우수 ICT 인력을 적재적소에 취업시킬 수 있어야 한다.

Ⅳ. 해외 우수 ICT 인력 국내유치를 위한 출입국 정책 개선방안

해외에 거주하는 우수 ICT 인력을 국내에 적극적으로 유치하기 위해서는 이들이 국내에 수월하게 출입하여 거주할 수 있어야 한다. 만약 출입국 장벽이 여전히 높게 설정되어 있다면, 해외에 있는 우수 ICT 인력이 국내에서 활동하고 싶어도 그렇게 할 수 없다. 아래에서는 이를 위한 정책적 방안을 모색해 본다.

1. 해외 우수인재에 대한 전자사증 발급 확대

(1) 필요성

해외에 거주하는 우수 ICT 인력이 국내에 수월하게 입국하기 위해서는 입국하는 데 필요한 절차를 간소하게 만들 필요가 있다. 해외에 거주하는 우수 ICT 인력, 즉 외국고급인력이 국내에 입국하기 위해서는 사증, 달리 말해 '비자'가 필요하다. 그런데 해외여행을 해본 경우 금방 알 수 있듯이, 사증을 발급받는 절차는 대개 번거롭다. 절차도 복잡하고 시간도 많이 소요된다. 그래서 좋은 협력관계를 유지하는 국가들 사이에서는 보통 이러한 번거로움을 해소하기 위해 비자면제협정을 체결하거나 전자사증제도를 도입한다. 이 중에서 전자사증제도는 해외에 거주하는 우수 ICT 인력을 국내에 유치하는 데 매력적인 제도가 될 수 있다. 전자사증제도를 적극적으로 활용함으로써 해외에 거주하는 우수 ICT 인력이 수월하게 국내에 유입되도록 유도할 수 있다.

(2) 추진방향

1) 제도적 현황

현재 우리나라는 전자사증제도에 해당하는 '전자비자'제도(Korea Visa Portal)를 운용하고 있다.[20] 여기서 전자비자란 "대한민국 비자를 받고자 하는 신청인의 재외공관 방문에 따른 불편을 해소하기 위해 일부 비자에 대하여 비자포털을 통해 신청하고 발급받는 비자"를 뜻한다. 전자비자 발급이 가능한 체류자격은 다음 네 가지이다.

① 체류자격

첫째는 교수(E−1), 연구(E−3), 기술지도(E−4), 전문직업(E−5), 특정활동(E−7) 비자와 그 동반가족에게 발급하는 동반(F−3) 비자이다. 여기서 특정활동(E−7) 비자를 전자비자로 발급받기 위해서는 첨단과학기술인력으로서 일명 '골드 카드'(Gold Card)라고 하는 고용추천서를 받은 사람이어야 한다.

둘째는 법무부장관이 지정한 "공익사업 투자이민 유치기관"이 비자신청을 대행하는 "공익사업 투자예정자"와 그 가족에게 발급하는 단기일반(C−3−1) 비자이다.

셋째는 우수 외국인환자 유치기관이 신청하는 의료관광(C−3−3) 또는 치료요양(G−1−10) 비자이다.

넷째는 국내 기업의 초청을 받은 사람이 신청하는 단기상용(C−3−4) 비자이다. 다만 이 경우 단기상용비자를 전자비자로 신청하기 위해서는 2012년 1월 1일 이후 국내에 3회 이상 단기방문(C−3) 자격으로 입국한 사실이 있어야 하고, 국내에 체류하던 기간 중에 불법체류나 기타 범법사실이 없어야 한다.

---

20) 이는 그 전부터 시행되었던 'HuNet Korea'를 더욱 발전시킨 것이다. 이에 관한 상세한 내용은 다음 인터넷 주소를 참조(https://www.visa.go.kr/;jsessionid=fUwZCcnbFeF74uEfGQQ8Huhs Yvnlvi6m RCUEwy5y3UuyFQDCMT6cjq0GgJtE1F4n.evisawas1_servlet_EVISA).

② 신청절차

전자비자를 신청하는 절차는 두 가지이다. 첫째는 외국인 본인이 신청하는 절차이고, 둘째는 초청인이 대리인으로서 신청하는 절차이다. 외국인 본인이 신청하는 경우에는 <전자신청서 작성 ⇨ 전자결제 ⇨ 초청확인 ⇨ 접수·심사 ⇨ 전자비자 발급확인서 출력 및 송부> 순으로 절차가 진행된다. 초청인이 대리인으로서 전자비자를 신청하는 경우에는 <로그인 ⇨ 전자신청서 작성 ⇨ 전자결제 ⇨ 접수·심사 ⇨ 전자비자발급확인서 출력 및 송부>의 순으로 절차가 진행된다.

2) 추진과제

현행 전자비자제도에 따르면, 해외에 거주하는 우수 ICT 인력은 보통 첫 번째 유형의 교수(E−1), 연구(E−3), 기술지도(E−4), 전문직업(E−5), 특정활동(E−7) 비자를 신청하는 경우에 해당하므로 현재로서도 전자비자제도를 이용할 수 있다. 또한 우수 ICT 인력은 보통 '사이언스 카드'(Science Card)나 '골드카드'(Gold Card)를 발급받을 가능성이 높으므로, 이 카드를 이용하여 수월하게 전자비자를 신청할 수 있다. 여기에서 논의의 편의를 위해 사이언스 카드와 골드카드를 더욱 상세하게 소개하도록 한다.

① 사이언스 카드

사이언스 카드란 "과학기술분야 해외 고급두뇌 유치를 통해 부족한 고급두뇌인력을 보완하고, 해외 기술도입을 촉진시키기 위해 해외고급 과학기술인력에게 사증 발급 및 체류허가 편의를 제공하기 위한 제도"를 말한다.[21] 사이언스 카드 발급대상은 전문대학 이상의 교육기관이나 정부출연 연구기관, 국·공립연구기관, 기업부설연구소 등 이공계 연구기관에 근무하고자 하는 외국인이다. 사이언스 카드 발급 신청을 할 수 있는 사람은 다음과 같다. 첫째, 이공계 박사학위 이상의 소지자이어야 한다. 둘째, 이공계 석사학위 이상의 소지자도 신청이 가능한데, 이 경우에는 해당 전문분야의 연구개발 업무에 3년 이상 종사한 경력이 있어야 한다. 우수 ICT 인력은 이러한 사이언스 카드를 발급받을 가능성이 높다. 그렇게 되면, 우수 ICT 인력은 더욱 수월하게 전자비자를 신청할 수 있다.

---

21) 윤익준, "국내거주 외국 우수 ICT 인력의 국내 활용 확대를 위한 정책", 『국내거주 외국 우수 ICT 인력 유치 정책』(2014년도 방송통신정책연구(R&D) 세미나 자료집)(2014. 12), 6쪽.

② 골드카드

골드카드(Gold Card)란 "국내 기업에서 수요가 급증하고 있는 전자상거래와 e-business 기술분야의 해외 우수인재를 유치하기 위하여 해외 고급 기술인력에게 사증발급 및 체류허가 편의를 제공하는 제도"를 말한다.[22] 골드카드는 전자상거래와 같은 첨단분야에 종사할 수 있는 해외우수인재를 유치하기 위해 지난 2000년 11월 15일부터 도입되어 현재까지 시행되고 있는 제도이다.[23] 골드카드를 신청할 수 있는 사람은 전자상거래, 기술경영, 나노, 디지털전자, 바이오, 수송 및 기계, 신소재, 환경 및 에너지 등의 8개 첨단기술분야에서 근무하고자 하는 외국인으로서 다음 자격을 갖추어야 한다. 첫째, 경력과는 관계없이 해외 석사학위 이상 소지자, 둘째, 국내 학사학위 이상 소지자, 셋째, 해당 분야 경력 1년 이상 된 해외 학사 이상 소지자, 넷째, 해당 분야 경력 5년 이상인 자이다. 이러한 골드카드를 소지한 외국인은 체류자격 이외의 활동을 추가로 할 수 있으며, 고용주의 동의가 있으면 근무처를 변경하거나 추가할 수 있다. 또한 골드카드 소지자는 전자비자를 신청할 수 있다.

③ ICT 카드 신설방안

해외에 거주하는 우수 ICT 인력이 국내에 손쉽게 유입될 수 있으려면, 사이언스 카드나 골드카드와 유사한 ICT 카드를 신설해서 여기에 입국에 관한 특혜를 베푸는 것도 고려할 수 있다. 물론 이는 지금도 골드카드나 사이언스 카드를 통해 어느 정도 실현할 수 있지만, ICT 카드를 신설하면 해외 우수 ICT 인력에 초점을 맞추어 더욱 효율적으로 이들을 국내에 끌어들일 수 있다. ICT 카드를 소지한 해외 우수인재에 대해서는 전자비자 등과 같이 입국에 관한 특혜를 베풀고, 국내 체류에 관해서도 특혜를 베푸는 것을 고려할 수 있다.

2. 우수 ICT 인력을 위한 출입국 관리사무소 전담창구 확장

(1) 필요성

해외에 거주하고 있거나 현재 우리나라에 체류 중인 우수 ICT 인력이 국내에 장기적으로 영주하기 위해서는 출입국 관리업무가 수월해야 한다. 만약 우수 ICT

---

22) 윤익준, 위의 논문, 6쪽.
23) 이에 관한 상세한 내용은 (https://www.contactkorea.go.kr/jsp/ko/gold/app2.jsp) 참조.

인력에게 출입국 관리업무가 큰 장벽으로 느껴지면, 이들은 우리나라에 대한 관심과 매력을 잃을 것이다. 그러므로 우수 ICT 인력이 우리나라에 원활하게 유입될 수 있도록 출입국 관리업무에 관한 편의를 제공해야 한다.

(2) 추진방향

이를 위해서는 출입국 관리사무소에 우수 ICT 인력의 출입국 관련 업무를 전담할 수 있는 전담창구를 마련해야 한다. ICT에 대한 지식과 관심을 갖춘 전문인력을 배치하여, 이들이 우수 ICT 인력을 전문적으로 관리하고 배려할 수 있도록 해야 한다. 만약 여러 가지 이유로 이를 현실화하는 것이 어렵다면, 우수 ICT 인력을 개념적으로 포함하는 고급인력 전담창구를 운영하는 것도 고려할 만하다.

3. 우수 ICT 인력 유입촉진을 위한 비자체계 개선

(1) 필요성

해외에 거주하는 우수 ICT 인력이 원활하게 국내에 유입될 수 있도록 하려면, 외국인의 출입국과 관련된 비자체계를 전면적으로 개편할 필요성이 있다. 현재 우리가 마련하고 있는 비자체계는, 물론 그 나름대로 합리성과 체계성을 갖추고 있기는 하지만, 시장의 변화에 민첩하고 능동적으로 대응하는 데 한계를 노정하고 있다. 특히 제4차 산업혁명에 대응하는 데 결정적인 역할을 할 수 있는 우수 ICT 인력을 국내로 끌어들이는 데 한계를 보인다. 이를테면 빅데이터(big data) 과학 전문가와 같은 고급 ICT 인력을 끌어오려면, 이들에 대한 배려를 비자체계에 마련해야 하는데 현행 비자체계는 이들을 특별히 고려하고 있지는 않다. 이러한 근거에서 우수 ICT 인력을 유입할 수 있도록 현행 비자체계를 전면적으로 개선할 필요가 있다.

(2) 추진방향

1) 비자체계의 전면적 개편

우수 ICT 인력을 유입하기 위한 가장 이상적인 방안은 현행 비자체계를 전면적으로 개편하는 것이다. 위에서도 언급한 것처럼, 현행 비자체계는 현대사회에서 급변하는 노동시장의 구조와 수요에 시의적절하게 대응하지 못하고 있다. 그 이유를 크게 두 가지로 언급할 수 있다. 첫째, 현행 비자체계는 직업을 중심으로 하여 비자유형을 규정함으로써 현재 새롭게 형성되고 있는 직업군을 비자유형으로 신속하게 수용하지 못하고 있다. 둘째, 능력이 아닌 직업 중심으로 비자유형을 체계화하다 보니, 비자체계가 상당히 복잡해져 이를 명확하게 파악하는 것이 쉽지 않다는 것이다. 이러한 문제점을 해소하기 위해서는 비자체계를 종전의 직업이 아닌 직능 중심으로 재편해야 한다.

그렇다면 그 방안이란 무엇인가? 직종과 직능수준을 연계하여 비자체계를 새롭게 재편하는 것이 한 방안이 될 수 있다.[24] 국제표준교육분류(ISCED-97)에 따르면, 직능수준은 네 가지로 구분할 수 있다.[25] '제1직능수준', '제2직능수준', '제3직능수준' 및 '제4직능수준'이 그것이다. 제1직능수준은 "일반적으로 단순하고 반복적이며 때로는 육체적인 힘을 요하는 과업"을 수행할 수 있는 직능수준을 말한다. 이에 대해 제2직능수준은 "일반적으로 완벽하게 읽고 쓸 수 있는 능력과 정확한 계산능력 그리고 상당한 정도의 의사소통 능력"을 필요로 하는 직능수준을 말한다. 나아가 제3직능수준은 "복잡한 과업과 실제적인 업무를 수행할 정도의 전문적인 지식을 보유하고 수리계산이나 의사소통능력이 상당히 높아야" 하는 직능수준을 말한다. 마지막으로 제4직능수준은 "매우 높은 수준의 이해력과 창의력 및 의사소통능력"이 필요한 직능수준을 말한다. 낮은 직능수준일수록 타인에 의해 손쉽게 대체가 가능한 반면, 높은 직능수준일수록 타인에 의해 대체되는 것이 어렵다.

이러한 직능수준에 맞게 직종을 3단계나 4단계로 구분할 수 있다.[26] 먼저 3단계 체계에 의하면, 직종을 '고급인력', '전문인력', '비전문인력'으로 체계화할 수 있다. 이 중에서 고급인력은 우리가 유치하고자 하는 해외우수인재로서, 이 경우에는 노동시장 테스트를 거칠 필요가 없다. 해외 우수 ICT 인력 역시 이러한 고급인력에 속한다. 이러한 고급인력에 대해서는 비자에 관해서도 특혜를 베풀 필요가 있다. 전자비자를 인정하고, 출입국관리사무소에도 고급인력을 전담하는 전문인력을 배치할 필요가 있다. 이에 대해 전문인력은 '숙련인력'(skilled worker)을 지칭하는 개념으로서, 이러한 전문인력에 대해서는 노동시장 테스트와 쿼터가 필요하다. 마지막으로 비전문인력에 대해서도 노동시장 테스트와 쿼터가 필요하다.

---

24) 이에 관한 상세한 내용은 이규용, "외국 우수인력 유치를 위한 비자제도 및 이민제도"(전문가 자문자료)(2015. 2. 5.), 20쪽 아래 참조.
25) 아래에서 전개하는 서술은 이규용, 위의 자문자료, 21-22쪽에 의하였다.
26) 이규용, 앞의 자문자료, 22-23쪽.

다음 4단계 체계에 따르면, 인력은 '고급인력'과 '전문인력' 그리고 '기능인력'과 '단순인력'으로 구분된다. 3단계 체계에 따른 비전문인력을 4단계 체계에서는 기능인력과 단순인력으로 다시 구분한 것이다. 그 내용은 3단계 체계의 그것과 실질적으로 동일하다. 고급인력에 대해서는 노동시장 테스트나 쿼터가 필요하지 않지만, 전문인력이나 기능인력 그리고 단순인력에 대해서는 노동시장 테스트와 쿼터가 요청된다. 이러한 4단계 체계에 의할 때도 해외 우수 ICT 인력은 당연히 고급인력에 속한다. 그러므로 우수 ICT 인력에 대해서는 노동시장 테스트나 쿼터가 적용되지 않고, 비자에 관해서는 각종 특혜가 적용된다.

위에서 소개한 3단계 체계나 4단계 체계는 내용적인 면에서 거의 동일하지만, 기능인력과 단순인력을 엄격하게 구분하는 것이 쉽지 않다는 점을 고려할 때 3단계 체계가 더욱 현실적인 방안이 될 수 있다고 판단한다.

2) 비자체계의 부분적 개편: 우수 ICT 비자 신설

그러나 이렇게 비자체계를 전면적으로 개편하는 것은 여러 현실적인 요인 때문에 당장 실현하는 것이 쉽지 않다. 비자체계를 개편하는 것은 우리나라 출입국관리제도의 근간을 바꾸는 것이므로 여러 부처, 가령 법무부나 과학기술정보통신부 그리고 교육부 사이의 긴밀한 논의와 협조가 필요하다. 이는 많은 시간이 소요되는 일이기도 하다. 따라서 이상적인 방안인 비자체계의 전면적 개편을 모색하는 것도 의미가 있지만, 다른 현실적인 대안도 고려할 필요가 있다. 필자는 이러한 현실적인 대안으로서 우수 ICT 비자를 신설하는 것을 고려할 수 있다고 생각한다. 특정활동 비자인 E-7비자의 특수형태로서 우수 ICT 비자를 신설하고 이러한 우수 ICT 비자에 대해 특혜를 베푼다면 해외에 거주하는 우수 ICT 인력을 더욱 수월하게 국내로 유치할 수 있다고 생각한다.

3) 1회 체류기간 상한 연장

더불어 1회 체류기간 상한을 연장하는 것도 검토할 만하다. 물론 현행 출입국관리법 시행령에 따르면, 고급인력에 속하는 교수(E-1), 연구(E-3), 기술지도(E-4), 전문직업(E-5)의 경우에는 모두 1회 체류기간 상한으로서 5년을 인정하고 있다.[27] 그러므로 만약 우수 ICT 인력이 교수나 연구 또는 기술지도나 전문직업을 이유로 하여 우리나라에 입국하는 경우에는 1회 체류기간으로서 5년을 부여받을 수

---

27) 출입국관리법 시행령 [별표 1] 참조.

있다. 그러나 문제는 우수 ICT 인력이 특정활동(E-7)을 이유로 하여 국내에 입국하는 경우이다. 현행 출입국관리법 시행령에 따르면, 이 경우에는 1회 체류기간으로서 3년을 부여받을 수 있을 뿐이다. 이러한 불균형을 해소하기 위해서는 특정활동(E-7) 자격으로 국내에 입국하는 경우에도 우수 ICT 인력과 같이 고급인력에 해당하면 1회 체류기간 상한을 3년에서 5년으로 연장하도록 출입국관리법 시행령을 개정할 필요가 있다. 이렇게 하면 국내에 입국한 우수 ICT 인력이 국내에 지속적으로 영주할 수 있는 계기를 마련할 수 있다.

4) 영주비자 적극 활용

해외에 거주하거나 국내에 거주하고 있는 우수 ICT 인력이 국내에서 활동할 수 있도록 하기 위해서는 영주비자, 정확하게 말하면 영주자격(F-5)을 적극적으로 활용할 필요가 있다. 구체적으로는 해외에 거주하는 우수 ICT 인력에게 곧바로 영주자격을 부여함으로써 이들을 국내에 유치할 수 있다. 여기서 영주자격(F-5)이란 "국가가 자국 내에 거주하는 외국인에 대하여 국적제도나 귀화제도와 연관 없이 자국 내에 영구히 또는 장기적으로 거주할 수 있도록 부여하는 자격"을 말한다.[28] 이러한 영주자격은 지난 2002년부터 도입한 제도로서 현행 출입국관리법 시행령은 꽤 광범위한 범위에서 영주자격을 부여한다. 이 중에서 해외 우수인재에게 적용할 수 있는 근거로는 다섯 가지가 있다.[29]

첫째는 "국외에서 일정 분야의 박사 학위를 취득한 사람으로서 영주(F-5) 체류자격 신청 시 국내 기업 등에 고용된 사람"이다. 둘째는 "국내 대학원에서 정규과정을 마치고 박사학위를 취득한 사람"이다. 셋째는 "법무부장관이 정하는 분야의 학사 학위 이상의 학위증 또는 법무부장관이 정하는 기술자격증이 있는 사람으로서 국내 체류기간이 3년 이상이고, 영주(F-5) 체류자격 신청 시 국내기업에 고용되어 법무부장관이 정하는 금액 이상의 임금을 받는 사람"이다. 넷째는 "과학·경영·교육·문화예술·체육 등 특정 분야에서 탁월한 능력이 있는 사람 중 법무부장관이 인정하는 사람"이다. 다섯째는 "대한민국에 특별한 공로가 있다고 법무부장관이 인정하는 사람"이다.

이 중에서 세 번째 근거를 제외하고는 모두 국내 체류기간에 상관없이 곧바로

---

28) 김상태, 앞의 논문, 10쪽.
29) 이에 관해서는 출입국관리법 시행령 [별표 1] (28의 3 영주자격) 참조.

영주자격을 부여할 수 있다. 이러한 근거를 활용하면, 국내에 체류하지 않는 해외 우수 ICT 인력도 영주자격을 부여하여 국내에서 일할 수 있도록 할 수 있다. 그런 데 문제는 이러한 근거는 모두 법무부장관의 재량사항으로 규정되어 있다는 것이 다. 이는 특정한 해외 우수 ICT 인력이 영주자격을 부여받을 수 있는 사람인지를 판단하는 주체가 법무부장관이라는 것을 뜻한다. 그렇게 되면, 법무부장관의 판단여 부에 의해 해외 우수 ICT 인력이 영주자격을 부여받을 수도 있고, 또 그렇지 않을 수도 있다. 이러한 문제를 방지하기 위해서는 법무부장관의 해석지침으로서 해외 우수 ICT 인력의 경우에는 곧바로 영주자격을 부여받을 수 있도록 할 필요가 있다. 이러한 해석지침은 과학기술정보통신부장관이 제공하는 것이 바람직하다.

5) 동반가족을 위한 비자제도 개선

해외에 거주하거나 현재 국내에 일시적으로 체류하고 있는 우수 ICT 인력이 국 내에 지속적으로 영주하도록 하기 위해서는 이들이 수월하게 가족을 동반할 수 있 어야 한다. 만약 가족을 동반할 수 없다면, 이들이 문화적 차이가 큰 우리나라에서 지속적으로 영주하는 것이 쉽지 않다. 동반가족이 없다면, 문화적 차이에서 비롯하 는 고립감이나 외로움 등을 극복하는 것이 힘들기 때문이다. 따라서 우수 ICT 인력 으로 인정된 경우에는 수월하게 가족을 동반할 수 있도록 비자제도를 개선할 필요 가 있다.

물론 현행 출입국관리법과 시행령은 일정한 외국인이 고급인력으로 인정받아 E 계열의 비자를 받는 경우에는 일정한 범위에서 가족동반을 허용하고 있다. 그러나 그 범위는 매우 제한적이다. 우리 출입국관리법체계는 직계가족, 그것도 배우자와 미성년 자녀의 경우에만 동반할 수 있는 가족으로 인정하고 있을 뿐이다. 그러나 이를테면 우리의 경쟁국가라 할 수 있는 호주나 싱가포르는 고급인력으로 인정되는 경우에는 배우자나 미성년 자녀 이외에도 부모, 시부모, 장인과 장모, 성년 자녀, 배 우자의 자녀 등을 동반하는 것도 허용한다.[30] 우리와 비교하면, 상당히 넓은 범위 에서 가족동반을 허용하는 것이다. 물론 가족동반을 폭넓게 인정하는 것이 좋은 것 만은 아니다. 그렇게 되면 자칫 선별적 이민정책의 취지를 상실할 수도 있기 때문 이다. 그렇다 하더라도 현행 출입국관리법체계가 인정하고 있는 가족동반 범위는

---

30) 방준식, "국내거주 외국 우수 ICT 인력 활용을 위한 취업비자 제도 개선방안", 『국내거주 외국 우수 ICT 인력 유치 정책』(2014년도 방송통신정책연구(R&D) 세미나 자료집)(2014. 12), 15쪽.

상당히 협소하다. 최소한 직계자녀뿐만 아니라 직계부모도 동반할 수 있도록 제도를 개선하는 것이 우수 ICT 인력을 끌어들이는 데 도움이 될 수 있을 것이다.

6) 학생비자와 영주비자 연계 강화

우수 ICT 인력을 국내에 정착시키기 위해 사용할 수 있는 손쉬운 방법 가운데 한 가지는 국내대학에 유학하고 있는 ICT 전공 관련 유학생을 지속적으로 국내에 영주시키는 것이다.[31] 이들은 국내대학에 유학하면서 자연스럽게 우리말이나 우리 문화에 동화되어 간다. 이 점에서 국내 해외유학생은 해외에 거주하는 우수 ICT 인력에 비해 더욱 수월하게 국내에 정착할 수 있다. 이들이 대학을 졸업한 이후에도 한국에 지속적으로 영주할 수 있도록 하려면, 제도적인 측면에서 이들에게 인센티브를 제공해야 한다. 그러한 방안으로서 학생비자와 영주비자를 연계시키는 것을 꼽을 수 있다. 국내대학에서 ICT 관련 전공으로 학사학위 이상을 취득한 유학생 중에서 우수 ICT 인력으로 인정할 수 있는 경우에는 이들에게 곧바로 영주자격(F-5)을 부여하는 것이다.

물론 현행 출입국관리법체계에 따르더라도 이들이 곧장 영주자격을 받을 가능성은 존재한다. 이미 위에서 살펴본 것처럼, 현행 출입국관리법 시행령에 따르면, 해외 우수인재는 다섯 가지 근거를 활용해 영주자격을 신청할 수 있다. 그러나 이러한 근거를 활용해 영주자격을 얻기 위해서는 국내 대학원에서 정규과정을 마치고 박사학위를 취득한 경우이거나 과학분야에서 탁월한 능력을 갖고 있다고 법무부장관이 인정한 경우에 해당해야 한다. 국내대학에서 학사나 석사학위만을 취득한 경우에는 특별히 탁월한 능력을 인정받은 경우가 아닌 한 영주자격을 취득할 수 없다. 이러한 문제를 해소하기 위해서는 다음과 같이 비자제도를 개선할 필요가 있다. 국내대학에서 학사학위를 취득한 경우에도 해당 전공이 ICT 관련 전공이고, 해당 졸업생이 특정한 그러나 아주 엄격하지는 않은 요건을 충족한 경우에는 설사 국내에서 아직 취업을 하지 못한 경우라도 영주자격을 부여하는 것이다. 이렇게 영주자격을 개선하면 국내에서 유학을 하고 있는 우수 ICT 인력이 국내에 정착하는 데 도움이 될 것이다.

---

31) 이에 관해서는 강동관 외, 『글로벌 인재유치를 위한 유학생 활용방안 연구』(이민정책연구원, 2010); 오정은 외, 『우수 유학생의 효과적인 활용을 위한 장단기 전략 연구』(이민정책연구원, 2013) 참조.

Ⅴ. 우수 ICT 인력의 국내정착 및 통합을 위한 정책적 방향

1. 서 론

해외에 거주하거나 국내에 체류하고 있는 우수 ICT 인력이 국내에 영구적 또는 장기적으로 정착하도록 하기 위해서는 단순히 출입국과 관련된 제도, 이를테면 비자체계를 개선하는 것만으로는 부족하다. 이미 언급한 것처럼, 넓은 의미의 이민은 국내입국과 정착 및 사회적 통합을 모두 포괄하는 개념이다.[32] 이는 우수 ICT 인력에 대한 성공적인 이민정책을 실현하려면 출입국과 관련된 비자체계를 개선하는 데 그치지 말고, 이를 넘어서 이들이 우리 사회에 원활하게 정착하고 사회적으로 통합될 수 있는 방안을 모색해야 한다는 점을 시사한다. 우수 ICT 인력이 우리 사회에 성공적으로 통합되지 못하면, 이들에게 우리 사회는 매력적인 사회가 아닌 불편한 사회로 전락할 것이고, 그렇게 되면 결국 이들은 더 나은 사회를 향해 우리나라를 떠나고 말 것이기 때문이다. 이러한 문제의식에서 아래에서는 어떻게 하면 우수 ICT 인력이 우리 사회에 정착하고 통합될 수 있는지에 관해 모색해 보도록 한다.

2. 영주자격제도 활성화

(1) 필요성

앞에서 언급한 것처럼, 현행 출입국관리법체계는 영주자격제도를 인정하고 있다. 영주자격제도는 한편으로는 대한민국의 국적을 취득하고 싶지는 않지만, 다른 한편으로는 우리나라에 지속적으로 영주하고 싶은 외국인에게는 매력적인 제도가 될 수 있다. 이러한 점에서 볼 때, 영주자격제도를 활성화하면 아직 한국 국적을 취득하지 않은 우수 ICT 인력이 우리나라에 지속적으로 영주하도록 하는 데 기여할 수 있다. 그러나 다른 선진이민국가들과 비교할 때 우리의 이민자격제도는 여전히 불충분한 점을 갖고 있다. 우리나라가 여전히 국민과 외국인이라는 이분법적 사고에 입각하고 있음으로써 국민과 외국인 사이에 존재하는 영주민이라는 개념에 익숙하지 않고, 이로 인해 사회복지라는 측면에서 이들을 국민과는 달리 취급하고 있다

---

32) 이민 개념에 관한 상세한 분석으로는 윤혜선, "다문화사회의 사회통합을 위한 단초로서의 이민제도의 고찰", 『공법학연구』 제13권 제2호(2012. 5), 383–392쪽 참조.

는 점이다.33) 이를테면 현행 출입국관리법체계는 영주자격을 갖고 있는 외국인에 대해 의료보험이나 국민연금 등과 같은 각종 사회보장혜택을 인정하고 있지 않은 것이다. 그런데 사회복지의 측면에서 이렇게 대한민국 국민과 영주자격을 갖춘 외국인을 차별하는 것은 사회복지 자체가 국가적인 이슈가 되고 있는 요즘 상황에서 볼 때 한국에 영주하고 싶은 우수 ICT 인력에게 그리 매력적으로 보이지 않을 것이다.

(2) 추진방향

이러한 문제를 해소하려면, 대한민국 국민과 영주민 사이에 존재하는 불합리한 차별을 없애고 평등하게 대우할 수 있도록 제도를 개선해야 한다. 물론 모든 권리의 측면에서 대한민국 국민과 영주민을 평등하게 대우할 수는 없다. 그렇게 되면 국적 자체가 갖고 있는 고유한 법적 의미와 지위가 사라질 것이기 때문이다. 이를테면 대한민국이라는 정치적 공동체를 구성할 수 있는 권리인 정치적 기본권을 영주민에게 모두 동일하게 부여할 수는 없다. 그러나 사회복지와 관련된 기본권은 영주민에게 동일하게 적용할 수 있다고 생각한다. 이들 역시 우리나라에 거주하면서 경제활동을 하고 이에 따라 세금도 납부하기 때문이다. 특히 외국인의 시각에서 보면, 정치적 권리보다는 경제적으로 도움이 되는 사회복지와 관련된 권리가 더욱 매력적으로 보일 것이다. 그러므로 영주민 역시 사회복지의 혜택을 누릴 수 있도록 영주자격과 사회복지제도를 연계하는 제도적 개선을 해야 한다. 이러한 방안으로서 국민연금법이나 국민건강보험법 등에 '영주자격자에 대한 특례'와 같은 규정을 신설하는 것을 모색할 수 있다.34)

3. 특별귀화제도 활성화

(1) 필요성

우수 ICT 인력이 국내에 지속적으로 정착할 수 있도록 하기 위해서는 이들이 원할 때는 영주자격을 넘어서 손쉽게 대한민국 국적을 취득할 수 있도록 해야 한다. 그런 점에서 보면, 우리 국적법이 규정하는 특별귀화제도를 우수 ICT 인력에게 적

---

33) 이를 지적하는 김상태, 앞의 논문, 24쪽.
34) 김상태, 앞의 논문, 24쪽; 송소영, "귀화와 영주자격의 연결방안에 관한 연구", 『입법학연구』 제8집(2011. 12), 59쪽.

용하는 것도 생각해 볼만하다. 특별귀화에 관해서는 국적법 제7조가 다음과 같이 규정한다.

① 다음 각 호의 어느 하나에 해당하는 외국인으로서 대한민국에 주소가 있는 자는 제5조 제1호·제2호 또는 제4호의 요건을 갖추지 아니하여도 귀화허가를 받을 수 있다.
1. 부 또는 모가 대한민국의 국민인 자. 다만, 양자로서 대한민국의 「민법」상 성년이 된 후에 입양된 자는 제외한다.
2. 대한민국에 특별한 공로가 있는 자
3. 과학·경제·문화·체육 등 특정 분야에서 매우 우수한 능력을 보유한 자로서 대한민국의 국익에 기여할 것으로 인정되는 자
② 제1항 제2호 및 제3호에 해당하는 자를 정하는 기준 및 절차는 대통령령으로 정한다.

위 규정에서 알 수 있듯이, 우수 ICT 인력에 대해서는 국적법 제7조 제1항 제3호 규정을 적용하여 특별귀화를 인정할 수 있다. 다만 문제는 국적법 제7조 제1항 제3호가 규정하는 "매우 우수한 능력을 보유한 자로서 대한민국의 국익에 기여할 것으로 인정되는 자"라는 법문언이 그리 명확한 것은 아니라는 점이다. 이를 위해 국적법 시행령은 국적법 제7조 제2항에 근거를 두어 제6조 제2항에서 다음과 같이 국적법 제7조 제1항 제3호가 규정하는 내용을 구체화한다.

② 법 제7조 제1항 제3호에 해당하는 사람은 다음 각 호의 어느 하나에 해당하는 사람 중에서 제28조에 따른 국적심의위원회의 심의를 거쳐 법무부장관이 정하는 사람으로 한다.
1. 국회사무총장, 법원행정처장, 헌법재판소사무처장 또는 중앙행정기관의 장 등이 추천한 사람
2. 재외공관의 장, 지방자치단체(특별시·광역시·도 및 특별자치도를 말한다)의 장, 4년제 대학의 총장, 그 밖에 법무부장관이 정하는 기관·단체의 장이 추천하는 사람으로서 법무부장관이 심의에 부친 사람
3. 과학·경제·문화·체육 등의 분야에서 수상, 연구실적, 경력 등으로 국제적 권위를 인정받고 있는 사람으로서 법무부장관이 심의에 부친 사람

그러나 이러한 시행령의 규정 역시 여전히 명확하지는 않다. 더군다나 그 범위가 상당히 좁게 설정되어 있다. 물론 우수 ICT 인력 중에는 수상, 연구실적, 경력 등의 면에서 국제적 권위를 인정받고 있는 사람도 있을 것이다. 그러나 그렇지 않은 경우도 많을 것이다. 아직 국제적 권위를 인정받고 있지는 못하지만 탁월한 잠재력을 갖고 있는 경우도 많다. 그렇지만 이들은 현행 국적법체계에 따르면 특별귀화 대상이 되기 어렵다.

(2) 추진방향

이러한 문제를 해결하기 위해서는 특별귀화가 될 수 있는 요건을 완화할 필요가 있다. 특히 우수 ICT 인재로서 아직 국제적 권위를 인정받지 못한 경우에도 잠재능력이 탁월한 경우에는 특별귀화를 받을 수 있도록 해야 한다. 이에 대한 방법으로는 두 가지를 고려할 수 있다. 첫째는 국적법 시행령 제6조 제2항 제3호를 개정하는 것이다. 아직 국제적 권위를 인정받고 있지 않은 경우라 할지라도 그 밖의 다른 방법에 의해 탁월한 능력을 인정할 수 있는 경우에는 특별귀화를 인정하는 것이다. 둘째는 특별귀화대상자에 대한 추천권을 과학기술정보통신부장관에게도 부여하는 것이다. 그렇게 하면 과학기술정보통신부장관이 우수 ICT 인재를 발굴·추천함으로써 이들이 더욱 손쉽게 특별귀화대상자가 될 수 있다.

4. 외국인 인권법과 인권조례 제정 및 시행

우수 ICT 인력이 우리나라에 지속적으로 체류할 수 있도록 하려면, 이들이 우리 사회에 성공적으로 통합될 수 있어야 한다. 단순히 비자제도와 같은 제도적 장치를 개선하는 것만으로는 해외에 거주하는 우수 ICT 인력을 우리나라에 끌어들일 수 없다. 이들이 우리나라에 터전을 잡고 뿌리내릴 수 있도록 하기 위해서는 우리 사회가 이들에게 매력적인 공간이 되어야 한다. 이를 위해서는 가장 먼저 인권의 측면에서 외국인이 우리나라에서 살아가는 데 불편함이나 불리함이 없도록 해야 한다. 인권이라는 견지에서 외국인이 부당하게 차별받지 않도록 해야 한다. 이를 위해 할 수 있는 제도적 노력이 바로 외국인 인권법이나 인권조례를 제정 및 시행하는 것이다. 물론 내국인을 위한 전문인권법도 그리 많지 않은 상황에서 외국인을 위한 인권법을 제정하는 것은 현실적으로 쉽지 않을 것이다. 그러나 그게 어렵다면, 이보다는 쉬운 방향인 외국인 인권조례를 제정하는 것도 좋은 대안이 될 수 있다.

5. 우수 ICT 인력의 신속한 국내정착을 위한 정책

(1) 필요성

우수 ICT 인력이 신속하게 국내에 정착할 수 있도록 하려면, 제도나 인권과 같은 규범적 틀 이외에도 소소하지만 없으면 불편한 여러 지원책을 제공할 필요가 있다. 이들에 대한 일종의 서비스정책이라고 말할 수 있다. 이러한 서비스정책은 규범적인 측면에서 볼 때 필수불가결한 것은 아니지만, 이를 통해 우수 ICT 인력이 우리나라에 신속하게 정착하는 데 도움을 줄 수 있다.

(2) 추진방향

1) 신속한 정착을 위한 'one stop service' 시행

외국인 우수 ICT 인력이 국내에 신속하게 정착할 수 있도록 하기 위해서는 국내에 체류하는 데 필요한 일체의 행정적인 업무를 한꺼번에 해결해줄 수 있는 'one stop service'를 실시할 필요가 있다. 이를테면 정착에 필요한 비자문제, 주거문제, 전입신고문제, 교육문제 등을 'one stop service'를 통해 해결하는 것이다. 이러한 서비스를 실행할 수 있는 'one stop service center'는 우수 ICT 인력이 근무하는 직장에 설치할 수도 있고, 그게 아니면 외국인 우수인력의 수요를 고려하여 주민센터에 설치할 수도 있다.

2) 세제혜택 확대

우수 ICT 인력에게 세제혜택을 베푸는 것도 우수 ICT 인력이 신속하게 국내에 정착하는 데 기여하는 방안이 될 수 있다. 이 방안은 이미 우리 법체계가 시행하고 있다. 예를 들어, 조세특례제한법 제18조 "외국인기술자에 대한 소득세의 감면"이라는 표제 아래 다음과 같이 외국인에 대한 조세를 감면한다.

---

① 대통령령으로 정하는 외국인기술자가 국내에서 내국인에게 근로를 제공하고 받는 근로소득으로서 그 외국인기술자가 국내에서 최초로 근로를 제공한 날(2018년 12월 31일 이전인 경우만 해당한다)부터 2년이 되는 날이 속하는 달까지 발생한 근로소득에 대해서는 소득세의 100분의 50에 상당하는 세액을 감면한다.

---

② 삭제

③ 원천징수의무자가 제1항에 따라 소득세가 감면되는 근로소득을 지급할 때에는 「소득세법」 제127조에 따라 징수할 소득세의 100분의 50에 상당하는 세액을 원천징수한다.

④ 제1항을 적용받으려는 자는 대통령령으로 정하는 바에 따라 그 감면신청을 하여야 한다.

지난 2015년 1월에 빚어진 이른바 '연말정산대란'이 보여준 것처럼, 세금문제는 모든 납세자에게 민감한 문제일 수밖에 없다. 이러한 상황에서 세금납부에 관해 혜택을 베풀어주는 것은 매우 매력적인 일이 아닐 수 없다. 우수 ICT 인력에게 이러한 세제혜택을 지속적으로 확대한다면, 이들이 우리나라에 정착하는 데 매력적인 유인책이 될 수 있을 것이다.

6. 원활한 사회적 통합을 위한 정책적 방안

(1) 필요성

이미 여러 번 언급한 것처럼, 외국인 우수 ICT 인력이 우리나라에 장기적으로 정착할 수 있으려면 궁극적으로는 이들에게 우리 사회, 더 정확하게 말하면 우리 문화가 매력적인 것이 될 수 있어야 한다. 그게 아니라면 최소한 불편하지는 않아야 한다. 그렇게 해야만 우수 ICT 인력이 우리 사회에 원활하게 적응할 수 있고, 이를 통해 장기간 우리 사회에 체류하면서 우리 ICT 산업을 발전시키는 데 기여할 수 있다. 이러한 근거에서 어떻게 하면 우수 ICT 인력이 우리 사회에 원활하게 통합할 수 있는지를 모색할 필요가 있다.

(2) 추진방향

1) 언어적 문제를 해결하기 위한 방안 모색

외국인 우수인력이 우리 사회에서 살아가면서 가장 큰 불편함을 호소하는 것이 바로 언어문제이다.[35] 국제공용어인 영어를 쓰지 않는 우리 사회에서 보통 영어를 구사하는 외국인 고급인력이 살아간다는 것은 큰 장애가 될 것이다. 우리에게 영어가 어려

---

[35] 오정은, "국내거주 외국인 우수 ICT 인력활용을 위한 이민제도 개선 방안"(전문가 자문자료)(2014. 12), 4쪽.

운 언어인 것처럼, 이들에게는 한국어가 아주 어려운 언어이기 때문이다. 따라서 영어를 구사할 수 있는 우수 ICT 인력이 장기적으로 우리나라에 체류할 수 있도록 하기 위해서는 이러한 언어적 문제를 해결할 필요가 있다. 이에 대해서는 크게 두 가지 방안을 생각할 수 있다.

① 영어사용이 가능한 사회적 공간 확보

가장 우선적인 방안으로는 영어만으로도 일상생활이 가능한 사회적 공간을 확충하는 것이다. 다시 말해, 영어로만 생활이 가능한 진짜 '영어마을'을 조성하는 것이다. 제주특별자치도나 송도자유무역지구가 지향하는 것처럼, 영어만으로도 일상생활이 가능한 마을을 조성해야 한다. 물론 이러한 마을을 당장 조성하는 것은 어려운 일일 것이다. 그렇다 하더라도 연구단지나 과학벨트 주변에 이러한 사회적 공간을 확보한다면, 우수 ICT 인력이 생활하는 데 어려움을 적게 겪을 것이고, 그렇게 되면 우리 사회에 체류하는 것에 매력을 갖게 될 것이다.

② 국제학교 확충

다음으로 국제학교를 확충하는 것도 외국인 우수 ICT 인력이 우리 사회에 장기간 체류하는 데 도움을 줄 것이다. 자녀교육문제는 국내외적으로 가장 중요한 문제에 속한다. 특히 가정을 이루고 있는 우수 ICT 인력이 국내에 장기적으로 체류하기 위해서는 이들 자녀교육문제를 해소할 수 있어야 한다. 이러한 방안으로서 국제학교를 현재보다 더욱 확충하는 것이 필요하다.

2) 한국적 기업문화 개선

우수 ICT 인력이 국내에 장기적으로 머물 수 있도록 하려면, 이들이 고용되어 있는 기업의 한국적 문화를 개선해야 할 필요가 있다. 보통 정보통신기술(ICT)은 창의성을 핵심으로 한다. 따라서 우수 ICT 인력도 창의적인 인재일 가능성이 높다. 창의적인 인재는 자신의 자유와 개성이 존중받기를 원한다. 그런데 이러한 인재들은 집단주의적이고 상명하복 식의 문화가 지배하는 국내 기업에 적응하는 것이 쉽지 않다. 집단주의적 문화 속에서 살아온 우리 한국인들에게도 한국적 기업은 적응하기 쉽지 않은 곳인데, 하물며 자유로운 분위기 속에서 성장한 외국인 ICT 인력에게 한국적 기업문화는 크나큰 장애가 될 수 있다. 그러므로 우수 ICT 인재가 우리 기업에서 장기간 일을 할 수 있도록 한국적 기업문화를 개선할 필요가 있다. 이는 국내인재의 창의성을 향상시키는 데도 도움을 줄 수 있을 것이다.

Ⅵ. 맺음말

지금까지 해외 ICT 우수인력을 국내에 적극적으로 유치하고자 할 때 나타날 수 있는 인권이론적 문제 및 이에 관한 정책적 제언을 살펴보았다. 그런데 여기서 추가적으로 언급하고 싶은 것은, 우리나라가 해외에 거주하는 ICT 우수인력을 성공적으로 유치하는 데 필요한 것은 그 무엇보다도 우리나라 자체의 질적 수준, 이른바 '국격'을 높이는 것이라는 점이다. 우리나라의 국격이 올라가고 그 어느 나라보다도 살기 좋은 국가가 된다면, 우리가 특별한 노력을 기울이지 않아도 해외에 거주하는 ICT 우수인력들이 자연스럽게 우리나라로 밀려들 것이다. 그 점에서 우리에게 근원적으로 요청되는 것은, 아주 단순한 해법으로서 우리나라를 살기 좋은 행복한 나라로 만드는 것이다. 이를 위해서는 당연히 우리의 인권수준을 더욱 향상시키는 것 역시 필요할 것이다.

제 4 부

안전사회와 법

제9장

현대 안전사회와 법적 통제

Ⅰ. 서 론

지난 2015년 1월 1일에 타계한 독일의 사회학자 울리히 벡(U. Beck)이 1986년에 제시한 '위험사회'(Risikogesellschaft)는 최근까지 현대사회의 특징을 정확하게 규정하는 개념으로 사용되었다.[1] 현대사회는 위험으로 가득 찬 사회로 묘사되고, 법체계가 이러한 위험에 어떻게 대응해야 하는지가 오랜 동안 학문체계에서 논의되었다. 그런데 최근에는 위험사회를 대신하는 새로운 경향 및 개념이 우리 사회를 포함한 현대사회를 규정하기 시작하였다. '안전사회'(Sicherheitsgesellschaft)가 그것이다.[2] '세월호 참사'나 '메르스 사태', '파리 테러'와 같은 각종 재난, 범죄, 테러 등과 같은 위험이 늘어나면서, 이러한 위험으로부터 안전해지고 싶은 사회적 요청 역시

---

1) U. Beck, *Risikogesellschaft* (Frankfurt/M., 1986).
2) 안전사회에 관해서는 우선 Peter−Alexis Albrecht, *Der Weg in die Sicherheitsgesellschaft: Auf der Suche nach staatskritischen Absolutheitsregeln* (Berlin, 2010); T. Singelnstein/P. Stolle, *Die Sicherheitsgesellschaft: Soziale Kontrolle im 21. Jahrhundert*, 3., vollständig überarbeitete Aufl. (Wiesbaden, 2012); 토비아스 징엘슈타인·피어 슈톨레, 윤재왕 (역), 『안전사회: 21세기의 사회통제』(한국형사정책연구원, 2012) 등 참조; 여기서 한 가지 지적해야 할 점은, 이 번역서에서 번역자인 윤재왕 교수는 원저자 중 한 명인 'Singelnstein' 교수를 '의도적으로' '징엘슈타인'으로 번역하고 있다는 것이다. 그러나 독일어 이름인 'Singelnstein'을 정확하게 읽으면 '징엘른슈타인'이 될 것이다. 따라서 이 글에서는 'Singelnstein'을 '징엘른슈타인'으로 지칭하고자 한다. 다만 번역서를 인용할 때는 번역자의 의도를 존중하여 '징엘슈타인'으로 표기하고자 한다.

점점 더 증대하고 있는 것이다. 이로 인해 위험사회로 대표되던 현대사회의 패러다임이 안전사회로 변모하고 있다. 이에 따라 사회 전체를 규율하고 통제하는 사회통제 시스템의 패러다임도 변화를 맞고 있다. 각종 위험으로부터 안전을 보장하는 것이 사회통제 시스템이 수행해야 하는 가장 우선적인 과제가 되고 있는 것이다. 물론 여기서 다음과 같은 의문을 던질 수 있다. 과연 '위험사회'와 '안전사회' 사이에 실질적인 차이가 있는가 하는 점이 그것이다. 어찌 보면 두 개념은 사회현상의 각기 다른 측면을 부각시킨 것일 수도 있다. 왜냐하면 안전은 위험을 전제로 하는 개념인데, 이 중에서 위험을 강조한 것이 위험사회, 안전에 주안점을 둔 것이 안전사회일 수 있기 때문이다. 그러나 앞으로 논증하는 것처럼, 필자는 한편으로 위험사회와 안전사회가 서로 겹치는 내용도 공유하고 있지만, 다른 한편으로 두 개념은 개념적으로나 내용적으로 차이가 있다고 생각한다. 그러면 위험사회와는 구별되는 안전사회의 독자적인 성격은 무엇인가? 제9장에서는 이러한 문제의식에서 출발하여, 현대 안전사회가 어떤 특징을 보이고 있는지, 현대사회가 안전사회로 변모하면서, 사회통제 시스템, 그 중에서도 형사법이 어떻게 변화하고 있는지를 비판적으로 추적하고자 한다.

Ⅱ. 현대사회의 패러다임 변화

현대 안전사회를 본격적으로 다루기에 앞서 현대사회가 어떤 특징을 지니고 있는지, 어떤 구조변동이 현대사회에서 진행되고 있는지, 이에 따라 현대사회의 패러다임이 어떻게 변모하고 있는지 살펴보도록 한다.

1. 현대사회의 복잡화 · 다원화 · 전문화

가장 먼저 현대사회의 복잡화 · 다원화 · 전문화 경향을 지적할 수 있다.[3] 현대 사회는 그 어느 때보다 점점 더 복잡해지고 있다. 엄청나게 많은 정보가 매일 생산된다. 단선적인 인과관계가 현대사회를 지배하는 것이 아니라, 중층적으로 복잡하게

---

3) 이를 분석하는 양천수, "현대 사회에서 법적 관할영역의 경쟁과 융합: 민법과 경제법의 경쟁과 융합을 예로 본 법철학적 고찰", 『법철학연구』 제12권 제2호(2009. 12), 227 – 262쪽 참조.

얽힌 원인과 결과들이 현대사회를 지배한다. 이로 인해 과거 절대왕정시대처럼 국가가 전체 사회를 통치하는 것이 어렵게 되었다. 이는 사회 전체가 기능적으로 분화되면서 더욱 심화된다. 사회 전체가 정치체계, 경제체계, 법체계, 학문체계, 교육체계, 의료체계, 종교체계, 예술체계 등으로 기능적으로 분화되면서 사회의 복잡성은 더욱 증대하고, 이로 인해 어느 한 체계, 이를테면 국가로 대변되는 정체체계가 사회 전체를 관리하고 조종하는 것은 그 만큼 어려워지고 있다. 다른 한편 전체 사회가 다양한 부분체계로 기능적으로 분화되면서, 사회의 전문성 역시 이에 비례하여 증대하고 있다. 전문성이 늘어나면서, 사회의 모든 현상을 읽어낼 수 있는 능력은 급격하게 감소하고 있다. 많은 영역에서 '스페셜리스트'(specialist)가 '제너럴리스트'(generalist)를 대신하고 있다. 그 때문에 이제는 우리 인간이 현대사회에서 발생하는 현상을 정확하게 분석하거나 예측하는 것이 점점 더 어려워지고 있다.

2. 정보화 사회

이미 널리 알려진 것처럼, 현대사회는 '정보화 사회'(Informationsgesellschaft)로 지칭된다.[4] 이는 달리 '지식기반사회'라고 불리기도 한다. 현대사회가 점점 더 복잡해지는 이유는 그 만큼 많은 정보가 현대사회에서 생산·유통·소비되고 있기 때문이기도 하다. 지난 19세기에는 석탄이, 20세기에는 석유가 가장 핵심이 되는 자원이었지만, 오늘날의 21세기에는 '정보'가 가장 결정적인 자원이 되고 있다. 이러한 사회구조의 변화는 정보통신기술(ICT)의 급격한 발전으로 지난 1990년대에 인터넷 사회가 도래하고, 2000년대에 들어와 SNS와 스마트폰 시대가 개막함으로써 더욱 가속화되고 있다. 더 나아가 이제는 이른바 '빅데이터' 시대가 열림으로써 우리 삶의 모든 것이 정보로 전환되고, 이렇게 정보로 전환된 그 모든 것들이 새로운 성장동력이 되고 있는 사회로 접어들고 있다. 이것이 바로 현대 정보화 사회가 보여주고 있는 모습들이다.

---

4) '정보화 사회'에 관해서는 F. Webster, *Theories of the Information Society* (London and New York: Routledge, 1995); 김희진·손진화·이영균, 『정보사회론』(세창출판사, 1999); 빅토르 마이어 쇤베르거·케네스 쿠키어, 이지연 (옮김), 『빅데이터가 만드는 세상』(21세기북스, 2013) 등 참조.

3. 위험사회

현대사회는 위험사회로 규정되기도 한다. 이미 언급한 것처럼, 울리히 벡이 제시한 이 개념은 최근까지도 현대사회의 특징을 정확하게 지적하는 개념으로 애용되었다. 이는 현대사회가 위험과 공존하는 사회라는 점을 보여준다. 그런데 여기서 중요한 점은, 현대사회를 위협하는 위험은 현대사회와 별개로 존재하는 것이 아니라, 오히려 현대사회와 구조적으로 결합되어 있다는 점이다.[5] 왜냐하면 위험은 현대사회가 구조적으로 낳은 산물이기 때문이다. 달리 말해, 위험이란 현대사회가 복잡화·다원화·전문화 과정을 겪으면서 내놓은 구조적 산물이다. 그 때문에 현대 위험사회에서 위험을 근원적으로 없애고자 하는 것은 거의 불가능하다. 현대사회의 구조를 근본적으로 바꾸거나 폐기하지 않는 한, 위험 역시 근원적으로 없앨 수 없다. 오직 위험을 적절하게 관리할 수 있을 뿐이다.

4. 위험사회에서 안전사회로

이러한 현대 위험사회는 최근 들어 점차 안전사회로 변모하고 있다. 독일의 형법학자 징엘른슈타인(T. Singelnstein)과 슈톨레(P. Stolle)에 따르면, 안전사회란 "불안정(Verunsicherung)이 핵심적인 지위를 차지하며, 포괄적인 범위의 안전을 향한 노력이 다른 어떠한 목표보다 우선하며, 그러한 노력 자체가 가치를 갖는" 사회를 뜻한다.[6] 물론 안전사회가 위험사회와 완전히 구별되는 별개의 사회적 현상 또는 패러다임인 것은 아니다. 안전사회는 위험사회가 낳은 구조적 결과물이라고 말할 수 있기 때문이다. 안전은 위험을 전제로 하는 개념이다. 각종 위험으로부터 자유로운 상태가 바로 안전이기 때문이다. 따라서 안전사회란 위험사회가 구조적으로 위험을 생산함으로써 이에 대한 반작용으로서 이러한 위험으로부터 안전해지고 싶은 욕구가 사회 전체적으로 확산되면서 출현한 패러다임이라고 말할 수 있다.

---

5) U. Beck, 앞의 책, 28-29쪽.
6) 토비아스 징엘슈타인·피어 슈톨레, 앞의 책, 5쪽.

Ⅲ. 새로운 사회통제 패러다임으로서 현대 안전사회

그러면 현대사회의 새로운 패러다임으로 등장하고 있는 안전사회의 구체적인 내용은 무엇인가? 이러한 안전사회는 위험사회와 비교할 때 본질적으로 차이가 있는 개념인가? 안전사회가 사회통제 시스템, 특히 법체계와 관련하여 갖는 특별한 의미는 무엇인가? 아래에서는 이 문제를 집중적으로 다루도록 한다. 이를 위해 아래에서는 안전사회를 본격적으로 제안한 징엘른슈타인과 슈톨레의 저작을 분석하여, 때로는 필자의 해석을 추가하면서, 소개하고자 한다.

1. 사회적 조건에 의존하는 사회통제

(1) 사회통제의 개념

징엘른슈타인과 슈톨레가 말하는 안전사회는 현대사회에서 이루어지는 사회통제와 관련을 맺는 개념이다. 말하자면, 안전사회는 새로운 사회통제 패러다임인 셈이다. 그러면 사회통제란 무엇인가? 징엘른슈타인과 슈톨레는 사회통제를 다음과 같이 정의한다.[7] "개념으로서의 사회통제는 한 사회 또는 사회집단이 그 구성원들로 하여금 이 사회 또는 사회집단이 수립한 규범으로서의 행위요구에 지속적으로 복종하도록 만들기 위해 사용하는 국가적 및 개인적 메커니즘과 기술을 모두 포괄한다."

이러한 개념정의를 분석하면, 다음과 같은 개념요소들을 추출할 수 있다. 사회 또는 사회집단, 사회구성원, 규범, 국가적 및 개인적 메커니즘과 기술이 그것이다. 첫째, 사회통제는 사회통제가 이루어지는 공간이자 사회통제의 주체인 사회 또는 사회집단을 필요로 한다. 체계이론적으로 말하면, 사회통제는 '사회체계'(Gesellschaftssystem)를 포함하는 '사회적 체계'(soziales System)를 필요로 한다. 둘째, 사회통제는 사회통제의 대상인 사회구성원을 필요로 한다. 이러한 사회구성원은 각각의 개인일 수도 있고 조직이나 법인 혹은 사회의 부분체계와 같은 사회적 체계일 수도 있다. 셋째, 사회통제는 사회통제의 기준이 되는 규범을 요청한다. 이러한 규범은 법과 같은 공식적 규범과 도덕이나 관습과 같은 비공식적 규범으로 구분할 수 있다.[8] 이 같은 규

---

7) 토비아스 징엘슈타인·피어 슈톨레, 앞의 책, 1쪽.
8) 토비아스 징엘슈타인·피어 슈톨레, 앞의 책, 2쪽.

범은 사회통제의 대상인 사회구성원들에 대해 사회통제의 주체인 사회 혹은 사회집단이 원하는 행위요구를 담고 있다. 넷째, 사회통제는 사회구성원들이 사회의 규범에 복종할 수 있도록 이를 관철하는 사회통제 메커니즘과 기술을 필요로 한다. 이러한 사회통제 메커니즘과 기술은 국가가 중심이 되는 공적 사회통제 메커니즘 및 기술과 경비회사와 같은 사적 주체가 중심이 되는 사적 사회통제 메커니즘 및 기술로 구분할 수 있다.9)

(2) 사회통제의 사회적 조건 의존성

그런데 사회통제와 관련해 중요한 것은 사회통제가 사회적 조건에 의존한다는 점이다. 징엘른슈타인과 슈톨레에 따르면, 사회통제는 각각의 지배적인 사회적 조건을 표현해낸 것이다.10) 그러면서 징엘른슈타인과 슈톨레는 이러한 주장은 아주 자명한 것이라고 말한다.11)

"사회통제가 사회적 조건에 의존한다는 점은 다른 시대나 다른 문화에서도 얼마든지 입증할 수 있다. 즉, 각 시대와 문화에 따라 일탈 및 그에 대한 사회통제뿐만 아니라, 안전 및 제도화된 형태의 권력인 지배에 대해서도 상이한 사회적 조건과 상이한 사고방식이 존재하게 된다."

사실 사회통제가 사회적 조건에 의존한다는 주장에 대한 예는 오늘날에도 쉽게 찾아볼 수 있다. 동성애, 간통, 성매매, 과도한 선물제공행위 등이 이에 대한 좋은 예가 된다. 이를테면 사회적 조건이 변하면서 동성애나 간통은 과거에는 범죄로서 통제대상이 되었다가 최근에는 비범죄화된 경우이다. 반대로 성매매나 과도한 선물제공행위 등은 과거에는 통제대상에서 벗어나 있었지만 사회적 조건이 변하면서 점점 강력한 사회통제의 대상으로 변모하고 있다. 성매매에 대해서는 '성매매 특별법'이 그리고 과도한 선물제공행위에 대해서는 이른바 '김영란법'이 이를 범죄로서 통제한다.

---

9) 징엘른슈타인과 슈톨레는 사적 사회통제 메커니즘 및 기술을 "상업적인 사회통제 메커니즘 및 기술"과 "사적인 사회통제 메커니즘 및 기술"로 구분한다. 토비아스 징엘슈타인·피어 슈톨레, 앞의 책, 2쪽.
10) 토비아스 징엘슈타인·피어 슈톨레, 앞의 책, 3쪽.
11) 토비아스 징엘슈타인·피어 슈톨레, 앞의 책, 3쪽.

이처럼 사회적 조건은 사회통제에 영향을 미친다. 그러면 이러한 주장이 갖는 의미는 무엇인가? 이렇게 징엘른슈타인과 슈톨레가 사회통제가 사회적 조건에 의존한다는 점을 강조하는 것은 일차적으로는 현대사회의 사회적 조건이 변하면서 사회통제 시스템 역시 이에 발맞추어 변모하고 있다는 점을 논증하고자 하기 때문이다. 그러나 필자는 이러한 주장에는 사회철학적으로 볼 때 좀 더 심중한 의미가 있다고 생각한다. '구성주의적 관점'이 그것이다. 사회통제가 사회적 조건에 의존한다는 주장이 구성주의적 관점을 내포하고 있다는 해석은 어떻게 사회적 조건의 변화가 사회통제의 변화에 영향을 미치는지를 구체적으로 분석함으로써 확인할 수 있다. 앞에서 언급한 것처럼, 사회통제가 성립하기 위해서는 사회통제의 기준이 되는 규범이 필요하다. 이러한 규범에는 사회통제의 주체가 되는 사회 또는 사회적 집단이 원하는 행위요구가 담겨 있다. 사회가 원하는 행위요구는 규범을 매개로 하여 사회구성원에게 전달된다. 요컨대, 규범은 사회통제의 방향을 결정하는 척도이자 기준점이다. 따라서 사회적 조건의 변화가 사회통제의 변화에 영향을 끼치기 위해서는 사회적 조건의 변화가 사회통제의 기준점이 되는 규범에도 영향을 미쳐야 한다. 사회적 조건에 맞게 규범이 변해야만 사회통제의 방향 역시 변하기 때문이다. 이는 사회통제의 기준이 되는 규범이 고정불변하는 것이 아니라 변화하는, 달리 말해 사회적 상황이나 조건에 따라 그때그때 구성되는 것임을 시사한다. 달리 말해, 규범이란 사회적 조건이 그때그때 만들어내는 '구성적 산물'이라는 것이다. 이 같은 주장은 아래에서 살펴보는 것처럼 현대사회의 사회통제 패러다임을 설명하는 데 중요한 역할을 한다.

2. 사회적 조건의 변화

그러면 현대사회에서 사회적 조건은 어떻게 변하고 있는가? 징엘른슈타인과 슈톨레는 이를 세 가지 측면에서 분석한다. 경제적 측면, 정치적 측면, 사회문화적 측면이 그것이다.

(1) 경제적 조건의 변화

경제적 조건이 변하고 있다.[12] 이를 한 마디로 표현하면, '포디즘(fordism)'에서

---

12) 토비아스 징엘슈타인·피어 슈톨레, 앞의 책, 8-10쪽.

탈포디즘(postfordism)으로 변화'라고 말할 수 있다. 징엘른슈타인과 슈톨레에 따르면, 사회복지국가 시스템을 경제적으로 지탱하던 포디즘이 붕괴되면서 중산층이 와해되기 시작한다. 적절한 규제와 연대를 통해 지탱되던 포디즘이 무너지고, 그 자리를 무한경쟁을 강조하는 탈포디즘이 대신하면서 중산층의 상당수가 무한경쟁에서 패배해 빈곤층으로 전락하게 되었다. 중산층이 붕괴하자 사회복지국가 시스템도 붕괴되었다. 이렇게 사회복지국가 시스템이 무너지고 무한경쟁이 경제체계 전체를 지배하면서 사회적 연대성이 사라지고 이를 대신해 철저한 개인주의가 경제체계, 즉 시장의 미덕으로 자리 잡게 되었다. 달리 말해, '상호연대적 자아' 대신에 "개인기업가적 자아"가 시장의 새로운 자아상으로 자리매김하게 된 것이다.[13] 이와 동시에 사회영역의 경제화도 가속화된다. 이제 경제체계의 논리, 즉 시장논리에서 자유로운 영역이 거의 없다시피 하게 되었다.

(2) 정치적 조건의 변화

정치적 조건도 변하고 있다.[14] 징엘른슈타인과 슈톨레에 따르면, 제2차 세계대전 이후 유럽은 상당 기간 동안 정치적으로 사회복지국가 이념이 지배하고 있었고 또 실제로 그렇게 제도화되어 운영되었다. 그렇지만 사회복지국가 체제가 필연적으로 수반하는 국가적 규제가 이른바 '규제의 실패', 달리 말해 '정부의 실패'를 유발하면서 사회복지국가 체제는 새로운 정치이념인 신자유주의의 도전을 맞게 되었다. "개인의 자율", "시장은 가장 효율적이고 가장 이상적인 형태의 재화분배 형태이자 사회적 문제해결 방법이라는 전제", "국가란 개인의 자유와 시장의 효율성을 가로막는 잠재적인 장애요소라는 국가이해"에 바탕을 두는 신자유주의는 사회복지국가 체제가 전제로 하는 테제, 즉 법적 규제를 통해 전체 사회를 특정한 방향으로 조종할 수 있다는 테제를 비판한다. 국가 혹은 정부가 주도하는 규제는 역설에 처할 수밖에 없다고 주장한다. 그러면서 신자유주의는 과감한 규제완화 또는 탈규제를 강조한다. 이 때 말하는 규제는 시장에 대한 규제를 말한다. 시장에 대한 규제를 철폐하면 오히려 시장의 자율성이 회복되어 사회의 각종 문제를 시장이 자율적으로 해소할 수 있다고 한다.

---

13) 토비아스 징엘슈타인 · 피어 슈톨레, 앞의 책, 14쪽.
14) 토비아스 징엘슈타인 · 피어 슈톨레, 앞의 책, 10 – 12쪽.

(3) 사회문화적 조건의 변화

징엘른슈타인과 슈틀레는 사회문화적 조건의 변화를 언급한다. 그런데 흥미롭게도 사회문화적 영역에서 이루어지는 변화는 정치적 영역이나 경제적 영역에서 이루어지는 변화와는 정반대 방향을 취한다. 왜냐하면 정치적 영역이나 경제적 영역에서는 일관되게 자유주의, 더욱 정확하게 말하면 신자유주의(자유지상주의)를 지향하는 방향으로 변화가 이루어졌다면, 사회문화적 영역에서는 오히려 그 반대로 국가 및 사회공동체의 개입 및 규제를 강조하는 보수주의를 지향하는 방향으로 변화가 진행되었기 때문이다.[15] 이는 미국의 보수정당인 공화당의 정치적 방향에서 그 예를 쉽게 찾을 수 있다. 공화당은 경제적인 측면에서는 신자유주의를 강조하는 반면, 사회문화적인 측면에서는 미국의 전통적인 미덕을 보존하고자 하는 규제주의를 지향하기 때문이다.

여하간 국가에 의한 시장규제와 사회적 연대를 강조하는 쪽에서 개인의 자율을 강조하는 쪽으로 진행되는 정치적·경제적 변화와는 정반대로 개인의 자유에서 공동체의 미덕을 강조하는 쪽으로 진행되는 사회문화적 변화는 상당히 흥미로운 사회현상이다. 필자는 이를 다음과 같이 해석할 수 있다고 생각한다. 포디즘에서 탈포디즘으로 경제적 조건이 변하면서 중산층이 무너지고, 정치적으로 사회복지국가 체제가 와해되면서 경제적·국가적 연대의식이 무너지고 있다. 이로 인해 개인의 불안감은 점점 더 증대한다. 그 동안 의지했던 경제적·국가적 안정망이 사라지고 있기 때문이다. 바로 이러한 근거에서 각 개인들은 공동체적 미덕을 강조하는 도덕적·종교적 보수주의에 의지함으로써 경제적·국가적 불안으로부터 벗어나고자 하는 것이라고 말할 수 있다. 사회복지 시스템이 확충되어 경제적인 불안함이 없었을 때는 도덕적·종교적인 측면에서 자유주의를 지향했던 반면, "개인적 고립과 사회적 관계의 경제화"로 경제적인 자신감이 사라지자 이번에는 정반대로 도덕적·종교적인 측면에서 공동체적 보수주의를 추구하는 것이다.[16]

---

15) 영국의 범죄학자 갈랜드(David Garland)는 이를 "경제적 통제와 사회적 해방으로부터 경제적 자유와 사회적 통제로 변화"라고 표현한다. 토비아스 징엘슈타인·피어 슈틀레, 앞의 책, 36쪽.
16) "개인적 고립과 사회적 관계의 경제화"는 토비아스 징엘슈타인·피어 슈틀레, 앞의 책, 20쪽에서 인용한 것이다.

3. 위험과 안전욕구의 증대

(1) 사회적 조건의 변화 결과

이렇게 경제적·정치적·사회문화적 측면에서 사회적 조건이 변하면서 현대사회는 새로운 현상과 만나게 된다. 위험과 안전욕구가 그 어느 때보다 증대하고 있는 것이다. 이러한 새로운 현상은 위에서 언급한 사회적 조건의 변화와 무관하지 않다. 이는 다음과 같이 설명할 수 있다. 앞에서 분석한 것처럼, 현대사회는 사회 전체적으로 규제완화와 자율성이 증가하는 쪽으로 변하고 있다. 규제완화 또는 탈규제는 사회 각 영역의 자율성을 증가시킨다. 사회 각 영역의 자율성이 증대하면, 이에 발맞추어 사회 각 영역의 다원화와 전문화가 더욱 촉진된다. 이는 자연스럽게 사회의 복잡성을 증가시킨다. 이렇게 전체 사회의 복잡성이 증가하면서 사회구조와 밀접하게 관련되어 있는 위험 역시 증대한다. 이렇게 사회 전체적으로 위험이 증대하면서 이러한 위험으로부터 자유롭고 싶은 욕구, 즉 안전에 대한 욕구 역시 늘어난다. 특히 탈포디즘과 신자유주의 등으로 사회적 연대성이 무너지고 개인의 자기책임이 강조되면서 각 개인들이 느끼는 주관적 불안감은 더욱 커지게 되었다. 이는 자연스럽게 안전에 대한 욕구증대로 이어진다.

(2) 위험과 안전의 탈실질화

그런데 문제는 현대사회에서 점점 중요시 되는 위험과 안전이 개념적으로 명확한 실체를 갖고 있지 않다는 점이다. 인식론적으로 말하면, 위험과 안전은 실체 개념이 아닌 구성적·유동적 개념이다.[17] 징엘른슈타인과 슈톨레도 이 점을 명확히 인식하고 있다. 가령 징엘른슈타인과 슈톨레는 "위험이란 구체적으로 손해가 발생한 상황이 아니라, 단순히 통계학적 개연성일 뿐"이라고 한다.[18] 이는 위험 개념이 명확한 실체적 대상을 갖기 보다는 통계학이라는 과학적 소통을 통해 만들어지는 구성적 산물이라는 점을 보여준다. 나아가 징엘른슈타인과 슈톨레는 '통상적인 위험', 즉 '위해'(Gefahr)와 '현대적 위험', 즉 '위험'(Risiko)을 구별하면서 위험의 구성

---

17) 이에 관해서는 제10장 Ⅲ.2.(4) 참조.
18) 토비아스 징엘른슈타인·피어 슈톨레, 앞의 책, 27쪽.

적 속성을 다시 한 번 지적한다.[19]

"그렇기 때문에 위험은 구체적 위험 또는 손해발생 직전의 상태가 아니라, 위험을 완전히 다른 방식으로 고찰하고 구성하는 것이다. 통상적인 위험(위해)은 비록 계측할 수는 없지만, 비교적 구체적으로 확인할 수 있는데 반해, 여기서 말하는 위험은 사전에 계측할 수는 있지만, 그것이 실제로 손해발생으로 실현될 것인지는 확실하지 않고 막연할 따름이다. 그러므로 위험은 객관적 표지나 주관적 생각이 아니라, 구체적 요소들을 현실에 귀속시키는 특정한 방식일 뿐이고, 이를 통해 현실을 파악하고 계산하며 이에 대해 영향을 미칠 수 있도록 하려는 것이다."(괄호는 인용자가 추가한 것이다)

이와 마찬가지 맥락에서 징엘른슈타인과 슈톨레는 안전욕구의 원인이 되는 불안 역시 실체가 없는 것이라고 지적한다.[20]

"이렇게 볼 때, 범죄에 대한 공포는 심각한 사회적 불안정성의 표현, 다시 말해 사회적 전환과정에서 등장하는 사회적 및 실존적 불안이 투영된 것으로 해석할 수 있다. 즉, 범죄에 대한 공포는 이 과정으로부터 유발된 '막연한 불안이 응축된 것'이라 할 수 있다."

이러한 지적에서 확인할 수 있듯이, 징엘른슈타인과 슈톨레는 불안이 구체적인 대상을 갖고 있는 개념이 아니라, 사회적 조건이 바뀌고 이를 통해 사회적 연대성과 안정망이 붕괴되면서 유발된 실존적 불안이 감정적으로 투영된 것이라고 한다. 이렇게 불안이 실체적인 대상을 상실하고 막연한 주관적 감정으로 전락하면서 안전역시 주관적인 개념으로 전락한다. 불안과 마찬가지로 안전 역시 주관적이고 막연할 뿐이다.

(3) 자기증식적인 위험과 안전
그런데 이처럼 위험과 안전 개념이 '탈실질화'(Entmaterialisierung)되면서 다음과

---

19) 토비아스 징엘슈타인 · 피어 슈톨레, 앞의 책, 28쪽.
20) 토비아스 징엘슈타인 · 피어 슈톨레, 앞의 책, 33쪽.

같은 문제가 발생한다. 위험과 안전 그 자체가 새로운 위험과 안전을 재생산하는 악순환이 현대사회에서 반복되는 것이다. 위험은 그 스스로가 새로운 위험을 생산한다.[21)]

> "즉, 위험의 논리 스스로 끝없이 새로운 위험을 생산한다. 왜냐하면 이러한 접근방식은 근본적으로 최대한 정확한 예측을 추구하는데, 그로 인해 끝없이 새로운 위험요인을 '발견'하고, 이렇게 해서 새로운 위험을 부각시키기 때문이다."

이렇게 위험이 스스로 재생산되면서 이러한 위험과 필연적으로 결부된 안전 역시 끊임없이 재생산된다. 더군다나 더 나은 안전을 추구하면 할수록 역설적으로 불안과 안전욕구가 증대한다. 이를 통해 더 나은 안전에 대한 욕구가 출현한다. 왜냐하면 "안전에 대한 추구는 오히려 끝없이 새로운 위협을 생산하기 때문"이다.[22)]

(4) 도달할 수 없는 완벽한 안전

징엘른슈타인과 슈톨레는 바로 이러한 근거에서 완벽한 안전을 실현하고자 하는 것은 우리가 도달할 수 없는 이상이라고 말한다. 완벽하게 위험을 포착하고 이를 예방하고자 하는 노력 때문에 오히려 새로운 위험이 포착된다. 이렇게 위험이 증식되면서 불안 역시 늘어난다. 이는 다시 끊임없는 안전욕구로 이어진다. 그러나 이러한 안전욕구는 절대 충족될 수 없다. 왜냐하면 "거의 영원히 지속되는 것 같은 불안전은 우리가 가장 안전하고, 안전을 중시하는 사회에 살고 있음에도 **불구하고** 증가하는 것이 아니라, 오히려 바로 그러한 사회에 살고 있기 **때문에** 증가"하기 때문이다.[23)] 안전욕구는 새로운 위험과 불안을 생산하고 이렇게 생산된 위험과 불안은 다시 더 나은 안전욕구를 만들어 낸다. 이러한 악순환 속에서 "안전은 계속 추구하는 대상이지만 결코 도달할 수 없는 이상"으로 전락한다.[24)]

---

21) 토비아스 징엘슈타인·피어 슈톨레, 앞의 책, 28쪽.
22) 토비아스 징엘슈타인·피어 슈톨레, 앞의 책, 37쪽.
23) 토비아스 징엘슈타인·피어 슈톨레, 앞의 책, 35쪽 강조는 원문.
24) 토비아스 징엘슈타인·피어 슈톨레, 앞의 책, 35쪽.

4. 사회통제 패러다임의 변화

(1) 개관

징엘른슈타인과 슈톨레에 따르면, 이렇게 사회적 조건이 변하고 이에 따라 사회 전체적으로 위험과 안전욕구가 증대하면서 사회통제 패러다임 역시 변화를 맞고 있다. 무엇보다도 사회통제의 목표가 바뀌고 있다. 이를 핵심적으로 요약해서 말하면, 훈육을 목표로 하는 '적극적 특별예방'이 쇠퇴하고, 이를 대신해 '포함과 배제'에 바탕을 둔 '적극적 일반예방'(포함)과 '소극적 특별예방'(배제)이 전면에 등장하고 있는 것이다. 바꿔 말해, 사회통제 주체는 사회적 일탈행위자를 훈육함으로써 사회에 다시 복귀시키는 것을 포기하고, 사회의 안전을 위해 사회구성원을 '시민'과 '적'으로 구분하여 시민에 대해서는 적극적인 사회포함정책을, 사회의 적에 대해서는 사회배제정책을 실행하고 있다는 것이다.

(2) 훈육의 포기

사회통제 패러다임의 변화로서 가장 먼저 언급할 것으로 사회통제 주체가 사회통제 목표로서 훈육을 포기했다는 점이다.[25] 적극적 특별예방 또는 재사회화로 대변되는 훈육은 특정한 행위자가 사회적 일탈행위를 저지르는 것은 본성적으로 행위자에게 문제가 있는 것이 아니라, 이러한 행위자가 잘못된 사회적 환경에서 잘못된 사회화를 거쳤기 때문이라고 파악한다. 따라서 행위자에게 적절한 사회적 환경을 제공하여 사회가 요구하는 훈육을 하면, 행위자가 다시 바람직한 사회구성원으로 되돌아 올 수 있다고 주장한다. 이러한 구상은 사회적 일탈행위자를 사회에서 배제하지 않고 다시 사회로 포함시키고자 하는 노력을 전제로 한다. 달리 말해, 사회구성원에 대한 사회적 연대의식이 제대로 작동해야만 비로소 훈육구상이 제대로 실현될 수 있는 것이다.

그러나 현대사회가 구조변동을 겪으면서 이러한 훈육구상은 포기된다. 크게 세 가지 이유를 제시할 수 있다.[26] 첫째, 사회통제의 목표로서 훈육이라는 구상을 실현하기 위해서는 훈육의 기준이 되는 보편적인 사회적 규범이 존재해야 하는데, 오

---

25) 토비아스 징엘슈타인·피어 슈톨레, 앞의 책, 57-59쪽.
26) 토비아스 징엘슈타인·피어 슈톨레, 앞의 책, 57-59쪽.

늘날 사회의 다원화가 심화되면서 보편적인 사회적 규범을 인정하는 것이 어렵게 되었다는 점이다. 자연법적 확실성이 지배하던 시대에는 보편적인 규범이 사회적 실체로서 실재한다고 생각되었지만, 자연법적 확실성이 사라지고 다원주의가 시대적 흐름으로 자리매김하면서 규범 역시 각각의 사회적 상황이 낳은 산물이라는 점이 지배적인 관념이 되었다. 이처럼 보편적인 규범이 사라지면서, 보편적인 규범에 기반을 둔 훈육 역시 위기를 맞게 된 것이다. 둘째, 위에서도 언급한 것처럼 훈육은 사회적 일탈행위자라 할지라도 사회에서 배제하지 않고자 하는 사회적 연대의식을 전제로 하는데, 사회적 조건의 변화로 이러한 사회적 연대의식이 해체되면서 훈육 구상 역시 포기되었다는 것이다. 셋째, 경험적으로 볼 때 훈육에 바탕을 행형정책이 실패했다는 점이다. 1970년대 이후 서부 유럽국가들은 훈육을 행형정책의 중요한 목표로 설정하여 추구하였지만, 현재 우리가 얻고 있는 경험적 결과는 대부분 훈육이 성공하지 못하고 있다는 점을 보여준다는 것이다.

(3) 새로운 사회통제 목표로서 안전관리

징엘른슈타인과 슈톨레는 현대사회에서 훈육이 사회통제의 목표로서 성과를 거두지 못하면서 이를 대신해 안전관리가 새로운 목표로 등장하고 있다고 지적한다. 징엘른슈타인과 슈톨레는 이를 "경험적으로 정상적인 것에 대한 관리"라고 한다. 이를 다음과 같이 말한다.[27]

> "새로운 사회통제 기술들은 그 대신 경험적으로 볼 때 정상적인 것, 즉 주어져 있는 현실을 대상으로 하며, 이를 최대한 효율적으로 규율하고자 한다. 여기서 정상적인 것이란 규범적으로 고정되어 있는 것이 아니라, 일반적인 것, 즉 사회적 평균에 해당하는 것을 뜻한다."

필자는 이렇게 '경험적으로 정상적인 것에 대한 관리'를 새로운 사회통제의 목표로 설정한다는 것은 다음과 같은 의미를 갖는다고 생각한다. 경험적으로 정상적인 것을 관리한다는 것은 현재 존재하는 사회체제, 즉 기존의 사회체제를 유지하겠다는 것을 뜻한다. 그 점에서 이러한 사회통제 목표는 보수적이다. 또한 이 같은 구

---

27) 토비아스 징엘른슈타인·피어 슈톨레, 앞의 책, 59-60쪽.

상은 기존의 사회체제에서 작동하는 사회규범이 '내용적'으로 정당한 규범인지 여부를 묻지 않는다. 단지 이미 존재하면서 작동하고 있다는 이유만으로 기존의 사회규범을 '형식적으로' 정당한 것으로 승인할 뿐이다. 그리고 더욱 중요한 의미는 바로 이러한 사회통제 목표가 기존 사회체제의 안전을 유지하겠다는 것을 뜻한다는 점이다. 안전이란 위험으로부터 자유로운 상태라고 정의할 수 있는데, 여기서 말하는 '위험으로부터 자유로운 상태'는 바로 현재 존재하는 사회체제를 위험으로부터 보존하겠다는 의미로 새길 수 있기 때문이다. 바로 이러한 근거에서 경험적으로 정상적인 것을 관리하겠다는 것은 사회의 안전을 관리하겠다는 의미로 바꿔 말할 수 있다.[28] 이를 통해 안전관리가 사회통제의 새로운 목표로 자리 잡는다.

(4) 새로운 사회통제 메커니즘으로서 포함과 배제
1) <포함 – 배제> 도식
이처럼 안전사회는 '경험적으로 정상적인 것에 대한 관리', 즉 '사회의 안전관리'를 가장 우선적인 사회통제 목표로 설정한다. 그리고 이러한 사회통제 목표를 실행하기 위해 안전사회는 독특한 사회통제 메커니즘을 수용한다. <포함(Inklusion) – 배제(Exklusion)> 메커니즘이 그것이다.

물론 <포함–배제> 메커니즘은 현대 안전사회에서만 찾아볼 수 있는 것은 아니다. <포함–배제>는 우리가 그 무엇인가를 인식할 때 반드시 필요로 하는 구별도식이기 때문이다. 이를테면 우리가 그 무엇인가를 인식하기 위해서는 일정한 개념을 필요로 한다. 그런데 일정한 개념이 언어적으로 성립하기 위해서는 필연적으로 <포함–배제> 도식을 갖추어야 한다. 왜냐하면 일정한 개념의 경계선을 기준으로 하여 이러한 경계선 안에 포함되는 것은 개념에 속하는 것으로, 경계선 밖으로 배제되는 것은 개념에 속하지 않는 것으로 파악되기 때문이다. 이러한 점에서 볼 때, <포함–배제> 도식은 우리가 언어적인 개념을 사용하는 한 불가결하게 필요할 수밖에 없는 그 무엇이다.

이러한 <포함–배제> 도식은 루만의 체계이론에서도 찾아볼 수 있다.[29] 왜

---

28) 물론 징엘른슈타인과 슈톨레가 이 점을 명확하게 주장하는 것은 아니다.
29) 이에 관해서는 윤재왕, "'포섭/배제' – 새로운 법개념?: 아감벤 읽기", 『고려법학』제56호(2010. 3), 261쪽 아래 참조.

냐하면 루만의 체계이론에 따르면, 사회를 구성하는 사회적 체계들은 체계의 경계선을 기준으로 하여 체계 안에 포함되는 것과 체계 밖으로 배제되는 것을 구별하기 때문이다. 각각의 사회적 체계는 자신의 독자적인 기준에 따라 이에 합치하는 사회적 소통은 포함하고 이에 맞지 않는 것은 사회적 체계 밖으로 배제한다. 다만 이 때 중요한 것은, 각 사회적 체계에서 작동하는 <포함-배제> 메커니즘은 전적으로 정치적인 것은 아니라는 점이다. 사회적 체계에서 작동하는 <포함-배제> 메커니즘은 각각의 사회적 체계가 자신의 기능에 맞게 독자적으로 마련한 것이다. 따라서 각각의 사회적 체계가 적용하는 <포함-배제> 메커니즘은 그 성격이 모두 같지는 않다. 예를 들어, 사회의 부분체계인 정치체계, 경제체계, 법체계, 학문체계 등이 적용하는 <포함-배제> 메커니즘의 성격은 모두 다르다. 물론 정치체계에서 사용하는 <포함-배제>는 당연히 정치체계의 성격상 정치적인 성격을 가질 수밖에 없다. 그렇지만 경제체계나 법체계 또는 학문체계가 사용하는 <포함-배제>는 정치적 성격을 갖지 않는다. 이러한 체계들은 각각 경제적, 법적, 학문적 성격을 갖는 <포함-배제> 메커니즘을 적용해 사회적 소통을 구별한다.

2) 적과 동지의 구별

그러나 현대 안전사회에서 사용하는 <포함-배제> 메커니즘은 체계이론이 전제로 하는 기능적·다원적인 <포함-배제>와는 차이가 있다. 왜냐하면 안전사회에서 원용하는 <포함-배제>에는 정치적 성격이 강하게 배어 있기 때문이다. 그 이유를 아래와 같이 말할 수 있다.

현대 안전사회는 <포함-배제> 메커니즘을 적용하기 위한 전제로서 '시민'과 '적'을 구별한다. 여기서 '시민'은 기존에 존재하는 사회규범을 준수하는 행위자를 말한다. 이에 대해 '적'은 시민에 반대되는 개념으로서 기존의 사회규범을 따르지 않고, 오히려 사회의 안전을 위협하는 사회적 일탈행위자들을 말한다. 그런데 이러한 구별은 독일의 공법학자 칼 슈미트(C. Schmitt)가 제시했던 그 유명한 '적과 동지의 구별'과 유사하다. '동지'는 '시민'을, '적'은 '시민 혹은 안전의 적'과 대응하기 때문이다. 칼 슈미트는 이러한 적과 동지의 구별을 정치적인 것의 본질을 규명하기 위해 제시하였다.[30] 칼 슈미트에 따르면, 정치적인 것이란 적과 동지로 구별될 수

---

30) 카를 슈미트, 김효전·정태호 (옮김), 『정치적인 것의 개념: 서문과 세 개의 계론을 수록한 1932년 판』(살림출판사, 2012).

있는 것이다. 이렇게 보면, 현대 안전사회가 <포함－배제>의 전제로서 수용하는 '시민'과 '적'이라는 구별 역시 정치적인 색깔이 강한 것이라고 말할 수 있다. 그러므로 이에 기반을 둔 안전사회의 <포함－배제> 역시 정치적인 것이라고 규정할 수 있다. 이러한 맥락에서 보면, 현대 안전사회는 전체적으로 정치적 성격이 강한, 체계이론적으로 말하면 정치체계가 사회의 다른 부분체계들을 압도하는 사회이다. 달리 말해, 현대 안전사회는 '사회의 재정치화'가 급격하게 진행되는 사회인 셈이다.

3) 시민과 적을 구별하는 사회통제

이처럼 현대 안전사회는 시민과 적을 구별하면서, 시민은 안전사회 안으로 포함시키고 적은 사회 밖으로 배제한다. 이렇게 시민이 사회 안으로 포함된다는 것은, 사회구성원인 시민에게 적용되는 각종 법적 원리나 권리 등이 사회 안으로 포함되는 행위자에게 적용된다는 것을 뜻한다. 반대로 사회 밖으로 배제되는 자에게는 이러한 법적 원리나 권리 등이 적용되지 않는다. 이는 사회통제의 목표나 기술이 시민과 적에 대해 각각 차별적으로 적용된다는 것을 시사한다. 영국의 사회학자 갈랜드(David Garland)가 제안한 개념을 빌어 말하면, 안전사회에 포함되는 시민에 대해서는 '나 자신의 범죄학'(criminology of the self)이, 사회에서 배제되는 적에 대해서는 '타자의 범죄학'(criminology of the other)이 적용된다.[31] 형벌이론의 측면에서 말하면, 시민에 대해서는 '적극적 일반예방'이, 적에 대해서는 '소극적 특별예방'이 적용된다. 이를 사회통제 기술이라는 측면에서 바꿔 말하면, 시민에 대해서는 '자기수행기술'이, 적에 대해서는 '배제기술'이 적용된다.

(5) 새로운 사회통제 기술

<포함－배제> 도식 그리고 '시민과 적의 구별'을 핵심적인 사회통제 메커니즘으로 사용하는 현대 안전사회는 이를 실행하기 위해 새로운 사회통제 기술을 사용한다. '자기수행기술', '통제기술', '배제기술'이 그것이다.[32] 이 가운데 통제기술은 시민과 적을 모두 규율대상으로 삼지만, 자기수행기술은 기본적으로 시민을, 배제기술은 시민의 적을 그 규율대상으로 한다.

---

31) David Garland, *The Culture of Control: Crime and Social Order in Contemporary Society* (Oxford: Oxford University Press, 2001), 127쪽 아래.
32) 토비아스 징엘슈타인·피어 슈톨레, 앞의 책, 71쪽 아래.

1) 자기수행기술

징엘른슈타인과 슈톨레에 의하면, 자기수행기술이란 "명시적이고 지속적인 위협이나 구체적인 이익의 약속이 필요 없는 상태에서 개인이 혼자서 그리고 스스로 의도하여 사회적으로 기대되는 기준에 자신의 행위를 맞추도록 삶을 수행하는 기술"을 뜻한다.[33) 이러한 자기수행기술에서는 사회통제 주체가 직접적으로 전면에 등장하지는 않는다. 그 대신 각 수범자를 '1인 기업가'로 취급하면서 수범자가 자율적으로 사회규범을 준수하도록 유도한다. 이 때문에 자기수행기술은 '자유에 대한 통치', '원격통치', '자기책임화'로 불리기도 한다. 예를 들어, 각종 자기계발서를 통해 이루어지는 우회적 통치가 바로 대표적인 자기수행기술에 해당한다. 몇 년 전부터 새로운 규제방안으로 언급되는 '자율규제' 역시 대표적인 자기수행기술이라고 말할 수 있다. 이러한 자기수행기술은 안전사회에 포함되는 시민을 대상으로 한다.

2) 통제기술

통제기술은 수범자를 타율적으로 규율하는 기술을 말한다. 이 점에서 통제기술은 안전사회에서 새롭게 등장한 사회통제 기술이라고 말하기는 어렵다. 왜냐하면 이러한 통제기술은 사회통제 기술의 가장 원형으로서 이미 오래 전부터 사용되었기 때문이다. 다만 현대 안전사회에서 사용하는 통제기술에서는 그 이전의 통제기술과는 구별되는 두 가지 특징적인 모습을 발견할 수 있다.

① 감시와 위험탐지

안전사회의 통제기술에서는 감시와 위험탐지가 두드러진다는 점이다. 징엘른슈타인과 슈톨레에 따르면, 안전사회에서 통제는 "구체적 위험이나 손해에 훨씬 앞서 있는 사전단계에서 이미 투입되지, 규범위반이나 위험상황"이 발생하는 것을 기다리지 않는다.[34) 특히 위험탐지는 "손해나 규범위반이 실현될 수 있기 전에 개입할 수 있도록 해야 한다."[35) 사회통제 주체는 이러한 감시와 위험탐지 기술을 활용하여 포함의 대상이 되는 시민과 배제의 대상이 되는 적을 구별한다. 이러한 점에서 감시와 위험탐지는 현대 안전사회의 특징적인 메커니즘인 <포함-배제> 메커니즘이 작동하는 데 필요한 기술적 전제가 된다. 그러나 이렇게 감시와 위험탐지를

---

33) 토비아스 징엘슈타인·피어 슈톨레, 앞의 책, 72쪽.
34) 토비아스 징엘슈타인·피어 슈톨레, 앞의 책, 77쪽.
35) 토비아스 징엘슈타인·피어 슈톨레, 앞의 책, 77쪽.

중시하는 쪽으로 사회통제가 이루어지게 되면, 사회통제가 전체적으로 앞당겨지는, 달리 말해 사회통제가 '사전단계화'되는 문제가 발생한다. 징엘른슈타인과 슈톨레는 이를 다음과 같이 말한다.

> "이와 같이 위험탐지를 중시하는 쪽으로 사회통제가 전개되면 필연적으로 사회통제가 사전영역으로 옮겨 가게 되고, 이와 함께 통제의 확대를 낳는다. 사회통제에 대한 이런 식의 이해에 따른 논리필연적 목표는 통제기술의 전면적이고 포괄적인 투입이다."[36]

② 직접 안전을 확보하기 위한 통제

현대사회의 안전을 직접 확보하기 위한 통제기술이 두드러지게 사용된다는 점이다. 이른바 '아키텍처 규제'(architectural regulation)로 알려진 기술적·물리적 규제가 증가하고 있다는 점이 좋은 예가 된다.[37] 이러한 기술적·물리적 규제는 현대사회의 새로운 규제수단으로 각광을 받고 있다. 전통적인 규제는 수범자에게 규제를 준수할 것인지 말 것인지에 대한 선택의 자유를 부여한다. 사회에 존재하는 다양한 규제일탈행위가 이에 대한 좋은 근거가 된다. 전통적인 규제 메커니즘에 의하면, 수범자가 해당 규제를 완벽하게 준수하도록 할 수는 없다. 오직 각종 제재장치를 사용함으로써 수범자가 규제를 준수하도록 위협할 수 있을 뿐이다. 이에 반해 기술적·물리적 규제는 규제준수에 대한 선택의 자유를 수범자에게 부여하지 않는다. 기술적·물리적 규제에 대해 수범자는 이를 따를 수밖에 없다. 이에 대한 좋은 예로 '과속방지턱 규제'를 들 수 있다. 도로주행 중에 과속방지턱을 발견한 운전자는 과속방지턱 규제가 요구하는 것처럼 속도를 줄일 수밖에 없다. 물론 극히 예외적인 경우에는 차의 내구성이나 성능이 정말 좋아서 또는 운전자가 차가 훼손되는 것을 개의치 않아 과속방지턱에서도 속도를 줄이지 않는 경우도 있다. 그렇다 하더라도 과속방지턱 규제와 같은 기술적·물리적 규제는 과속단속카메라 규제보다 속도제한규제에 대한 준수를 더욱 효율적으로 실현할 수 있다. 이러한 기술적·물리적 규제는 크

---

36) 토비아스 징엘슈타인·피어 슈톨레, 앞의 책, 78쪽.
37) 이에 관해서는 심우민, "사업장 전자감시 규제입법의 성격", 『인권법평론』제12호(2014. 2); 심우민, "정보통신법제의 최근 동향: 정부의 규제 개선방안과 제19대 국회 전반기 법률안 중심으로", 『언론과 법』제13권 제1호(2014. 6), 88쪽 아래 등 참조.

게 두 영역에서 사용된다. 공간규제 영역과 정보통신규제 영역이 그것이다. 공간규제 영역에서 기술적·물리적 규제는 시민과 적을 구별하면서 적을 사회 밖으로 배제하는 배제기술로도 활용된다. 또한 정보통신규제 영역에서는 감시 및 위험탐지의 기술로도 사용된다.

3) 배제기술

배제기술은 "'위험한 자들'을 공간적으로 격리하고 '무용한 자들'을 사회적으로 추방하는 것"을 목적으로 하는 기술을 말한다.[38] 이러한 배제기술은 주로 시민의 적을 그 대상으로 한다. 징엘른슈타인과 슈톨레에 의하면, 배제기술은 "다른 통제기술과 마찬가지로 1차적으로 개인의 태도나 행동방식을 변경하는 것을 목표로 삼지 않는다. 배제는 오히려 위험차단과 응보에 기여한다." 이러한 배제기술이 사용하는 배제는 "영속적으로 이루어질 수도 있고 시간과 지역을 한정해서 이루어질 수도 있다." 이러한 배제를 통해 배제대상자, 즉 시민의 적은 여러 측면에서 사회에 참여할 수 있는 가능성을 박탈당한다.[39]

그러나 사실 이러한 배제기술은 현대 안전사회에서만 특징적으로 발견할 수 있는 것은 아니다. 배제기술은 이미 오래 전부터 효과적인 사회통제 기술로서 우리 인류와 함께 해왔다. 하지만 사회 전체가 근대화되고 이를 통해 계급적 사회질서가 무너지면서, 배제기술은 합리적인 사회통제 기술의 지위를 점차 상실하게 되었다. 배제기술 자체가 아주 차별적인 사회통제 기술이라고 할 수 있는데, 이는 근대 이후 법원리로 정착된 인간의 존엄이나 평등원칙에 위반되기 때문이다. 특히 훈육이 사회통제 이념으로 정착하면서 배제기술은 훈육에 적합하지 않는 사회통제 기술로 취급되었다. 그러나 현대 안전사회에서 <포함−배제>가 지배적인 사회통제 메커니즘으로 대두하면서 배제기술은 다시 지배적인 사회통제 기술로 부활하고 있는 것이다.

5. 위험사회와 안전사회의 구별

이처럼 현대사회는 이제 위험사회를 넘어 안전사회로 이행하고 있다. 현대사회가 안전사회로 변모하고 있다는 점은 현대사회의 여러 영역에서 확인할 수 있다.

---

38) 토비아스 징엘슈타인·피어 슈톨레, 앞의 책, 85−86쪽.
39) 토비아스 징엘슈타인·피어 슈톨레, 앞의 책, 85−86쪽.

이를테면 위에서 언급한 통제기술이나 배제기술이 새로운 사회통제 기술로서 이미 사회의 각 영역에서 활용되고 있다. 그런데 여기서 다음과 같은 의문을 던질 수 있다. 과연 안전사회가 위험사회와는 구별되는 독자적인 특징을 지니고 있는가 하는 점이다. 사실 위험사회와 안전사회는 동일한 현상을 각기 다른 각도에서 바라본 것일 수도 있다. 위험으로부터 자유로운 상태가 바로 안전인 것처럼, 안전은 필연적으로 위험을 전제로 하는 개념이기 때문이다. 말하자면, 현대사회가 위험사회이기 때문에 바로 안전사회일 수 있는 것이다. 이렇게 보면, 위험사회와 안전사회는 실질적으로 동일한 현상일 수 있다.

그런데도 필자는 안전사회는 위험사회와는 구별되는 독자적인 개념이자 현상이라고 생각한다. 그 이유를 두 가지로 말할 수 있다. 첫째, 현대사회를 바라보는 관점 면에서 양자는 차이가 있다. 필자는 위험사회는 주로 '관찰자 관점'에서 현대사회를 관찰한 것이라고 생각한다. 그런 점에서 위험사회는 서술적인 성격을 갖는다. 이에 대해 안전사회는 주로 '참여자 관점'에서 현대사회를 분석하고 이에 대한 방향성을 제시한 것이다.[40] 그 점에서 안전사회는 상당히 규범적인 성격이 강하다. 요컨대, 위험사회는 현대사회가 처한 상황을 보여준다면, 안전사회는 현대사회가 지향하는 목표를 보여준다.

그러나 이보다 더욱 중요하면서 본질적인 이유는 바로 다음과 같은 두 번째 이유이다. 현대 체계이론이 주장하는 것처럼, 현대사회는 다양한 영역, 즉 각기 다른 부분체계들로 분화된다. 이에 발맞추어 위험과 안전 개념 역시 각 영역에 맞게 다원적으로 분화된다. 마치 현대사회가 정치, 경제, 법, 학문, 종교 영역으로 분화되는 것처럼, 위험 및 안전 개념 역시 정치적 위험·안전, 경제적 위험·안전, 법적 위험·안전, 학문적 위험·안전, 종교적 위험·안전 등으로 분화된다. 그런데 여기서 짚고 넘어가야 할 점은, 위험사회에서는 이러한 위험 및 안전이 다원적으로 병존할 뿐, 어느 한 쪽의 위험이나 안전이 전면에 등장하는 것은 아니라는 점이다. 각각의 다원적인 위험이나 안전이 동등한 지위에서 병존할 뿐이다. 이와 달리 안전사회에서는 정치적 위험과 안전이 그 무엇보다도 중요한 지위를 차지한다. 이는 특히 현대 안전사회가 사회통제 메커니즘으로 사용하는 <포함-배제> 도식에서 그 근거를 찾

---

40) '참여자 관점'과 '관찰자 관점'에 관해서는 양천수, "법 영역에서 바라본 참여자 관점과 관찰자 관점", 『안암법학』 제23호(2006. 11), 89-120쪽 참조.

을 수 있다. 앞에서도 살펴본 것처럼, <포함－배제> 도식은 사회통제의 규율대상을 '시민과 적'으로 구분할 것을 전제로 한다. 그런데 이러한 이분법은 칼 슈미트가 제시한 '적과 동지'의 구분에 상응한다. 슈미트는 정치적인 것의 본질을 밝히는 과정에서 '적과 동지'의 구분을 제시하였다. 슈미트에 따르면, 정치적인 것이란 적과 동지로 구분될 수 있는 것을 말한다. 이러한 슈미트의 논리를 <포함－배제> 도식에도 적용하면, 이는 본질적으로 정치적인 것이라는 점을 확인할 수 있다. 그러면 왜 안전사회는 정치적인 성격이 강한 <포함－배제> 도식을 사용하는 것일까? 그 이유는 바로 안전사회가 정치적 안전을 가장 중요한 안전으로 파악하기 때문이다. 이는 동시에 다른 그 어떤 위험보다도 정치적 위험이 현대 안전사회에서 가장 위협적인 것으로 취급되고 있음을 시사한다. 이 같은 까닭에서 안전사회는 사회통제를 정치화하면서 시민에 대해서는 '나 자신의 범죄학'을, 적에 대해서는 '타자의 범죄학'을 적용하는 것이다. 이렇게 볼 때, 현대 안전사회에서는 위험사회와는 달리 정치적 위험과 안전이 전면에 대두하고 있다고 진단할 수 있다. 그 점에서 안전사회는 위험사회와 개념적·내용적으로 구분된다.

Ⅳ. 형사법 패러다임의 변화

1. 문제점

이렇게 현대사회가 안전사회로 변모하면서 사회통제 패러다임, 특히 형사법의 패러다임 역시 변하고 있다. '안전형법'이라는 새로운 형사법 패러다임이 등장하고 있는 것이다.[41] 형사법 패러다임을 일반화의 오류를 감수하면서 이 글의 논의와 관련하여 단순화해서 말하면, 크게 세 가지 패러다임으로 유형화할 수 있다. '자유주의적 법치국가 형법' 패러다임, '위험형법' 패러다임, '안전형법' 패러다임이 그것이다. 현대사회를 위험사회로 규정하면서 오랜 동안 위험형법 패러다임이 학문체계에서 논의되었다. 그런데 최근에는 현대사회가 안전사회로 변모하면서 안전형법 패러다임이 새롭게 언급되고 있다. 여기서 문제는, 마치 안전사회를 위험사회와 구별할

---

41) 형사법의 패러다임 문제에 관해서는 우희숙, 『노동형법의 패러다임 변화와 노동형법정책의 방향』 (고려대 법학박사 학위논문, 2010) 참조.

수 있는가 하는 문제처럼, 안전형법을 위험형법과 개념적·내용적으로 구별할 수 있는가 하는 것이다. 아래에서는 각 형법 패러다임을 간략하게 소개한 후, 안전형법이 어떻게 위험형법과 구별될 수 있는지를 살펴보도록 한다.

2. 자유주의적 법치국가 형법

자유주의적 법치국가 형법은 근대형법이 추구한 패러다임을 말한다.[42] 다수의 형법학자들에 의해 여전히 형법이 추구해야 하는 이념적 지향점으로 언급되는 자유주의적 법치국가 형법은 크게 두 부분으로 구성된다. '자유주의적' 형법과 '법치국가' 형법이 그것이다.

첫째, 자유주의적 형법은 개인의 자유를 극대화하는 것을 지향한다. 개인의 자유가 형법적 보호의 전면에 등장한다. 그 점에서 자유주의적 형법은 개인주의적이다. 자유주의적 형법은 다음과 같은 방안을 통해 이러한 기획을 실현한다. 법익보호원칙과 형법의 보충성이 그것이다. 자유주의적 형법은 법익이 침해되는 경우에만 사회적 분쟁에 개입함으로써 각 개인이 누리는 자유를 최대한 보장하고자 한다.[43] 또한 형법을 보충적인 사회통제 수단으로 규정함으로써 사회적 분쟁에 형법이 개입하는 것을 최대한 억제한다. 형법을 사회통제를 위한 최후수단(ultima ratio)으로 파악하는 것이다. 이를 통해 각 개인의 자유 및 사회의 자율성을 최대한 보장하고자 한다.

둘째, 법치국가 형법은 국가의 형사권력을 각종 법치국가적 형법원리에 구속시킴으로써 수범자의 예견가능성과 법체계의 안정성을 도모한다. 물론 이는 궁극적으로는 각 개인의 자유를 극대화하는 것으로 이어진다. 이를테면 형법은 책임원칙이나 비례성원칙 등을 활용하여 형사권력이 남용되는 것을 억제한다. 또한 죄형법정주의를 통해 수범자의 예견가능성과 형사법체계의 안정성을 도모한다.

---

42) 이에 대한 상세한 분석은 이상돈, 『형법의 근대성과 대화이론』(홍문사, 1994) 참조.
43) 법익보호원칙을 자유주의적 형법에 연결하는 경우로는 P. Sina, *Die Dogmengeschichte des strafrechtlichen Begriffs "Rechtsgut"* (Basel, 1962), 91쪽; W. Hassemer, *Theorie und Soziologie des Verbrechens* (Frankfurt/M., 1973), 27쪽 참조. 이에 반대하는 견해로는 K. Amelung, *Rechtsgüterschutz und Schutz der Gesellschaft* (Frankfurt/M., 1972), 10쪽 아래 참조.

3. 위험형법

'위험형법'(Risikostrafrecht)이란 현대사회가 위험사회로 접어들면서 등장한 형법 패러다임을 말한다.[44] 요컨대, 위험사회의 사회통제, 그 중에서도 형법적 사회통제의 패러다임으로 출현한 것이 위험형법인 셈이다. 위험형법에 관해서는 그 동안 다양한 학문적 논의가 진행되었는데, 아래에서는 이를 몇 가지 특징으로 간략하게 요약하도록 한다.

(1) 집단적·공동체주의적 형법

자유주의적 법치국가 형법이 개인의 자유에 초점을 맞춘 반면, 위험형법은 위험예방을 형법의 임무로 설정한다. 그런데 앞에서 살펴본 것처럼, 위험은 개인적·지역적인 것이 아니라, 구조적·전체적인 것이다. 따라서 위험을 예방한다는 것은 각 개인에 초점을 맞추기보다는 사회구조 혹은 사회 전체에 초점을 맞춘다는 것을 시사한다. 이 때문에 위험형법은 집단적이고 공동체주의적인 성격을 띤다. 이를 반영하듯, 위험형법에서는 위험예방, 더 나아가 위험예방의 연장선상에 있는 '거대조종'(Großsteuerung)이 형법이 실현해야 할 목표로 부여된다. 예를 들어, 위험사회와 형법의 관계를 심도 있게 분석한 독일의 형법학자 프리트비츠(C. Prittwitz)는 위험사회가 대두하고 형법이 이에 발맞추게 되면서 이제는 예방을 넘어 거대조종이 형법의 임무로 설정되고 있다고 진단한다.[45]

(2) 형법의 사전단계화

이렇게 형법의 임무가 개인의 자유보장에서 위험예방으로 바뀌면서 사회적 일탈행위에 대한 형법의 개입시기도 빨라진다. 자유주의적 법치국가 형법 패러다임에서는 형법이 최후수단으로서 보충적으로만 사회적 일탈행위에 개입한 반면, 위험형

---

44) 위험형법에 관해서는 C. Prittwitz, *Strafrecht und Risiko* (Frankfurt/M., 1992); W. Hassemer, "Kennzeichen und Krisen des modernen Strafrechts", in: *ZRP* (1992) Heft 10, 378쪽 아래; 이에 대한 우리말 번역으로는 빈프리트 하쎄머, 이상돈 (역), "현대형법의 특징과 위기", 배종대·이상돈 (편역), 『형법정책』(세창출판사, 1998), 191쪽 아래; 이상돈, 『형법학: 형법이론과 형법정책』 (법문사, 1999), 단락번호 [2]; 박강우, "위험사회와 형법의 변화", 『형사정책연구』 제8권 제4호 (1997. 12), 273쪽 등 참조.
45) C. Prittwitz, 위의 책, 242쪽 아래.

법 패러다임에서는 오히려 형법이 최초수단으로 개입한다. 이로 인해 형법의 개입시기가 그 이전보다 훨씬 빨라진다. '형법의 사전단계화'(Vorverlagerung des Strafrechts)가 진행되는 것이다. 이러한 형법의 사전단계화는 두 가지 차원에서 진행된다. 첫째는 실체법적 차원이고, 둘째는 도그마틱 차원이다.

1) 실체법적 차원에서 형법의 사전단계화

실체법적 차원에서는 추상적 위험범 형식의 규율이 증가함으로써 형법의 사전단계화가 촉진된다. 추상적 위험범 형식의 형법 구성요건은 구체적 위험범 형식의 구성요건이나 침해범 형식의 구성요건보다 현실적으로 충족되는 데 더욱 용이해 자연스럽게 형사권력의 개입시기가 빨라진다.

2) 도그마틱 차원에서 형법의 사전단계화

도그마틱 차원에서 형법이 사전단계화되는 경우로는 다음과 같은 세 가지 예를 들 수 있다. 우선 인과관계와 객관적 귀속의 인정범위를 확장하는 것이다. 이는 특히 추상적 위험범 형식의 구성요건과 결합하여 형법의 개입시기를 앞당기는 데 기여한다. 이를테면 분식회계와 주주의 손해발생 사이의 인과관계 및 객관적 귀속을 손쉽게 인정함으로써, 단지 추상적 위험만을 야기할 뿐인 분식회계 자체를 범죄화한다.[46]

다음으로는 고의 개념을 확장하는 것을 언급할 수 있다. 예를 들어, 미필적 고의 개념을 적극적으로 활용함으로써 고의범과 과실범의 경계 사이에 있는 사회적 일탈행위들을 고의범으로 귀속시킨다. 이를 통해 사회적 일탈행위에 형법이 개입하는 시기 및 강도가 제고된다.

나아가 과실범의 성립범위를 확장하는 것을 들 수 있다. 이를테면 주의의무위반의 가능성을 확장하거나 과실범의 공동정범을 인정함으로써 과실범의 성립범위를 확장하는 것을 거론할 수 있다. 의료사고에서 과실을 객관화하는 것이 전자의 예에 해당한다. 이론적으로는 과실범의 공동정범을 인정할 수 있는가에 관해 견해가 팽팽하게 대립하지만, 실무는 일관되게 이를 인정하고 있다.[47]

---

46) 이에 대한 분석으로는 이상돈, 『부실감사법: 이론과 판례』(법문사, 2007) 참조.
47) 이에 대한 상세한 분석은 이승호, "과실범의 공동정범에 관한 판례의 검토와 학설의 정립", 『형사법연구』 제23권 제2호(2011. 여름), 151－176쪽 참조.

(3) 형법의 기능화 · 탈정형화

그러나 이렇게 위험예방, 더 나아가 거대조종이 형법의 임무로 설정되면서 형법의 규범적 색깔이 퇴색된다. 지난 2014년에 타계한 독일의 형법학자 하쎄머(W. Hassemer)는 현대 위험형법이 형사정책의 도구로서 기능화하고, 이에 따라 형법에 '탈정형화'(Entformalisierung) 현상이 나타나고 있다고 진단한다.[48] 여기서 형법의 기능화란 형법이 위험사회에 대한 적대적 형사정책의 도구로서, 가령 위험원을 관리하기 위한 위험예방도구로서 기능화된다는 점을 뜻한다. 그리고 형법의 탈정형화란 형법이 점차 위험예방을 위한 도구로 전락함으로써 자유주의적 법치국가 형법이 규범적 토대로 삼고 있던 각종 법치국가적 형법원리, 가령 죄형법정주의나 책임원칙, 비례성원칙 등이 해체되는 현상을 지칭한다. 이렇게 형법이 기능화 · 탈정형화되면서 개인의 자유를 보장하는 것을 목표로 하였던 자유주의적 법치국가 형법의 규범적 성격은 크나큰 도전을 맞고 있다.

4. 안전형법

자유주의적 법치국가 형법이 설정했던 규범적 기초는 최근 안전형법 패러다임이 새롭게 등장함으로써 더욱더 위기를 맞고 있다. 안전형법 패러다임은 현대 안전사회가 사회통제를 위해 내놓은 산물이다. 요컨대, 안전형법은 현대 안전사회에 대응하기 위해 등장한 형사법 패러다임이라고 말할 수 있다. 독일의 형법학자 킨트호이저(U. Kindhäuser)가 현대형법의 경향을 비판적으로 분석하면서 제시한 개념인 '안전형법'(Sicherheitsstrafrecht)은 본래 위험형법과 거의 같은 맥락에서 등장하였다.[49] 그러나 현대사회가 위험사회와는 개념적 · 내용적으로 구분되는 안전사회로 이행하면서 안전형법 역시 위험형법과는 구별되는 독자적인 모습을 갖추게 되었다. 그러면 안전형법이란 무엇인가? 아래에서는 이에 대한 필자의 해석을 중심으로 하여 안전형법의 핵심적인 특징을 요약해서 제시하도록 한다.

---

48) 이에 관해서는 W. Hassemer, "Kennzeichen und Krisen des modernen Strafrechts", in: *ZRP* (1992) Heft 10, 378쪽 아래; 이에 대한 우리말 번역으로는 빈프리트 하쎄머, 이상돈 (역), "현대형법의 특징과 위기", 배종대 · 이상돈 (편역), 『형법정책』(세창출판사, 1998), 191쪽 아래 참조.
49) U. Kindhäuser, "Sicherheitsstrafrecht. Gefahren des Strafrechts in der Risikogesellschaft", in: *Universitas* (1992), 227－235쪽 참조.

(1) 형법의 임무로서 안전관리

안전형법은 개념 자체가 시사하는 것처럼 사회의 안전을 관리하고 보장하는 것을 가장 중요한 형법의 임무로 설정한다. 이 점에서 개인의 자유를 보장하고자 하는 자유주의적 법치국가 형법과는 극명하게 구별된다. 다만 사회의 위험을 예방하고자 하는 위험형법과는 일정 부분 밀접한 관련을 맺는다. 왜냐하면 위험과 안전은 서로 불가분의 관계를 형성하기 때문이다. 이러한 연유에서 안전형법은 위험형법처럼 집단적이고 공동체주의적인 성격을 띤다. 또한 바로 이러한 이유에서 안전형법과 위험형법을 개념적으로 구별할 수 있을지에 대해 의문이 제기되기도 한다.

(2) <포함−배제>의 형법

안전형법에서 가장 특징적인 것은, 안전사회의 사회통제가 그런 것처럼, <포함−배제> 도식을 적극 수용한다는 것이다. 안전사회처럼 안전형법 역시 시민과 적을 구별하면서 시민에 대해서는 '포함'의 형법정책을, 적에 대해서는 '배제'의 형법정책을 편다. 여기서 '포함'의 형법정책을 편다는 것은, 안전사회에 포함되는 시민에게만 적용되는 형법원리와 형법정책을 시민으로 포함된 행위자에 대해서도 적용한다는 것을 말한다. 달리 말해, '나 자신의 범죄학'이 적용된다는 것을 뜻한다. 이와 달리 '배제'의 형법정책을 편다는 것은, 이렇게 시민에게 적용되는 형법원리와 형법정책을 적에 대해서는 적용하지 않는다는 것을 의미한다. 요컨대, '타자의 범죄학'을 적용한다는 것을 말한다. 이를 가장 극명하게 보여주는 예가 바로 독일의 형법학자 야콥스(G. Jakobs)가 제안한 '적대형법'(Feindstrafrecht) 구상이다.[50] 야콥스는 형법의 규율대상을 '시민'과 '적'으로 구별하면서 '시민'에 대해서는 '시민형법'(Bürgerstrafrecht)이, '적'에 대해서는 '적대형법'(Feindstrafrecht)이 적용된다고 말한다. 이러한 야콥스의 적대형법 구상이야말로 안전형법이 지닌 특징을 가장 전형적으로 보여준다. 한편 이미 언급한 것처럼, 시민과 적을 구분하는 것은 정치적인 것이므로, 시민과 적을 구분하면서 <포함−배제> 도식을 적극 수용하는 안전형법 역시 정치적인 성격이 강하다고 말할 수 있다. 말하자면, 안전형법은 '형법의 정치화'를 강하게 추구하고 있는 셈이다.

---

50) G. Jakobs, 신양균 (역), "시민형법과 적대형법", 『법학연구』(전북대) 제29집(2009. 12), 361−378쪽 참조.

(3) 형사권력과 경찰권력의 혼융 및 수사권력의 확장

나아가 안전형법에서는 형사권력과 경찰권력의 혼융이 가속화된다.[51] 근대형법이 정착한 이래 형사권력과 경찰권력은 제도적·기능적으로 서로 분리되었다. 무엇보다도 규범적 목표가 달랐다. 형사권력은 범죄를 '억제'(Repression)하는 것을 목표로 하는 반면, 경찰권력은 위험을 '예방'(Prävention)하는 데 목표를 둔다. 이에 따라 수사기관과 경찰기관 역시 제도적·기능적으로 분리되었다. 그러나 위험을 예방하고 안전을 관리하는 것이 현대형법의 규범적 목표로 설정되고 형법의 전단계화가 가속화되면서 형사권력과 경찰권력의 규범적 목표 사이의 경계가 희미해지고 이를 통해 형사권력과 경찰권력이 기능적으로 혼융된다. 이렇게 형사권력과 경찰권력이 기능적으로 혼융되면서 형사권력, 특히 수사권력이 확장된다. 현대 안전사회에서 시민과 적을 효과적으로 구분할 수 있도록 감시 및 위험탐지 기술이 중요해지면서, 시민의 적을 감시하고 탐지하는 수사권력의 권한이 강화되는 것이다. 이를테면 수사권력은 빅데이터 과학을 활용하여 개인정보를 사실상 거의 무제한적으로 수집하고 분석한다. 현대 정보화사회에서 비약적으로 발전하고 있는 정보통신기술은 수사권력이 정보통신영역에서 권한을 확장하는 데 매우 효율적으로 기여한다. 조지 오웰(George Orwell)이 두려워했던 '빅브라더 사회'가 현대 안전사회에서는 어느덧 현실이 되고 있는 것이다.

5. 위험형법과 안전형법의 비교

이렇게 현대사회가 위험사회를 넘어서 안전사회로 이행하면서 형법 패러다임 역시 위험형법에서 안전형법으로 변모하고 있다. 그런데 여기서 다음과 같은 의문을 제기할 수 있다. 위험형법과 안전형법을 개념적으로뿐만 아니라 실질적으로 구별할 수 있는가 하는 문제가 그것이다. 학자에 따라서는 위험형법과 안전형법이 긴밀하게 관련되어 있다고 본다. 위험형법의 종착역은 안전형법이라는 것이다.[52] 이러한 점에서 보면, 위험형법과 안전형법을 개념적으로 구별하는 것이 무의미해 보일 수 있다.

---

51) 이 문제에 관해서는 양천수, "예방과 억압의 혼융: '집회 및 시위에 관한 법률'을 예로 본 법이론적 분석", 『공법학연구』 제10권 제2호(2009. 5), 301－326쪽 참조.
52) 이러한 견해로는 이재일, "현대 위험사회와 위험형법에 대한 비판적 고찰: 위험사회에서의 형법적 가벌성 확장의 경향과 관련하여", 『법과 사회』 제47호(2014. 12), 77－112쪽 참조.

그러나 필자는 위험사회와 안전사회를 구분할 수 있는 것처럼, 위험형법과 안전형법 역시 개념적·내용적으로 구분할 수 있다고 생각한다. 필자가 볼 때, 위험형법과 구분되는 안전형법의 가장 큰 특징은, 안전형법이 <포함－배제> 도식을 수용하고 있다는 점이다. 이 때문에 안전형법에서는 위험형법에 비해 '형법의 정치화'가 가속화된다. '적과 동지의 구별'이라는 칼 슈미트의 구분법을 끌어들여 시민은 시민형법으로 그리고 시민의 적은 적대형법으로 규율하는 것이다. 근대형법에서는 생각하기 힘들었던 구별과 불평등 그리고 배제가 안전형법에서는 공공연하게 행해지고 있는 것이다. 또한 언급할 만한 특징으로는 안전형법에서는 안전 가운데서도 정치적 안전이 가장 중요한 것으로 대두하면서 형사절차법 영역에 속하는 수사권력의 권한이 급속하게 비대해지고 있다는 점이다. 이는 형사실체법이나 형법 도그마틱이 더욱 중요하게 논의되었던 위험형법과는 구별되는 점이다. 이러한 측면에서 볼 때, 위험형법과 안전형법은 개념적·내용적으로 구분된다.

V. 비판적 검토

현대 안전사회 및 안전형법 패러다임은 현대사회가 구조변동을 겪으면서 낳은 산물이다. 특히 안전형법은 변화된 사회현실이 제기한 요청에 법체계가 내놓은 대답인 셈이다. 그러나 안전형법은 법체계가 독자적인 작동방식에 따라 제시한 법적 해법이라기보다는 오히려 정치체계가 사회 전체를 압도하면서 법체계가 어쩔 수 없이 내놓을 수밖에 없었던 정치적·법적 해법이라고 말할 수 있다. 그 때문에 안전형법이 내포하는 형법의 정치화는 법체계의 기능적 독립성을 보장하기보다는 오히려 법체계를 정치체계의 식민지로 전락시킬 위험을 드높인다. 이렇게 보면, 현대 안전사회와 안전형법은 우리가 반겨야 할 현상이라기보다는 비판적으로 거리를 두어야 할 현상이다.[53] 이러한 맥락에서 아래에서는 결론을 대신하여 현대 안전사회와 안전형법이 어떤 문제를 안고 있는지를 간략하게 언급하도록 한다. 이를 본격적으로

---

53) 이와 비슷한 지적으로는 W. Hassemer, "Sicherheit durch Strafrecht?", *Eröffnungsvortrag des 30. Strafverteidigertages* (Frankfurt/M., 2006) 참조. 이 글은 (http://www.strafverteidigerverei nigungen.org/Strafverteidigertage/Ergebnisse/30_hassemer.html)에서 확인할 수 있다.

다루는 것은 이 글의 논의범위를 넘어서는 것이므로, 이는 다음 기회로 미루고자
한다.

1. 정치화의 위험

이미 살펴본 것처럼, 현대 안전사회와 안전형법은 시민과 적의 구별 그리고
<포함－배제> 도식에 기반을 둔 정치적 논리를 적극 활용한다. 사회 전체적으로
다원화된 위험 중에서도 정치적 위험이 전면에 등장하고, 이로 인해 정치적 안전
이 다른 안전 개념들을 압도한다. 이를 통해 형사법 전체가 정치화되고, 더 나아가
사회 전체가 정치화된다. 그러나 이러한 사회의 재정치화는 현대사회에서 진행되
는 사회영역의 기능적 분화 경향에 맞지 않는 시대역행적 현상이다. 사회 전체적
으로 정치적 소통이 강화되고 이를 통해 정치체계가 다른 사회의 부분체계들을 압
도하게 되면, 다른 사회의 부분체계들이 기능적으로 장애를 겪을 수 있다. 정치적
논리가 경제적 논리나 법적 논리, 학문적 논리, 교육적 논리 등을 압도함으로써 사
회 전체의 기능적 전문성이 와해될 수 있기 때문이다. 그렇게 되면 각 부분체계들
이 안고 있는 기능적 문제들이 은폐되고, 장기적으로 사회는 더욱 더 큰 위기에 직
면할 수 있다. 사회의 자기조절능력이 훼손되는 것이다. 자본주의가 극대화되어 경
제적 논리가 사회 전체를 압도하는 것과 마찬가지로 정치적 논리가 사회 전체를
지배하는 것도 바람직하지 않다. 현대사회에서 지속적으로 진행되는 복잡화·다원
화·전문화 경향을 고려하면, 안전을 이유로 하여 전체 사회를 정치적으로 획일화하
고자 하는 것은 시대착오적인 것으로서 지양해야 할 그 무엇이다.

2. 도달할 수 없는 완벽한 안전사회에 대한 자각

사회 전체의 정치화는 모든 위험으로부터 자유로운 완벽한 안전사회를 구현하
고자 하는 사회적 욕망과 결부되어 있다. 완벽한 안전사회를 실현하고자 시민과 적
을 철저하게 구별하고, 감시와 처벌의 강도를 제고하는 것이다. 그러나 징엘른슈타
인과 슈톨레가 적절하게 지적한 것처럼, 완벽한 안전이란 개념적으로 성립할 수 없
는 그 무엇이라는 점을 자각할 필요가 있다. 위험과 안전은 서로 악순환의 관계를
형성하기 때문이다. 더욱 강도 높은 안전을 추구하면 할수록 또 다른 위험을 야기할
뿐이다. 오히려 일정 부분 불안전한 것이 자연스러운 것임을 수용할 필요가 있다.

3. 기술적 · 물리적 규제의 위험성

현대 안전사회는 사회통제 기술로서 기술적 · 물리적 규제를 즐겨 사용한다. 기술적 · 물리적 규제는 다른 전통적인 통제기술보다 더욱 효과적으로 규제목적을 실현할 수 있기 때문이다. 그 만큼 효과적이면서 교묘한 통제기술이 기술적 · 물리적 규제다. 하지만 규제효과가 큰 만큼 규범적 문제 역시 적지 않다는 것을 의식할 필요가 있다. 두 가지 문제를 지적할 수 있다. 첫째는 기술적 · 물리적 규제가 배제기술로서도 즐겨 활용된다는 점이다. 기술적 · 물리적 규제는 은밀하고 교묘하게 그리고 효과적으로 배제기술로 활용될 수 있다. 이를 통해 배제기술이 안고 있는 규제의 자의적 차별 문제를 교묘하게 피해간다. 서울역 대합실에 벤치를 상당수 없애고 그 대신 회원만이 이용할 수 있는 휴게공간을 설치한 것이 이러한 예에 해당한다. 이렇게 함으로써 서울역 측은 노숙자들이 벤치를 점거하는 것을 자연스럽게 억제하고 이를 통해 노숙자들을 서울역 공간으로부터 배제한다. 둘째는 이렇게 법적으로 문제를 안고 있는 기술적 · 물리적 규제가 상당 부분 법적 근거 없이 이루어지는 경우가 많다는 것이다. 기술적 · 물리적 규제는 일종의 사실행위라는 점을 들어 직접적이고 구체적인 법적 근거 없이 규제현장에 투입된다. 이 때문에 기술적 · 물리적 규제를 전통적인 법적 규제와는 구별되는 새로운 규제형식이라고 언급하기도 한다.[54] 그렇지만 기술적 · 물리적 규제가 교묘하고 은밀하게 그리고 차별적으로 수범자를 통제하고 배제한다는 점에서 이를 법적 통제의 범주 안으로 끌어들일 필요가 있다.

4. 포함과 배제의 문제

안전사회와 안전형법이 지닌 가장 뚜렷한 특징이자 문제로는 형법의 정치화에 토대를 이루는 <포함-배제> 도식을 꼽을 수 있다. <포함-배제> 문제는 푸코의 문제의식을 이어받은 아감벤(G. Agamben)에게서 극명하게 드러난다.[55] 아감벤은 <포함-배제>, 더욱 정확하게 말하면 법체계에 포함된 배제 문제를 현대사회가 안고 있는 가장 심각한 문제로 지목한다. 이러한 아감벤의 문제의식은 안전사회

---

54) 심우민, 앞의 논문, 88쪽 아래 등 참조.
55) 조르조 아감벤, 박진우 (옮김), 『호모 사케르: 주권 권력과 벌거벗은 생명』(새물결출판사, 2008) 참조.

와 안전형법에서도 되풀이된다. 물론 징엘른슈타인과 슈톨레가 아감벤처럼 극단적인 '포함된 배제'를 언급하는 것은 아니지만, 배제기술이 사회통제 기술이라는 이름으로 안전사회 곳곳에서 자행되는 것은 결코 과소평가할 수 없는 문제이다. 이러한 <포함−배제>에 기반을 둔 사회통제는 통제의 '빈익빈, 부익부'도 야기한다. 선량한 시민에 대해서는 비범죄화나 자기수행기술과 같은 강도가 약화된 사회통제를, 이에 반해 시민의 적에 대해서는 배제기술과 같은 강도가 강화된 사회통제를 부과하는 것이다. 이 점에서 <포함−배제>는 현대 안전사회 및 안전형법의 본질적 징표이자 질병이라고 말할 수 있다.

그러면 이러한 <포함−배제>를 완벽하게 제거하는 것이 안전사회의 질병을 치유하는 길일까? 그러나 이미 지적한 것처럼, <포함−배제>를 완벽하게 없애는 것은 불가능하다. <포함−배제>는 우리가 그 무엇인가를 인식하기 위해 필요한 구별도식이기 때문이다. 그러므로 우리에게 필요한 것은 <포함−배제>, 그 중에서도 배제를 완전하게 제거하는 것이 아니라, 이를 적절한 수준으로 유지 및 관리하는 것이다. 모든 인격적 주체가 사회 각 영역, 달리 말해 사회의 부분체계에 자유롭고 평등하게 포함될 수 있는 권리, 즉 참여권을 보장하는 것이 더욱 현실적이고 적절한 해법이라고 말할 수 있다. <포함−배제>를 완벽하게 없애고자 하는 시도는 또 다른 획일화, 즉 개념적 독재를 불러일으키고 말 것이기 때문이다.

제10장
현대 안전사회와 위험 및 안전 개념

I. 서 론

지난 2014년 4월 16일 세월호 참사가 발생하면서 우리 사회에서는 각종 위험 및 재난으로부터 안전해지고픈 욕구가 그 어느 때보다 높아지고 있다.[1] 이에 발맞추어 위험 및 재난 그리고 안전에 대한 학술적 연구가 각 학문분야에서 활발하게 이루어졌을 뿐 아니라,[2] 국민의 안전을 국가적으로 담보하기 위한 일환으로 '국민안전처'가 새롭게 설치되기도 하였다. 그러나 이렇게 위험 및 재난 그리고 안전에 관한 각종 사회적·학문적 논의가 증가하고 있기는 하지만, 이러한 개념들이 정확하게 무엇을 뜻하는지는 그리 명확하지 않다. 제10장에서는 이러한 문제의식을 출발점으로 하여 재난 및 위험 그리고 안전 개념이 정확하게 무엇을 뜻하는지 분석하고자 한다. 이를 위해 법학 및 사회학 영역에서 재난 및 위험 그리고 안전 개념을 어떻게 파악하고 있는지를 살펴본 후, 필자의 독자적인 관점을 제시하도록 한다. 필요한 범위 안에서는 비교법적 고찰도 원용하고자 한다. 이 경우에는 주로 독일에서 이루어진 논의를 참고하고자 한다.

---

1) 우리 사회를 뒤흔든 세월호 참사 전모에 관해서는 오준호, 『세월호를 기록하다』(미지북스, 2015) 참조.
2) 예를 들어, 법과사회이론학회는 위험과 안전을 지난 2014년도 추계학술대회의 대주제로 선택하였다. 이에 관해서는 『법과 사회』 제47호(2014. 12) 참조.

Ⅱ. 기본 개념

1. 재난 및 안전의 개념

(1) 재난의 개념

먼저 재난 및 안전의 기본 개념부터 검토하도록 한다. 재난에 관해서는 "재난 및 안전관리 기본법"이 규정한다. "재난 및 안전관리 기본법" 제3조에 따르면, 재난 이란 "국민의 생명·신체·재산과 국가에 피해를 주거나 줄 수 있는 것"을 뜻한다. 이러한 재난은 크게 "자연재난"과 "사회재난"으로 구분할 수 있다. 과거에는 재난을 "자연재난"과 "인적재난" 그리고 "사회재난"으로 구분했지만, 지난 2013년 "재난 및 안전관리 기본법"을 대폭 개정하면서 재난 개념을 더욱 간명하게 자연재난과 사 회재난으로만 구분하게 되었다.[3] 인적재난을 사회재난의 한 범주로 포함시킬 수 있 다는 점에 비추어볼 때, 이렇게 재난 개념을 단순화한 것은 타당하다. 이러한 구분 법에 따르면, 자연재난이란 "태풍, 홍수, 호우(豪雨), 강풍, 풍랑, 해일(海溢), 대설, 낙뢰, 가뭄, 지진, 황사(黃砂), 조류(藻類) 대발생, 조수(潮水), 그 밖에 이에 준하는 자연현상으로 인하여 발생하는 재해"를 뜻한다(재난 및 안전관리 기본법 제3조 제1호 가목). 이에 대해 사회재난이란 "화재·붕괴·폭발·교통사고·화생방사고·환경오염 사고 등으로 인하여 발생하는 대통령령으로 정하는 규모 이상의 피해와 에너지·통 신·교통·금융·의료·수도 등 국가기반체계의 마비, '감염병의 예방 및 관리에 관 한 법률'에 따른 감염병 또는 '가축전염병예방법'에 따른 가축전염병의 확산 등으로 인한 피해"를 뜻한다(같은 법 제3조 제1호 나목). 이외에도 "재난 및 안전관리 기본 법"은 '해외재난' 및 '재난관리'를 개념적으로 규정한다. 이에 따르면, 해외재난이란 "대한민국의 영역 밖에서 대한민국 국민의 생명·신체 및 재산에 피해를 주거나 줄 수 있는 재난으로서 정부차원에서 대처할 필요가 있는 재난"을 말한다(같은 법 제3 조 제2호). 그리고 재난관리란 "재난의 예방·대비·대응 및 복구를 위하여 하는 모 든 활동"을 뜻한다(같은 법 제3조 제3호).

---

3) 이와 달리 포스너(R. Posner)는 재난을 "자연적 재난", "과학적 사고", "기타 의도하지 않은 인공 의 위험", "고의적 재난"으로 구분한다. 이에 관해서는 주강원, "재난과 재난법에 관한 소고", 『홍 익법학』 제15권 제2호(2014. 6), 415-439쪽 참조.

(2) 안전의 개념

그러면 안전이란 무엇인가? "재난 및 안전관리 기본법"은 안전 개념을 정면에서 규정하지는 않는다.[4] 일단 이를 간단하게 정의하면, 안전이란 '재난으로부터 자유로운 상태'라고 말할 수 있다. 다시 말해, 재난으로부터 국민의 생명·신체·재산이나 국가의 피해를 보장하고 있는 상태를 안전이라고 개념화할 수 있다. 재난에 대한 대응개념이 바로 안전인 것이다. 이러한 안전 개념에 관해 "재난 및 안전관리 기본법"은, '안전'이 아닌, '안전관리' 및 '안전기준'을 개념적으로 규정한다. 이에 따르면, 안전관리란 "재난이나 그 밖의 각종 사고로부터 사람의 생명·신체 및 재산의 안전을 확보하기 위하여 하는 모든 활동"을 말한다(같은 법 제3조 제4호). 그리고 안전기준이란 "각종 시설 및 물질 등의 제작, 유지관리 과정에서 안전을 확보할 수 있도록 적용하여야 할 기술적 기준을 체계화한 것"을 말한다(같은 법 제3조 제4호의 2).

2. 구별개념

이러한 재난 및 안전 개념과 관련하여 구별해야 할 몇 가지 개념이 있다. 재해 및 위해 그리고 위험 개념이 그것이다.

(1) 재해

재난과 거의 비슷하게 사용되는 개념이 바로 재해이다. 이러한 재해 개념을 규정한 법률로는 우선적으로 "농어업재해대책법"을 들 수 있다. "농어업재해대책법" 제2조 제1호는 재해를 "농업재해"와 "어업재해"로 구분하면서, 제2조 제2호에서는 농업재해를 "가뭄, 홍수, 호우(豪雨), 해일, 태풍, 강풍, 이상저온(異常低溫), 우박, 서리, 조수(潮水), 대설(大雪), 한파(寒波), 폭염(暴炎), 대통령령으로 정하는 병해충(病害蟲), 일조량(日照量) 부족, 유해야생동물('야생생물 보호 및 관리에 관한 법률' 제2조 제5호의 유해야생동물을 말한다), 그 밖에 제5조 제1항에 따른 농업재해대책 심의위원회가 인정하는 자연현상으로 인하여 발생하는 농업용 시설, 농경지, 농작물, 가축, 임업용 시설 및 산림작물의 피해"라고 정의한다. 더불어 같은 법 제2조 제3호에 따르

---

4) 안전 개념에 대한 법학적 논의로는 우선 이부하, "헌법상 가치로서 안전과 안전보장", 『홍익법학』 제14권 제2호(2013. 6), 223쪽 아래; 정문식, "안전에 관한 기본권의 헌법상 근거와 위헌심사 기준", 『법과정책연구』 제7집 제1호(2007. 6), 217쪽 아래 등 참조.

면, 어업재해란 "이상조류(異常潮流), 적조현상(赤潮現象), 해파리의 대량발생, 태풍, 해일, 이상수온(異常水溫), 그 밖에 제5조 제2항에 따른 어업재해대책 심의위원회가 인정하는 자연현상으로 인하여 발생하는 수산양식물 및 어업용 시설의 피해"를 말한다. 이러한 개념정의를 통해 보면, 재난 개념과 재해 개념 사이의 실질적 차이는 보이지 않는다.

재해 개념을 규정한 또 다른 법률로는 "산업재해보상보험법"을 언급할 수 있다. 이 법은 제5조 제1호에서 '업무상 재해' 개념을 규정한다. 이에 따르면, 업무상 재해란 "업무상의 사유에 따른 근로자의 부상·질병·장해 또는 사망"을 말한다. 그런데 이러한 업무상 재해 개념은 재난 개념과는 차이가 있다. 왜냐하면 "산업재해보상보험법"에서 규정하는 업무상 재해 개념은 재난 개념이 의미하는 자연적 재난이나 구조적이고 거대한 사회적 재난을 뜻하기보다는 근로자 개인에 초점을 맞춘 개인적 피해를 뜻하기 때문이다.

이러한 두 가지 예에서 볼 때, 일단 재해는 다음과 같이 파악할 수 있다. 위에서 인용한 개념정의에서 볼 수 있듯이, 재해는 피해와 거의 같은 의미로 사용된다. 이러한 맥락에서 재해는 민법에서 사용하는 손해 개념과도 거의 유사하다. 이렇게 보면, 재해가 재난보다 그 외연이 더욱 넓은 개념이라고 말할 수 있다. 이러한 재해 개념은 이를 규정하는 각 법규범이 어떤 규범목적을 추구하는가에 따라 그 외연이나 범위가 달리 결정되기도 한다. 그러면 재해 개념과 비교할 때, 재난 개념은 어떤 개념적 특징을 지니는가? "재난 및 안전관리 기본법"의 전체적인 규범목적 및 재난에 대한 개념정의에 비추어볼 때, 재난은 재해보다 그 규모가 거대하거나 사회 전반적으로 큰 파급효과를 미치는 구조적인 피해라고 파악할 수 있다. 이렇게 보면, 재난은 아래에서 분석하게 될 '위험'(risk) 개념과 상응하는 측면이 있다.

(2) 위험과 위해

재난과 관련하여 구별해야 할 또 다른 개념으로서 위험(risk; Risiko)과 위해 (danger; Gefahr)가 있다.[5] 이 두 개념은 그 지시하는 의미내용이 재난 개념과 아주

---

5) '위험'(Risiko)과 '위해'(Gefahr)는 학자에 따라서는 '리스크'와 '위험'으로 번역하여 구별하기도 한다. 주로 사회학에서는 전자의 번역을, 법학, 그 중에서도 공법학에서는 후자의 번역을 선호한다. 예를 들어, 사회학자인 홍성태 교수는 울리히 벡의 저작 『Risikogesellschaft』를 『위험사회』로 번역하였다. 이와 달리 환경법학자인 김현준 교수는 '위험'과 '위해'를 '리스크'와 '위험'으로 번

유사하다. 따라서 이 개념들을 각기 어떻게 구별해야 할지 문제된다. 그런데 위험과 위해를 구별하는 문제는 사회학이나 법학에서 많은 논의가 이루어진 것이므로, 이는 아래 Ⅲ.에서 논의하도록 한다.

Ⅲ. 위험과 위해 그리고 재난의 개념적 구별에 관한 논의

위험과 위해를 개념적으로 구분하고자 하는 시도는 지난 20세기 후반부터 사회학 및 법학에서 이루어져 왔다. 법학에서는 주로 환경법 영역에서 위험과 위해를 구별하고자 하는 논의가 진행되었다.[6] 그러나 위험과 위해를 개념적으로 구분하고자 하는 시도가 본격적으로 촉발된 것은 지난 2015년 1월 1일 타계한 독일의 사회학자 울리히 벡(Ulrich Beck)이 1986년에 『위험사회』(Risikogesellschaft)를 출간하면서부터이다. 아래에서는 먼저 울리히 벡이 제안한 '위험'(Risiko) 개념을 살펴보고,[7] 이어서 이러한 '위험'과 '위해'(Gefahr)를 어떻게 개념적으로 구분할 수 있는지를 검토해 보도록 한다. 나아가 이를 토대로 하여 재난 개념을 어떻게 설정할 수 있을지 논의해 보도록 한다.

1. 울리히 벡의 위험 개념

주지하다시피 울리히 벡은 현대사회를 위험사회로 규정한다. 이 때 말하는 '위험'(Risiko)은 전통적인 '위해'(Gefahr)와는 구별되는 그 무엇이다. 벡에 따르면, 현대사회에서는 대규모 환경오염과 같은 거대한 위험들이 인류의 생존 자체를 위협한다.[8] 위험이 현실화되면, 전체 사회는 붕괴되고, 인류는 전멸할 수도 있다. 최근 일

역한다. 이를 보여주는 김현준, "환경행정법에서의 위험과 리스크", 『행정법연구』 제22호(2008. 12), 134쪽 아래 참조; 공법학자 중에서 '위험'과 '위해'라는 번역어를 사용하는 경우로는 류지태, "행정법에서의 위험관리: 사법심사의 기준을 중심으로", 『공법연구』 제32권 제3호(2004. 2), 459쪽 아래 참조; 독일어 'Risiko'와 'Gefahr'를 개념적으로 구분하는 것은 사회학에서 주로 이슈화되었다는 점에서 이 글에서는 전자의 번역어를 선택하고자 한다.

6) 이를 보여주는 김현준, 위의 논문, 134쪽 아래

7) 울리히 벡의 위험사회론에 대한 소개로는 김한균, 『후기현대사회의 위험관리를 위한 형법 및 형사정책연구(I): 현대과학기술사회 위험관리 형법 및 형사정책의 체계와 원리』(한국형사정책연구원, 2012), 51쪽 아래 참조.

8) U. Beck, *Risikogesellschaft* (Frankfurt/M., 1986), 25쪽 아래.

본에 국가적 파장을 일으킨 '후쿠시마 원전사고' 등이 대표적인 위험에 해당한다고 말할 수 있다.

그러면 이러한 위험은 어떤 점에서 위해와 구별되는가? 벡에 따르면, 환경오염 처럼 우리 인류에게 해를 끼치는 재난 등은 과거 사회에도 존재하였다. 그러나 벡 은 이러한 재난이나 사고 등은 현대적인 위험과는 구별된다고 한다. 왜냐하면 과거 사회에 존재했던 재난이나 사고는 개인적이며 지역적인 '위해'(Gefahr)에 불과한 것 이기 때문이다.9) 이와 달리 현대사회를 위협하는 위험(Risiko)은 개인적·지역적 차 원을 넘어선다.10) 위험은 개인적 차원을 넘어서는 집단적인 것, 즉 인류 전체와 관 련을 맺는 것이며, 동시에 지역적 차원을 넘어서는 전지구적인 그 무엇이다. 이러한 벡의 주장에서 우리는 위해와 위험을 구별하는 중요한 기준을 획득할 수 있다.

더 나아가 벡은 위험을 서구 근대화 과정이 낳은 산물이라고 말한다.11) 이러한 주장은 위험 개념에 관해 꽤 심중한 의미를 갖는다. 왜냐하면 벡의 이 같은 주장은 위험 개념이 사회구조와 밀접한 관련을 맺는다는 점을 시사하기 때문이다. 이에 따 르면, 위험은 자연적으로 발생한 것이 아니라, 현대사회의 구조적 발전과 연관된다. 사회가 점점 더 복잡해지고, 과학 및 기술과 같은 사회의 소통매체가 급격하게 발 전하면서, 과거에는 경험하지 못하였던 새로운 위험들이 구조적으로 생산된다. 원전 사고위험과 같은 현대적 위험들이 이를 잘 예증한다. 원전사고위험은 원자력발전이 존재하지 않았던 과거에는 경험할 수 없었던 위험이다. 이는 원자력 과학기술이 발 전하고, 원자력발전이 사회체계 안에 편입되면서 비로소 등장하기 시작한 위험이다. 이러한 점에서 볼 때, 위험은 '사회적'이고 '구조적'인 그 무엇이다. 또 어떤 측면에 서 보면, 위험은 '정상적'이고 '필연적'이다. 왜냐하면 현대사회가 제대로 작동하기 위해서는 이러한 사회구조적인 위험들을 필연적으로 감수할 수밖에 없기 때문이다. 심지어 현대사회에서 위험은 자본주의적 상품으로 판매되기도 한다. 위험을 상품화 하는 보험산업이 이를 잘 예증한다.

이러한 울리히 벡의 주장을 정리하면, 위험과 위해 개념은 다음과 같이 구분할 수 있다. 위해가 개인적이고 지역적인 것이라면, 위험은 초개인적이고 초지역적인

---

9) U. Beck, 위의 책, 28쪽.
10) U. Beck, 앞의 책, 28쪽.
11) U. Beck, 앞의 책, 29쪽.

그 무엇이다. 더불어 위해가 자연발생적인 것이라면, 위험은 사회구조적인 그 무엇이다.

2. 위험과 위해의 개념적 구별

그러면 위험과 위해는 어떻게 개념적으로 구별하는 것이 타당한가? 위에서 소개한 울리히 벡의 구별에 따라 위험과 위해를 구별하면 되는 것일까? 그러나 이 문제는 생각보다 간단하지는 않다. 왜냐하면 위험과 위해를 구별하는 문제에 관해서는 서로 다른 기준들이 제시되고 있기 때문이다.[12]

(1) 3단계 모델

3단계 모델에서는 '개연성'을 기준으로 하여 위험과 위해를 구별한다.[13] 이에 따르면, 세 가지 개념이 각기 구분된다. '위험'(Risiko), '위해'(Gefahr), '잔여위험'(Restrisiko)이 그것이다.[14] 여기서 위해는 상당히 높은 개연성을 갖고 있는 경우를 뜻한다. 즉 생명, 신체, 재산과 같은 법익을 침해할 개연성이 상당히 높은 경우가 위해에 해당한다. 이에 대해 위험은 위해보다 그 개연성이 낮은 경우를 뜻한다. 마지막으로 잔여위험은 법익을 침해할 개연성이 거의 없는 경우를 뜻한다.

(2) 2단계 모델

3단계 모델과는 달리 2단계 모델은 두 개념에만 초점을 맞춘다. 위험과 위해가 그것이다. 2단계 모델에서는 잔여위험은 실현가능성이 거의 없다는 점에서 논의대상으로 삼지 않는다. 이러한 2단계 모델에서는 각기 다른 기준에 따라 위험과 위해를 개념적으로 구별한다. 위해를 구별하는 기준으로는 '개연성'이 그리고 위험을 구별하는 기준으로는 '가능성'이 제안된다.[15] 이에 따르면, 생명·신체·재산과 같은

---

12) '위험'과 '위해'의 구별에 관해서는 우선 C. Prittwitz, *Strafrecht und Risiko: Untersuchungen zur Krise von Strafrecht und Kriminalpolitik in der Risikogesellschaft* (Frankfurt/M., 1992), 49쪽 아래 참조.

13) 이에 관해서는 이부하, "위험사회에서 국민의 안전보호의무를 지는 보장국가의 역할: 현행 안전법제에 관한 고찰을 겸하며", 『서울대학교 법학』 제56권 제1호(2015. 3), 141쪽 아래 참조.

14) 이에 관해서는 A. Reich, *Gefahr−Risiko−Restrisiko: das Vorsorgeprinzip am Beispiel des Immissionsschutzrechts* (Düsseldorf, 1989), 75쪽 아래 참조.

15) 이에 관해서는 M. Kloepfer/E. Rehbinder/E. Schmidt−Aßmann/P. Kunig, *Umweltgesetzbuch: Allgemeiner Teil* (Berlin, 1990), § 2 Abs. 6 참조.

개인적 법익이나 사회구조와 같은 보편적 법익을 침해할 '개연성'이 있는 경우는 '위해'에 해당하고, 이와 달리 '가능성'만 존재하는 경우는 '위험'에 해당한다. 손해발생 가능성이라는 견지에서 위험과 위해를 개념적으로 구분한다는 점에서 볼 때, 2단계 모델과 3단계 모델 사이에는 실질적인 차이가 존재하지 않는다. 왜냐하면 '가능성'과 '개연성'은 손해가 발생할 확률이라는 측면에서 구별되는 것이기 때문이다. 달리 말해, 손해가 발생할 확률이 낮은 경우는 가능성에 속하고, 이러한 확률이 높은 경우는 개연성에 속하므로, 가능성과 개연성이 실질적으로 다른 기준인 것은 아니다. 그 점에서 3단계 모델과 2단계 모델의 차이는 사라진다.

(3) 비판적 검토

그러나 이렇게 '개연성' 혹은 '가능성 – 개연성'을 기준으로 하여 위험과 위해를 개념적으로 구분하는 것은 설득력이 부족하다고 생각한다. 이렇게 위험과 위해를 구별하면, 두 개념 사이에 존재하는 실질적인 차이가 잘 드러나지 않는다. 이 같은 구별법은 전통적인 위해 개념을 '추상적 위해'와 '구체적 위해'로 구분하는 것과 큰 차이가 없다. 물론 '개연성'이나 '가능성'과 같은 기준이 두 개념을 구별하는 데 전적으로 무용하다고 볼 수는 없다. 이 기준들은 두 개념을 구별하는 데 일정 부분 역할을 수행할 수 있다. 그렇다 하더라도 위험과 위해 개념이 각기 갖고 있는 개념적 특징이나 구조를 선명하게 드러내려면, 다른 기준을 모색해야 한다.

이러한 점에서 위에서 소개한 울리히 벡의 위험 개념은 이 문제에 관해 의미 있는 시사점을 제공한다. 위에서 언급한 것처럼, 벡은 크게 두 가지 점에서 위해와 위험을 구분한다. 첫째, 전통적인 위해가 개인적·지역적인 것이라면, 위험은 초개인적·초지역적인 것이다. 쉽게 말해, 위험은 위해보다 더욱 큰 규모의 피해를 야기할 수 있는 그 무엇이다. 둘째, 위해가 자연발생적인 성격이 강하다면, 위험은 사회구조적인 성격이 강하다. 벡이 지적한 것처럼, 위험은 현대사회가 구조적으로 낳은 산물이다. 이러한 두 기준 중에서 필자는 후자의 기준이 더욱 중요하고 결정적인 것이라고 생각한다. 첫 번째는 양적인 측면에서 위해와 위험을 구분하는 것이라면, 두 번째는 질적인 측면에서 양자를 구분하는 것이기 때문이다. 이를 토대로 하여 위해와 위험을 구별하면 다음과 같다.

(4) 위해와 위험의 구별

1) 위해와 위험의 개념적 특성

① 사회적 · 자연적 사태의 잠재적 힘으로서 위해와 위험

가장 먼저 지적해야 할 점은, 위해와 위험은 우리 사회공동체 안에 존재하는 각종 사회적 사태나 사회공동체를 둘러싼 자연적 사태가 안고 있는 잠재적 힘이라는 것이다. 우리 사회, 더 나아가 지구를 포함하는 세계사회 속에 존재하는 모든 사태(Sache)는 특정한 힘을 갖고 있다. 이러한 힘은 크게 '잠재적 힘'과 '현실적 힘'으로 구분할 수 있다. '잠재적 힘'은 사태 안에 잠재되어 있는 힘을 말한다. 이에 대해 '현실적 힘'은 이러한 잠재적 힘이 현실화된 힘을 말한다. 모든 사태는 이러한 잠재적 힘과 현실적 힘을 모두 갖고 있다.

이러한 힘은 다시 '본래적 힘'과 '부수적 힘'으로 구분할 수 있다. '본래적 힘'은 특정한 사태가 본래 발휘해야 하는 힘을 뜻한다. 예를 들어, 원자력발전이 생산하는 원자력이 본래적 힘에 해당한다. 이와 달리 '부수적 힘'은 사태가 본래 의도하지 않은 힘을 말한다. 쉽게 말해, 부작용이 부수적 힘에 해당한다. 원자력발전이 제대로 작동하지 못해 폭발하거나 파손됨으로써 방사능이 누출되는 경우가 이러한 부수적 힘에 해당한다.

매우 복잡하게 구조화된 현대사회에서 사회적 사태는 대부분의 경우 본래적 힘을 현실화하면서 작동한다. 예를 들어, 원자력발전은 대부분의 경우 본래적으로 작동함으로써 매우 유용한 전기에너지를 생산한다. 항공기나 선박, 자동차와 같은 교통수단들은 원래 목적한 바대로 작동함으로써 우리를 신속하게 한 곳에서 다른 곳으로 이동시켜 준다. 자연적 사태 역시 대부분 우리 인간이 의도하는 것처럼 현실적 힘을 발휘한다. 많은 경우 우리는 자연적 사태의 유용함을 누리며 생활한다. 그러나 모든 사태들은 잠재적으로 부수적 힘도 갖고 있다. 이러한 잠재적인 부수적 힘이 바로 위험이나 위해에 해당한다. 모든 사태는 잠재적인 부수적 힘으로서 위험이나 위해를 갖고 있다. 이는 구조적이고 필연적인 현상으로서 우리가 원천적으로 제거할 수는 없다. 위험이나 위해 개념과 마주할 때는 바로 이러한 측면을 염두에 두어야 한다.

② 사회적 소통의 산물로서 위해와 위험

다음으로 짚고 넘어가야 할 점은, 위해와 위험은 어떤 물질적인 대상을 갖는

'실체 개념'(Substanzbegriff)은 아니라는 것이다.16) 위해와 위험은 생명이나 신체, 재산과 같은 법익처럼 그 지시대상을 갖는 것은 아니다. 한 마디로 말해, 위해와 위험 개념은 물질적인 실체가 아니다. 그러면 위해와 위험은 허구적이고 가상적인 개념인가? 이는 전적으로 허구에 불과한 것일까? 그렇지는 않다. 위해와 위험은 한편으로는 전통적인 실체 개념은 아니지만, 다른 한편으로는 분명 우리 사회 속에서 '실재'한다. 그러면 과연 어떤 방식으로 위해와 위험은 우리 사회에서 '실재'하는가? 이를 정면에서 상세하게 다루는 것은 많은 지면을 필요로 하는 법이론적 연구가 될 것이므로, 이 글에서는 적합하지 않다. 그러므로 아래에서는 이에 대한 결론만을 간략하게 제시하도록 한다.

위해와 위험은 일종의 사회적 소통의 산물이다. 위해와 위험은 우리 사회 속에서 이루어지는 사회적 소통 안에서 실재한다. 이는 '소통적 개념'이다.17) 물론 위험과 위해 개념이 전적으로 사회적 소통 속에서만 실재하는 것은 아니다. 위에서 언급한 것처럼, 위험과 위해는 사태의 잠재적 힘으로서 사태 안에서도 실재한다. 그러나 위험과 위해는 잠재적 힘으로서 실체적인 것은 아니다. 특정한 사태 안에서 위험과 위해가 어느 정도로 존재하는가를 판단하는 것도 사회적 소통을 통해 이루어지므로, 궁극적으로 모든 위험과 위해는 사회적 소통의 산물이라고 말할 수 있다.

위험과 위해가 사회적 소통을 통해 실재하는 '소통적 개념'이라는 점은 크게 두 가지 측면을 시사한다. 첫째, 위험과 위해는 모두 실체 개념이 아니라 '구성 개념'이라는 것이다. 위험과 위해는 실체 개념이 아니기에 물질적 대상을 갖고 있는 것이 아니라, 사회적 소통을 통해 구성되는 구성 개념이다. 그렇지만 이는 허상이나 의제적 개념은 아니고, 실제 사회 현실 속에서 '실재'한다. 둘째, 이렇게 위험과 위해는 사회적 소통을 통해 구성되는 개념이라는 점에서 위험과 위해는 사회적 소통에 의존할 수밖에 없다. 이는 사회적 소통이 어떤 방식으로 어떻게 이루어지는가에 따라 위험과 위해의 개념적 내용이 달라질 수 있다는 점을 보여준다. 이는 위험과 위해를 관리하고자 하는 측면에서 심중한 의미를 갖는다. 왜냐하면 위험과 위해에 대해 경직된 사고를 갖고 있거나, 이에 관해 경직된 사회적 소통을 진행시키는 경우에는 자

---

16) '실체 개념'의 철학적 의미에 관해서는 아르투어 카우프만, 김영환 (옮김), 『법철학』(나남, 2007), 95-98쪽 참조.
17) 형법상 법인 개념을 이러한 소통적 개념으로 파악하는 경우로는 양천수, "법인의 범죄능력: 법이론과 형법정책의 측면에서", 『형사정책연구』 제18권 제2호(2007. 여름), 161-194쪽 참조.

칫 위험과 위해의 개념적 범위가 자의적으로 확장될 수 있고, 이로 인해 사회 전체가 경직되거나 억압될 수도 있기 때문이다. 이는 자칫 악순환을 불러일으킬 수 있다. 사회적 소통이 경직되어 위험과 위해의 개념적 범위가 확장되면, 다시 이로 인해 사회적 소통이 경직되고, 이는 다시 위험과 위해의 자의적 확장으로 이어질 수 있기 때문이다. 최근 위험과 안전에 대한 이슈와 사회적 욕구가 증대하면서, 사회가 전체적으로 경직되고, 이 때문에 표현의 자유와 같은 기본적 인권 등이 예전보다 제한되고 있는 현재의 사회적 상황이 이를 예증한다.[18]

③ 미래지향적 개념으로서 위험과 위해

더 나아가 지적해야 할 점은, 위험과 위해는 시간적인 차원에서 볼 때 현재적 개념이 아니라 미래지향적 개념이라는 것이다. 위에서 언급한 것처럼, 위험과 위해는 특정한 사태가 갖고 있는 잠재적 힘이다. 그것은 아직 현실화된 힘이 아니다. 그런데 위험과 위해가 현실화된 힘이 아니라는 것은 위험과 위해가 현재적 개념이 아니라는 점을 시사한다. 바로 이러한 측면에서 위험과 위해는 '지금 여기서 현실화된 침해'를 개념적으로 포함하는 재난과는 구별된다. 위험과 위해가 잠재적 힘이라는 것은 앞으로 발생할 수 있다는 점을 보여준다. 이러한 연유에서 위험과 위해는 미래를 지향하는 개념이 된다. 위험을 "미래의 무엇인가에 대한 결정"이라고 개념화하는 것도 같은 맥락이다. 이 같은 까닭에서 위험과 위해를 개념화할 때 가능성이나 개연성이 전면에 등장한다. 가능성이나 개연성과 같은 기준 자체가 미래지향적인 기준이기 때문이다. 이처럼 위험과 위해는 미래지향적인 개념이기에, 그 만큼 사회적 소통에 의존할 수밖에 없다. 이는 현재 있는 것을 확인하는 것이 아니라, 미래에 현실화될지 모르는 힘을 예측하는 것이기 때문이다. 예측 자체가 불확실한 것인 만큼 이는 사회적으로 진행되는 소통방식이나 상황에 밀접하게 관련을 맺을 수밖에 없다.

2) 위해 개념

이러한 토대에서 볼 때, 위해 개념은 다음과 같이 정의할 수 있다. 위해나 위험 모두 잠재적이고 소통적이며 미래지향적인 개념이지만, 울리히 벡이 정확하게 본 것처럼, 위해는 개인적이며 지역적인 성격을 갖는다. 한 마디로 말해, 위해는 대규

---

18) 이를 형사정책의 측면에서 치밀하게 고찰하는 토비아스 징엘슈타인·피어 슈톨레, 윤재왕 (역), 『안전사회: 21세기의 사회통제』(한국형사정책연구원, 2012) 참조.

모의 피해를 야기할 수 있는 잠재적 힘은 아니다. 또한 위해는 위험과 비교할 때 그 발생가능성이 더 높다. 이를 3단계 모델에서는 개연성이 더욱 높다고 표현하고, 2단계 모델에서는 개연성이 있다고 표현한다. 이를 확률적으로 표현하면, 위해가 위험보다 발생확률이 더욱 높다고 말할 수 있다. 나아가 위해는 위험에 비해 자연발생적인 성격을 띤다. 이는 위해가 사회구조와 밀접한 관련을 맺는 것은 아니라는 점을 보여준다. 이러한 점을 종합적으로 고려하면, 위해는 다음과 같은 특징을 갖는다. 위험보다 발생개연성은 높지만 자연발생적이고 사회구조적인 것은 아니기에, 오히려 예측하기는 어렵다는 점이다. 사회구조적인 것이 아니라는 점은, 그 만큼 소통적으로 예측하기 어렵다는 것을 보여주기 때문이다.

3) 위험 개념

위험은 이러한 위해와는 상반된다. 위해와는 달리 위험은 초개인적이고 초지역적인 성격을 띤다. 쉽게 말해, 위험은 대규모의 피해, 경우에 따라서는 전지구적인 피해를 야기할 수 있는 잠재적 힘이다. 그 때문에 위험은 위해보다 발생가능성이 낮다. 이를 3단계 모델에서는 개연성이 낮다고 표현하고, 2단계 모델에서는 가능성이 있을 뿐이라고 표현한다. 그렇지만 위험은 사회구조와 밀접하게 얽혀있다. 벡이 말한 것처럼, 위험은 근대화가 낳은 산물이기 때문이다. 그래서 위험은 위해보다 발생가능성은 낮지만 사회구조적인 것이어서, 오히려 예측하기 더 쉽다. 현실화될 확률은 낮지만, 경우에 따라서는 현실화될 수 있다는 점을 손쉽게 예측할 수 있는 것이 바로 위험이다. 이를 독일의 형사법학자인 징엘른슈타인(T. Singelnstein)과 슈톨레(P. Stolle)는 다음과 같이 말한다.[19]

> "그렇기 때문에 위험은 구체적 위험 또는 손해발생 직전의 상태가 아니라, 위험을 완전히 다른 방식으로 고찰하고 구성하는 것이다. 통상적인 위험(위해)은 비록 계측할 수는 없지만, 비교적 구체적으로 확인할 수 있는데 반해, 여기서 말하는 위험은 사전에 계측할 수는 있지만, 그것이 실제로 손해발생으로 실현될 것인지는 확실하지 않고 막연할 따름이다. 그러므로 위험은 객관적 표지나 주관적 생각이 아니라, 구체적 요소들을 현실에 귀속시키는 특정한 방식일 뿐이고, 이를 통해 현실을 파악하고 계산하며 이에 대해 영향을

---

19) 토비아스 징엘슈타인·피어 슈톨레, 위의 책, 28쪽.

미칠 수 있도록 하려는 것이다."(괄호는 인용자가 추가한 것이다)

4) 위해와 위험 개념의 혼융

이처럼 위해와 위험은 개념적으로 구분된다. 그렇지만 오늘날 이러한 구분이 확연하게 이루어질 수 있는 것은 아니다. 왜냐하면 현대사회에서 위해와 위험은 점차 서로 혼융되고 있기 때문이다. 이렇게 되면서 위해와 위험의 경계를 명확하게 설정하는 것이 점점 어려워지고 있다. 그 이유를 다음과 같이 말할 수 있다.

오늘날 과학기술이 급격하게 발전하고 사회적 영역이 지속적으로 확장되면서 '자연적인 영역'과 '인간적인 영역'을 명확하게 구분하는 것이 어려워지고 있다. 과학기술의 발전이 미약하고, 인간이 지배하고 통제할 수 있는 영역이 한정되어 있던 과거에는 자연적인 영역과 인간적인 영역을 비교적 명확하게 구분할 수 있었다. 그러나 과학기술이 비약적으로 발전하면서 자연적인 영역에 대한 인간의 간섭과 통제가 점차 확대되고 있다. 오늘날 자연은 인간에 의해 재탄생하고 있다. 이를테면 다양한 자연영역들이 인간에 의해 관광상품으로 재탄생한다. 인간의 지배를 받지 않던 각종 자연현상들은 인간이 개입하면서 다양한 에너지로 새롭게 변모한다. 심지어 오늘날 우리 인간은 기후와 같은 전지구적인 자연현상까지 통제하고자 한다. 이처럼 자연적인 영역에 대한 인간의 간섭과 통제가 확장되면서, 다양한 자연영역에 사회구조가 스며들게 되었다. 이를 체계이론의 언어로 다시 말하면, 사회체계가 자연환경을 체계 안으로 포섭시키고 있는 것이다. 이렇게 되면서 과거에는 예측하기 어려웠던 각종 자연발생적 위해들이 예측이 가능한 위험으로 변모하고 있다. 한 마디로 말해, 위해가 위험으로 편입되고 있는 것이다.

이러한 경향은 사회 안에서도 진행되고 있다. 사회체계의 복잡성이 지금처럼 심화되지 않았던 시대에는 각각의 사회체계들이 전체 사회를 정교하게 구조화하지는 않았다. 쉽게 말해, 전체 사회는 지금보다 느슨하게 구조화되었다. 이에 따라 사회구조로부터 비교적 자유로운 공간이나 영역들도 많았다. 이러한 영역들은 사회적으로 구조화되지 않아 예측하기 쉽지 않았다. 이러한 영역들에 잠재된 힘들이 바로 위해라고 말할 수 있다. 그러나 오늘날에는 사회의 복잡성이 놀랄 만할 정도로 증가하고, 사회의 구조화가 사회 전체의 거의 모든 영역에서 진행되면서, 이제는 사회구조로부터 자유로운 사회영역을 찾는 것이 쉽지 않은 상황이 되었다. 이렇게 전체 사회가 구조변동을 겪음으로써, 과거에는 위해에 해당했던 힘들이 이제는 자연스럽게 위험으로 편입되고 있는 것이다.

이처럼 자연적인 영역과 인간적인 영역의 경계가 불명확해지고, 사회의 복잡성과 구조화가 심화되면서 위해와 위험이 경계가 점점 더 허물어지고 있다. 더욱 정확하게 말하면, 위해가 점점 더 위험 안으로 편입되고 있는 것이다. 이로 인해 오늘날 위해와 위험을 개념적으로 구별하는 것은 점점 의미를 상실하고 있다.

3. 위해 · 위험과 재난의 개념적 구별

그러면 이러한 위해 · 위험 개념과 재난 개념은 어떻게 서로 구분될 수 있는가? 이 개념들은 실질적으로 같은 것인가, 아니면 각기 차별점이 존재하는가? 아래에서는 논의의 편의를 위해 위해와 위험을 한 데 묶어서 재난 개념과 비교해 보도록 한다.

(1) 이론적 개념과 법적 개념

위해 · 위험과 재난 사이에서 우선적으로 발견할 수 있는 차이점은, 위해 · 위험이 주로 사회학이나 법학 등과 같은 이론영역에서, 체계이론의 용어로 바꿔 말하면, 주로 '학문체계'(Wissenschaftssystem)에서 논의되는 이론적 개념인데 반해,[20] 재난은 "재난 및 안전관리 기본법"이라는 법규범이 정면에서 규정하고 있는, 달리 말해 법체계 안에 편입되어 있는 법적 개념이라는 점이다. 물론 위험이 전적으로 이론적 개념으로만 사용되는 것은 아니다. 위험은 이를테면 형법에서 법적 언어로 사용되기도 한다.[21] 그렇지만 현대사회에서 주로 문제가 되는 위험과 관련해서 이를 법적으로 명문화한 개념은 위험이 아니라 오히려 재난이라고 말할 수 있다. 이렇게 법적으로 의미 있는 개념은 위험이 아닌 재난이라는 점에서 볼 때, 실제 법적 분쟁에서 법을 집행하고 적용하는 법률가들에게는 위험보다는 재난의 개념적 외연이나 그 한계를 명확하게 설정하는 것이 더욱 중요할 것이다.

---

20) 이에 관해서는 N. Luhmann, *Wissenschaft der Gesellschaft* (Frankfurt/M., 1990) 참조.
21) 예를 들어, 형법 제27조는 "불능범"이라는 표제 아래 "실행의 수단 또는 대상의 착오로 인하여 결과의 발생이 불가능하더라도 위험성이 있는 때에는 처벌한다"고 규정한다. 여기서 알 수 있듯이, 형법 제27조에서 '위험'은 불능미수의 구성요건표지가 된다.

(2) 잠재적 개념과 잠재적 · 현실적 개념

다음으로 위해 · 위험은 아직 현실화되지 않은 잠재적 힘을 뜻한다는 점에서 잠재적 개념이라고 말할 수 있지만, 재난은 잠재적인 측면과 현실적인 측면을 모두 포괄하는 잠재적 · 현실적 개념이라는 점에서 차이가 있다. 이는 법규범이 규정하는 개념적 정의에서 확인할 수 있다. 왜냐하면 "재난 및 안전관리 기본법" 제3조에 따르면, 재난이란 "국민의 생명 · 신체 · 재산과 국가에 피해를 주거나 줄 수 있는 것"을 의미하는데, 이러한 개념정의에서 알 수 있듯이, 재난은 '피해를 줄 수 있는 것' 뿐만 아니라, 이미 '피해를 준 것'도 포함하기 때문이다. 이는 위험이 이미 발생한 피해나 손해와는 개념적으로 명확하게 구분되는 것과 차이가 있다. 이러한 측면을 고려하면, 재난이 위해 · 위험보다 그 개념적 외연이 더욱 넓다고 말할 수 있다.

(3) 고의 · 과실 개념과 과실 개념

마지막으로 위해 · 위험은 개념적으로 잠재적인 힘을 뜻한다는 점에서 고의나 과실 여부를 불문한다. 위해나 위험은 과실에 의해 현실화될 수도 있지만, 고의에 의해 현실화될 수도 있다. 예를 들어, '9 · 11 테러' 같은 경우는 현대의 정치적 구조가 야기한 현대적 위험이 실현된 것이라고 볼 수 있지만, 이는 과실이 아닌 테러범들의 고의에 의해 실현된 것이다. 이와 달리 재난은 통상 과실에 의해 야기된 피해로 이해된다. 물론 재난 개념을 설정할 때, 미국의 법경제학자인 포스너(R. Posner)처럼, 고의에 의한 재난 역시 재난의 유형으로 포함시킬 수 있다. 하지만 우리 법체계에서는 고의에 의한 재난은 보통 범죄 개념으로 파악하고 있으므로,[22] "재난 및 안전 관련 기본법"에서 규정하는 재난은 과실에 의해 발생하거나 발생할 수 있는 피해로 파악하는 것이 더욱 체계적이다.

---

22) 이러한 맥락에서 세월호 참사에서 보여준 국가의 무능함과 무기력함을 국가범죄로 파악하고자 하는 시도로는 김한균, "피해자를 위한 나라는 없다: 국가책임의 관점에서 본 세월호참사 피해해결을 위한 과제", 『세월호 참사 1년, 피해자학적 조명』(한국 피해자학회 2015년 춘계학술대회 자료집)(2015. 4. 24.), 43쪽 아래; 그러나 이러한 국가의 무능함을 재난이 아닌 범죄로 파악하는 것이 과연 타당한지에 관해서는 의문이 없지 않다.

Ⅳ. 위험 및 재난 개념의 기능적 분화

현대사회에서 위해 및 위험 개념(아래에서는 이를 모두 '위험'으로 통칭하도록 한다)과 관련하여 관찰할 수 있는 특징은 예전에는 경험하기 힘들었던 다양한 위험들이 새롭게 등장하고 있다는 점이다. 이는 위험 개념이 기능적으로 분화됨으로써 등장한 결과이다. 현대사회에서는 전체 사회가 기능적으로 분화됨으로써 위험 역시 기능적으로 분화된다. 이를 통해 사회 각 영역에서 새로운 위험이 출현한다.

1. 사회의 기능적 분화

현대사회를 흔히 '다원주의 사회'라고 부른다. 여기서 다원주의 사회란 사회를 구성하는 원천이 다양하다는 의미로 새길 수 있다. 이는 현대사회가 특정한 구심점 혹은 중심점이 존재하지 않는 이른바 '탈중심화된 사회'라는 점을 시사한다. 그러면 어떤 근거에서 현대사회를 다원주의 사회라고 지칭할 수 있을까? 이를 이론적으로 가장 설득력 있게 분석한 이론이 바로 독일의 사회학자 루만(N. Luhmann)이 정립한 '체계이론'(Systemtheorie)이다.[23]

체계이론은 '사회적 체계'(soziales System)라는 측면에서 현대사회를 분석한다. 체계이론에 따르면, '사회'(Gesellschaft) 그 자체가 독자적인 사회적 체계가 된다.[24] 현대사회는 그 자체가 한 사회적 체계이다. 나아가 체계이론에 따르면, 독자적인 사회적 체계인 사회는 오늘날 내적 분화를 겪고 있다.[25] 내적 분화란 사회체계가 기능적으로 각기 독립된 하부체계로 분화되는 것을 뜻한다. 사회체계가 기능적으로 각기 다양한 사회적 하부체계로, 가령 정치나 경제, 법, 학문, 교육, 종교, 예술, 의료 등과 같은 사회의 기능체계로 분화되고 있는 것이다. 이를 체계이론에서는 '기능적 분화'라고 말한다. 루만에 의하면, 이렇게 기능적으로 분화된 기능체계들은 모두

---

23) 이에 관해서는 N. Luhmann, *Die Gesellschaft der Gesellschaft 1-2* (Frankfurt/M., 1998); 니클라스 루만, 장춘익 (옮김), 『사회의 사회 1-2』(새물결 출판사, 2014) 참조; 루만의 체계이론을 소개하는 문헌으로는 게오르그 크네어·아민 낫세이, 정성훈 (옮김), 『니클라스 루만으로의 초대』(갈무리, 2008); 발터 리제 쉐퍼, 이남복 (옮김), 『니클라스 루만의 사회 사상』(백의, 2002) 등 참조.
24) 이를 보여주는 N. Luhmann, 위의 책, 제1장 참조.
25) 이에 관해서는 N. Luhmann, 앞의 책, 제4장 참조.

독자적인 '자기생산적 체계'(autopoietisches System)로서 기능적으로 서로 평등한 지위를 누린다.[26] 현대 사회체계 안에서는 사회의 기능적 부분체계 사이에 우열관계가 존재하지 않는다. 각각의 기능체계들은 서로가 서로에 대해 기능적으로 동등하다. 이를 '기능등가주의'라고 부른다. 한편 이렇게 기능적으로 동등한 지위를 누리는 각각의 기능체계들은 자기생산적 체계로서 독자적인 프로그램과 코드에 따라 작동한다. 정치나 경제, 법, 학문, 교육, 종교, 예술, 의료 등과 같은 기능체계들은 각각 독자적인 그래서 서로 직접적인 소통은 되지 않는 프로그램과 코드에 따라 자신의 요소, 구조, 정체성 등을 재생산한다. 바로 이러한 측면에서 전체 사회는 한 개의 체계를 중심으로 통일화된 사회가 아닌, 기능적으로 각기 분화된 다원주의 사회로 작동한다.

2. 위험 개념의 기능적 분화

이렇게 사회체계가 각기 다양한 기능체계로 분화되면서, 위험 개념 역시 기능적으로 분화된다. 이미 앞에서 지적한 것처럼, 위험 개념은 실체 개념이 아니라 사회적 소통을 통해 생산되는 구성 개념이다. 따라서 위험 개념은 사회적 소통에 의존한다. 그런데 사회체계가 기능적으로 분화되면서, 사회체계 안에서 이루어지는 사회적 소통 역시 기능적으로 다원화된다. 루만에 따르면, 사회적 체계는 '소통체계'(Kommunikationssystem)이다. 왜냐하면 사회적 체계는 소통을 통해 존속하기 때문이다. 사회적 체계의 본질은 소통이다. 소통이 이루어짐으로써 비로소 체계와 환경이 구별되고, 체계가 독자적인 자기생산적 체계로서 작동한다. 체계는 사회적 소통 속에서 '실재'한다. 그런데 체계이론이 주장하는 것처럼 사회체계가 기능적으로 분화된다는 것은, 사회체계를 구성하는 소통이 기능적으로 분화된다는 것을 뜻한다. 각각의 기능체계들이 다원적으로 분화되는 것처럼, 기능체계를 구성하는 기능적 소통들도 각기 다원적으로 분화된다. 이렇게 사회적 소통들이 기능적으로 다원화되면서, 소통에 의존하는 위험 개념도 기능적으로 다원화될 수밖에 없다. 서로 다른 프로그램과 코드에 따라 소통이 이루어짐으로써, 위험 역시 다양하게 분화된다. 이를 더욱 구체적으로 아래와 같이 말할 수 있다.

---

26) N. Luhmann, *Soziale Systeme: Grundriß einer allgemeinen Theorie* (Frankfurt/M., 1984), 57쪽 아래.

체계이론에 따르면, 사회체계는 정치, 경제, 법, 학문, 교육, 종교, 예술, 의료 등과 같은 기능체계로 분화된다. 이러한 기능체계들은 각기 다른 위험을 소통적으로 생산한다. 예를 들어, 정치체계는 정치적 위험을, 경제체계는 경제적 위험을, 법체계는 법적 위험을 생산한다. 정치적 위험으로는 내란이나 외환 같은 경우를, 경제적 위험으로는 서브프라임 금융위기와 같은 대규모 경제위기를,[27] 법적 위험으로는 법체계의 기능정지 등을 언급할 수 있다. 또한 이러한 기능체계들은 각기 환경과 구별되는데, 이러한 환경은 자연적 환경과 사회적 환경으로 나눌 수 있다. 자연적 환경은 우리가 일상적으로 이해하는 환경 개념과 일치한다. 그리고 사회적 환경은 사회의 기능체계들이 독자적으로 작동함으로써 체계와 구별되는 체계의 다른 단면이다. 예를 들어, 특정한 사회적 체계와 구별되는 다른 사회적 체계들은 이러한 사회적 체계를 기준으로 보면 사회적 환경에 속한다. 우리 인간이 거주하고 생활하는 여러 인공적 조성물들도 이러한 사회적 환경에 속한다. 이 같은 자연적·사회적 환경들도 각기 독자적으로 위험을 생산한다. 각종 자연재해나 아파트 붕괴와 같은 사회적 재난 등이 이를 시사한다. 이처럼 현대사회의 복잡화·다원화·전문화가 심화되면서 위험 개념의 분화는 심화되고, 이로 인해 새로운 위험 역시 출현할 수밖에 없다.

3. 재난 개념의 기능적 분화

이처럼 현대사회에서 위험 개념이 기능적으로 분화한다는 것은 동시에 재난 개념 역시 기능적으로 분화하고 있음을 시사한다. 왜냐하면 위험과 재난은, 물론 부분적으로는 개념적인 차이가 있기는 하지만, 서로 상응하는 개념이기 때문이다. 더욱 정확하게 말하면, 재난은 위험을 포괄하는 개념이다. 따라서 위험 개념이 기능적으로 분화함으로써 정치적·경제적·법적·의료적 위험과 같은 다양한 위험이 등장하면, 이에 발맞추어 정치적·경제적·법적·의료적 재난과 같이 기능적으로 분화된 재난이 출현한다. 이는 현대사회가 새로운 재난에 직면할 수밖에 없다는 점을 시사한다.

---

27) 서브프라임 금융위기에 관해서는 양천수, 『서브프라임 금융위기와 법』(한국학술정보, 2011) 참조.

Ⅴ. 새로운 안전 개념의 형성과 분화 그리고 혼융

이처럼 현대사회의 기능적 분화과정을 통해 위험 개념이 기능적으로 다원화되면서, 이러한 위험으로부터 각종 법익을 보호한다는 의미를 갖는 안전 개념 역시 다원화된다. 위험 개념의 기능적 분화에 대응하여 안전 개념 역시 기능적으로 분화되고 있는 것이다. 이로 인해 오늘날 새로운 안전 개념이 출현하고 있다. 더 나아가 서로 이질적인 안전 개념들이 다시 혼융되는 경향도 등장한다. 이러한 현상들을 아래에서 분석하도록 한다.

1. 안전 개념

(1) 안전 개념의 두 가지 의미

논의의 출발점으로서 안전 개념을 다시 한 번 짚어보도록 한다. 이미 앞에서 지적한 것처럼, 우리 "재난 및 안전관리 기본법"은 재난과는 달리 안전을 정면에서 규정하지는 않는다. 따라서 안전 개념은 이론적으로 정의해야 한다. 이에 관해 앞에서는 안전을 '재난으로부터 자유로운 상태'라고 정의하였다. 그러나 안전 개념을 이렇게 정의하는 것은 안전 개념이 갖고 있는 의미의 중층성을 충분히 반영하지 못한다. 안전은 이보다 더욱 복잡한 의미맥락을 지닌다.

일단 안전 개념은 크게 다음과 같은 두 가지 의미를 담고 있다고 언급된다.[28] 첫째, 안전은 "자유의 전제가 되는 것으로서 위험이 없는 상태"라는 의미를 갖는다. 이에 따르면, 안전은 위험이 없는 상태를 뜻하는데, 이러한 상태는 동시에 자유의 전제가 된다. 둘째, 안전은 "위해를 받지 않을 자유"라는 의미도 갖는다. 한 마디로 말해, 안전은 자유의 전제가 되는 '상태'의 의미를 가지면서도 동시에 '자유' 그 자체의 의미를 갖기도 한다. 여하간 여기서 알 수 있는 것은, 안전은 위험에 대응하는 개념이면서 자유를 보장하기 위한 전제조건이 된다는 점이다.

그러나 안전 개념을 이렇게 두 가지 의미로 파악하는 것도 안전 개념이 갖고 있는 의미론적 복잡성 및 중층성을 충분히 반영하지 못하고 있다. 따라서 필자는 안전 개념의 두 가지 의미를 기본으로 하여 아래와 같이 안전 개념의 의미론을 심

---

28) 이순태, 『국가위기관리 시스템으로서 재난관리법제의 연구』(한국법제연구원, 2009), 20쪽.

층적으로 분석할 수 있다고 생각한다.

(2) 안전 개념의 의미론
1) 현재의 법익침해에서 자유로운 상태로서 안전

먼저 안전은 현재의 법익침해에서 자유로운 상태를 뜻한다. 여기서 법익은 생명, 신체, 자유, 재산과 같은 개인적 법익뿐만 아니라 국가적·사회적 법익과 같은 이른바 공익을 포괄한다. 안전이란 각 개인들이 누리고 있는 개인적 법익이나 국가기관 또는 사회공동체의 법익이 현재 침해되고 있지 않은 상태를 뜻한다. 현재 법익을 침해하는 요인으로는 각종 범죄나 재난 등을 거론할 수 있다. 그러므로 안전 개념은 현재 법익침해를 야기하는 각종 범죄나 재난에서 자유로운 상태라는 뜻도 포함한다.

2) 위험에서 자유로운 상태로서 안전

다음으로 안전 개념은 현재의 법익침해를 유발하는 재난뿐만 아니라, 미래에 법익을 침해할 수 있는 잠재력을 갖고 있는 위험에서 자유로운 상태라는 뜻도 지닌다. 앞에서 언급한 것처럼, 위험은 잠재적이면서 미래지향적인 개념이다. 위험은 지금 현실화된 것이 아니라, 장차 현실화될 잠재력을 갖고 있는 그 무엇이다. 우리가 추구해야 하는 안전은 이렇게 미래지향적인 성격을 갖는 위험으로부터도 자유로워야 한다.

3) 시간의존적·미래지향적 개념으로서 안전

이렇게 안전은 현재 발생하고 있는 재난뿐만 아니라 앞으로 발생할지 모르는 위험으로부터도 자유롭다는 뜻을 갖는다는 점에서 시간의존적·미래지향적 개념에 속한다. 오늘날과 같은 안전사회에서 중요한 비중을 차지하는 안전 개념은 현재적 개념이라기보다는 미래지향적 개념이라고 말할 수 있다. 지금 발생하고 있는 법익침해를 억제하는 것이 아니라, 앞으로 발생할지도 모르는 위험이나 위해로부터 자유롭고 싶은 것이 현대사회가 더욱 관심을 기울이고 있는 안전 개념에 해당한다.

4) 안전과 안전관리의 불가분성

이러한 이유에서 안전 개념은 필연적으로 안전관리와 불가분적으로 연관될 수밖에 없다. 왜냐하면 안전'관리'라는 개념은 현재의 법익침해를 억제한다는 의미도 포함하기는 하지만, 이보다는 앞으로 발생할지 모르는 법익침해를 예방한다는 의미에 더욱 가깝기 때문이다. 안전이 본질적으로 시간의존적이면서 미래지향적인 개념이라는 점에서 볼 때, 안전을 실현하기 위해서는 미래를 지향하는 안전관리가 필연적으로 수반될 수밖에 없다.

5) 과도한 안전관리가 아닌 합리적 안전관리의 필요성

그런데 여기서 우리가 주의해야 할 점은, 미래지향적인 개념인 위험으로부터 완전하게 자유롭게 된다는 것은 현실적으로 불가능하다는 것이다. 위험은 우리가 높은 개연성을 갖고 예측할 수는 있지만, 이를 100% 확실하게 예견하는 것은 불가능하기 때문이다. 따라서 이러한 위험으로부터 완전하게 자유롭게 된다는 것은 불가능하다. 그런데도 이를 추구하게 되면, 자칫 안전이라는 이유로 자유가 희생되는 결과가 야기될 수도 있다. 달리 말해, 안전이 자유를 삼키는 '괴물'(leviathan)이 될 수도 있는 것이다. 이 점을 고려할 때, 안전을 실현하고자 하는 안전관리는 위험을 절대적으로 제거하려는 과도한 것이 되어서는 안 된다. 이는 현실적으로 가능하지 않을 뿐만 아니라 정책적으로도 바람직하지 않다. 그러므로 우리가 지향해야 하는 안전관리는 위험을 적절하게 관리하는 합리적 안전관리가 되어야 한다.

(3) 안전 개념의 법적 성격

이러한 안전은 다음과 같은 법적 성격을 갖는다. 첫째, 안전은 공적 이익, 즉 공익에 속한다.[29] 안전을 실현하고 보장하는 것은 우리 공동체를 구성하는 구성원 모두에게 이익이 된다. 이는 우리 헌법 제37조 제2항이 '국가안전보장'이라는 법문언으로써 간접적으로 예증한다.

둘째, 안전은 이익이라는 차원을 넘어서 기본권으로 볼 여지도 있다. 실제로 '안전기본권'을 독자적인 기본권으로 주장하는 경우도 존재한다.[30] 물론 안전기본권을 개념적·규범적으로 인정할 수 있는지 여부에 관해서는 견해가 대립하기도 하지만, 기본권이론의 측면에서 볼 때 이를 기본권의 일종으로 볼 여지는 분명 존재한

---

29) 공익 개념에 관해서는 최송화, 『공익론』(서울대학교출판부, 2002); 양천수, "공익과 사익의 혼용 현상을 통해 본 공익 개념: 공익 개념에 대한 법사회학적 분석", 『공익과 인권』 제5권 제1호 (2008. 2), 3-29쪽 등 참조.
30) 이에 관해서는 송석윤, "위험사회에서의 안전과 기본권으로서의 안전권", 『헌법과 사회변동』(경인문화사, 2007), 45쪽; 이부하, 앞의 논문, 233쪽; 홍완식, "안전권 실현을 위한 입법정책", 『유럽헌법연구』 제14호(2013. 12), 233쪽 등 참조.

다고 생각한다. 다만 안전기본권은 각 개인에게 귀속되는 전통적인 기본권과는 달리 집단적인 성격을 갖는다. 즉 안전기본권은 개인적 기본권이 아닌 집단적 기본권에 해당하는 것으로서, 안전기본권은 각 개인이 아닌 공동체 구성원 전체에게 귀속된다고 보아야 한다. 안전기본권을 개인적 기본권으로 볼 필요가 없는 것은, 전통적인 기본권인 생명권이나 자유권만으로도 충분하게 각 개인의 안전을 보장할 수 있기 때문이다.

2. 안전 개념의 기능적 분화

(1) 안전 개념의 기능적 분화

이처럼 안전은 위험에 대응하는 개념이다. 그러므로 위험이 기능적으로 분화되면, 안전 역시 자연스럽게 기능적으로 분화된다. 가령 위험이 정치적 위험, 경제적 위험, 법적 위험 등으로 분화되는 것처럼, 안전 역시 정치적 안전, 경제적 안전, 법적 안전 등으로 분화된다. 이를테면 정치적 영역에서 국가안보를 지키고자 하는 것은 정치적 안전과 관련되고, 주식시장이나 환율시장 등의 붕괴를 막고자 하는 것은 경제적 안전과 관련된다. 뿐만 아니라, 법규범을 정확하게 적용하고 집행함으로써 법적 안정성을 추구하고 이를 통해 각종 안전사고를 막고자 하는 것은 법적 안전과 관련을 맺는다.

(2) 안보와 안전의 개념적 구별

이렇게 현대사회에서 안전 개념 자체가 기능적으로 분화된다고 보면, 최근 안전 개념을 '안보'(security)와 '안전'(safety)으로 구분하고자 하는 시도가 상당 부분 설득력을 지닌다는 것을 확인할 수 있다.[31] 이러한 시도에 따르면, 안보(혹은 보안)와 안전은 다음과 같이 구별된다. 먼저 안전(safety)은 "발생하였거나 예상치 않게 야기될 수 있는 위험, 부상 등으로부터 보호되고 있는 상태 혹은 부상과 위험 등을 막기 위해 의도된 어떤 것"을 말한다. 이에 대해 안보(security)는 "위험이나 위협에서 자유로운 상태 혹은 테러나 절도, 스파이 행위와 같은 범죄로부터 국가나 기관이 안전한 상태"를 뜻한다. 이러한 개념정의를 보면, 안전과 안보는 한편으로 서로

---

31) 이러한 시도로는 김대근, "안전 개념의 분화와 혼용에 대한 법체계의 대응방안", 『법과 사회』 제47호(2014. 12) 참조.

겹치는 부분이 있으면서도, 다른 한편으로는 서로 차이가 있다는 점을 확인할 수 있다. 차이가 나는 부분을 정리해서 말하면, 안전은 주로 비정치적인 영역에서 과실에 의해 발생할 수 있는 위험이나 재난을 그 대상으로 하는 반면, 안보는 정치적 영역에서 고의에 의해 발생하거나 발생할 수 있는 위험을 그 대상으로 한다는 것이다. 쉽게 말해, 안보가 정치적 안전 개념이라면, 안전은 비정치적 안전 개념이라고 말할 수 있다. 독일의 공법학자 칼 슈미트(C. Schmitt)의 정치 개념을 원용해 말하면,[32] 안보는 적과 동지로 구별되어 서로 투쟁하는 정치적 공간에서 적으로부터 동지를 보호하기 위해 사용하는 개념이라고 정의할 수 있다. 이렇게 볼 때, 안보와 안전을 개념적으로 구분하고자 하는 것은 안전 개념의 기능적 분화에 상응하는 것으로서 필요하고 유용하다고 말할 수 있다.

3. 새로운 안전으로서 긴급복지(?)

이와 관련하여 복지를 새로운 안전 개념에 포섭시킬 수 있는지 검토할 필요가 있다. 요즘 우리 사회에서는 복지가 사회적·국가적 이슈로 떠오르고 있고, 우리 사회가 지속가능하게 성장하기 위해서는 그 무엇보다 복지가 시급하게 요청된다는 주장이 대두하고 있다. 따라서 이를 안전 개념으로 파악할 수 있을지 검토해 보는 것도 의미가 있다.

일단 결론부터 말한다면, 복지는 안전 개념에 포섭시킬 수 있다고 생각한다. 그러므로 긴급복지를 실행하는 것은 안전 개념을 강화하는 의미를 갖는다. 이러한 긴급복지는 사회적 안전 개념의 일종으로 파악할 수 있다. 그 이유를 두 가지로 제시할 수 있다. 첫째는 안전 개념에서 자연스럽게 복지가 안전에 속한다는 결론을 이끌어낼 수 있다. 위에서 살펴본 것처럼, 안전은 "자유의 전제가 되는 것으로서 위험이 없는 상태"를 뜻한다. 이러한 개념정의에 따르면, 복지는 안전에 해당한다. 왜냐하면 복지를 실행하는 것은 사회구성원인 모든 시민들이 생존에 대한 위험으로부터 자유로워질 수 있도록 해주는 것이기 때문이다. 둘째는 체계이론의 측면에서 이를 논증할 수 있다. 체계이론에 따르면, 복지는 정치체계가 수행하는 작동의 한 부분에 속한다.[33]

---

32) C. Schmitt, *Der Begriff des Politischen*, 5. Nachdr. der Ausg. von 1963 (Berlin, 2002); 칼 슈미트, 김효전 (역), 『정치적인 것의 개념』(법문사, 1992), 31쪽 등 참조.
33) 이에 관해서는 니클라스 루만, 김종길 (옮김), 『복지국가의 정치이론』(일신사, 2001) 참조.

더욱 정확하게 말하면, 정치체계의 부분영역인 행정이 수행하는 것이 바로 복지에 해당한다. 물론 복지 가운데는 민간주체가 수행하는 것도 있지만, 오늘날에도 복지는 대부분 국가가 주도적으로 실행하기 때문이다. 이렇게 보면, 복지는 정치적 안전이라고 개념화할 수도 있다. 그렇지만 복지는 사회적 체계의 환경에 해당하는 인간이 생존하는 데 필수불가결한 요소가 된다는 점에서, 이는 모든 체계에 공통적으로 적용되는 전제조건이라고 말할 수 있다. 복지가 보장되어야만 인간은 각기 다양한 사회적 체계에 자유롭고 평등하게 편입될 수 있다. 이 점에서 복지는 인권과 유사한 기능을 수행한다.[34]

이러한 논증에 비추어볼 때, 복지는 사회체계 전반에 걸쳐 적용되는 사회적 안전이라고 개념화할 수 있다. 그러므로 복지를 긴급하게 실행하려는 긴급복지 역시 사회적 안전관리에 해당한다.[35]

4. 안보와 안전 개념의 혼용

그런데 오늘날에는 안전 개념이 기능적으로 분화되는 현상뿐만 아니라, 이렇게 분화된 안전 개념들이 재통합하는 현상도 관찰할 수 있다. 무엇보다도 '안전'(safety)과 '안보'(security), 즉 '사회적 안전'과 '정치적 안전'이 개념적으로 혼용되는 경향이 두드러진다. 이는 현대사회가 이른바 '안전사회'(Sicherheitsgesellschaft)로 변모하면서 출현하게 된 경향이다.

(1) 현대사회의 안전사회화

울리히 벡은 현대사회를 위험사회라고 진단하였는데, 오늘날 사회는 이러한 위험사회를 넘어서 안전사회로 이행하고 있다. 안전사회는 위험사회가 필연적·구조적으로 낳은 산물이다. 현대 위험사회에서 추상적이고 구조적이며 확률적인 '위험'(Risiko)이 증대하면서, 시민들의 안전에 대한 욕구 역시 덩달아 높아진다. 이로 인해 사회 전체적으로 안전을 강조하는 '안전사회'(Sicherheitsgesellschaft)가 도래한다. 안전사회에서는 사회구조 및 사회의 기능체계들이 안전을 도모하는 데 적합하

---

34) 이러한 측면에서 복지는 인권과 결합되어 '복지인권'으로 제도화되기도 한다.
35) 물론 긴급복지가 사회적 안전관리에 속한다고 해서 곧바로 안전관리법이 긴급복지를 담당해야 한다는 결론이 도출되는 것은 아니다.

게 재편성된다. 물론 여기서 가장 중요한 기능을 담당하는 것은 법체계의 부분영역인 형사사법체계이다. 형사사법체계는 시민의 안전을 보장하기 위해 형사사법도구를 사용한다. 그런데 이 때 말하는 안전은 구체적이고 우발적인 '위해'(Gefahr)를 대상으로 하는 것이 아니라, 추상적이고 구조적이며 확률적인 '위험'(Risiko)을 그 대상으로 한다.[36]

(2) 국가의 안전국가화 · 감시국가화

이렇게 사회 전체가 안전을 강조하는 안전사회로 재편성되면서 자연스럽게 국가의 목표도 재설정된다. 종전에는 시민의 자유와 복지를 강조하는 사회적 복지국가가 국가의 목표로 설정되었는데, 이제는 안전이 사회적 관심사로 부상하면서 가장 우선적인 국가목표로 설정된다. 이로 인해 사회적 복지국가는 홉스(Thomas Hobbes)가 강조했던 '안전국가'로,[37] 더 나아가 오웰(George Orwell)이 두려워했던 '감시국가'로 변모한다. 이는 단순히 국가의 차원에서만 머무는 것이 아니라, 사회 전체적으로 확산된다. 감시는 공적 영역뿐만 아니라 사적 영역 곳곳에서 이루어진다. 이 때 최근 사회적으로 관심을 얻고 있는 빅데이터(big data)는 감시국가, 아니 감시사회를 실현하는 데 유용한 도구가 된다.[38] 이를 징엘른슈타인(Tobias Singelnstein)과 슈톨레(Peer Stolle)는 다음과 같이 인상 깊게 서술한다.[39]

"이러한 통제기술의 입장에서는 현대적 정보처리기술이 특별한 의미를 갖는다. 정보처리기술은 한편으로는 최대한 질서에 순응하여 행동하고 눈에 뜨이는 행동을 하지 않도록 함으로써 행위통제를 위해 투입된다. 다른 한편 정보처리기술은 위험을 통제하고 회피하는 데 기여한다. 이 기술을 통해 사람과 사실에 대해 포괄적인 데이터를 수집하고 평가하는 것이 가능하게 되고, 이들 데이터는 다시 예방적 개입이 필요한지 여부에 대한 예측결정을 하기 위한 토대가 된다. 모든 형태의 삶의 표현과 관련된 데이터를 조사, 처리, 저

---

36) 이러한 변화과정에 관해서는 토비아스 징엘슈타인 · 피어 슈톨레, 앞의 책, 20쪽 아래.
37) 이에 관해서는 심재우, "T. Hobbes의 죄형법정주의사상과 목적형사상", 『법률행정논집』 제17집 (1979. 12), 119-142쪽 참조.
38) 빅데이터에 관해서는 우선 빅토르 마이어 쇤베르거 · 케네스 쿠키어, 이지연 (옮김), 『빅데이터가 만드는 세상』(21세기북스, 2013) 참조.
39) 토비아스 징엘슈타인 · 피어 슈톨레, 앞의 책, 80쪽.

는 모든 사람과 모든 상황을 탐지할 수 있는 총체적 능력을 갖추게 되었다."

(3) 안보와 안전의 통합

이렇게 사회가 안전사회로 변모하고 국가의 임무가 자유보장에서 감시로 바뀌게 되면서, 안보와 안전이 개념적으로 통합된다. 그러면서 그 중점은 안전이 아닌 안보에 놓이게 된다. 이는 사회 전체가 안보라는 이유로 경직화됨으로써 빚어진 자연스러운 결과이다. 사회구성원인 시민들은 안보를 위협하는 적들로부터 자유로워지기 위해 적들에 대한 투쟁을 강조한다. 안전 혹은 안보에 대한 위협이 증가하면서 시민들은 국가가 이러한 안전의 적들에 대해 더욱 더 강력하고 적대적으로 대처하길 요청한다. 이렇게 안전을 위협하는 적이 개념적·소통적으로 등장함으로써, 안전은 이러한 안전의 적들로부터 보장되어야 하는 안보 개념으로 변모하는 것이다.

(4) 비판적 검토

그러나 이렇게 안전과 안보가 통합되는 것, 바꿔 말해 안전 개념이 안보 개념으로 수렴되는 것은 바람직한 경향은 아니다. 왜냐하면 안전과 안보에 대한 대응방식은 차별화되어야 하기 때문이다. 안보는 정치적 안전 개념으로서, 이에 대해 국가는 정치의 본질상 투쟁적으로 접근해야 한다. 물론 이 경우에도 국가가 안보를 보장하기 위해 과도하게 개입하는 것은 바람직하지 않다. 법치국가 원칙을 준수하면서 안보 문제에 접근해야 한다. 이러한 맥락에서 '시민'(Bürger)과 '적'(Feind)을 개념적으로 구별하면서 시민의 적에 대해서는 형법의 법치국가 원칙을 형해화하려는 야콥스(G. Jakobs)의 '적대형법'(Feindstrafrecht) 구상은 타당하지 않다.[40] 이와 달리 그 밖의 사회적 안전 개념에 대해서 국가는 '중립적'으로 접근해야 한다. 투쟁하려는 태도보다는 관리하려는 태도를 앞세워야 한다. 이 경우에도 사적 주체들의 자율적 관리를 우선하는 방향으로 국가가 유도해야 한다.

---

40) 야콥스의 적대형법 구상에 관해서는 Günther Jakobs, 신양균 (역), "시민형법과 적대형법", 『법학연구』(전북대) 제29집(2009. 12), 361-378쪽 참조.

Ⅵ. 안전의 기능적 분화와 혼용에 대한 법체계의 대응방안: 결론을 대신하여

마지막으로 재난 및 안전관련 법체계가 현대사회에서 이루어지고 있는 안전 개념의 기능적 분화와 혼용에 관해 어떻게 대응해야 하는지를 결론을 대신하여 간략하게 짚어보도록 한다.

1. 안보와 안전 개념의 분리 정책

우선적으로 지적해야 할 점은, 안보와 안전을 개념적으로 분리하는 법정책을 펼쳐야 한다는 것이다. 위에서 살펴본 것처럼, 현대사회에서는 한편으로는 안전 개념이 기능적 분화를 겪으면서도, 다른 한편으로는 안전이 안보로 개념적으로 수렴하는 경향 역시 보이고 있다. 이는 현대사회가 위험사회를 넘어서 안전사회로 이행함으로써 나타난 결과물이다. 그러나 이렇게 안전이 안보로 통합되면, 사회 전체가 경직되고 창조적인 역동성이 사라진다. 더불어 안보는 본래 정치적 안전 개념으로서 '적과 동지의 구별 및 투쟁'을 전제로 한다. 따라서 안전이 안보로 통합되면, 국가 및 사회는 이러한 안보를 보장하기 위해 안보의 적과 투쟁해야 한다. 이는 합리적인 재난 및 안전관리라는 측면에서 볼 때 바람직하지 않다.[41] 전체 사회의 분위기가 투쟁 일변도로 흐르게 되면, 결국 안보라는 이유로 시민에게 가장 중요한 자유마저 억압될 가능성이 높기 때문이다. 그러므로 재난 및 안전관련 법체계는 안보와 안전을 개념적으로 구별하는 법정책을 펼쳐야 한다. 이는 구체적으로 다음과 같은 점을 뜻한다. 재난 및 안전관련 법체계는 정치적 안전인 안보를 보호 및 관리대상에서 제외하는 것이다. 안보는 형사법이나 경찰법이 관리 및 보장하도록 관할영역을 확정해야 한다.

---

41) 현대 안전공학자들은 일관되게 현대 위험사회에서 발생하는 거대한 재난은 이른바 '안전의 거대한 적'에 의해 발생하는 것은 아니라고 강조한다고 한다. 이를 지적하는 김호기, "다계층적 위험관리(defence-in-depth)와 재난에 대한 형법적 대응방향: 과실범, 추상적 위험범 형식의 형벌규정에 의한 재난에 대한 대응의 적정성 검토", 『세월호 참사 1년, 피해자학적 조명』(한국 피해자학회 2015년 춘계학술대회 자료집)(2015. 4. 24), 61쪽 아래 참조.

2. 경제적 안전에 관해

그러면 경제적 안전에 관해서는 어떻게 해야 하는가? 이는 재난 및 안전관련 법체계가 관리해야 하는가? 이 역시 바람직하지 않다고 생각한다. 경제적 안전 개념은 안전의 기능적 분화를 통해 인정되는 것으로서 개념적으로는 문제가 없다. 그렇지만 경제적 안전을 재난 및 안전관련 법체계가 보장하고 관리하는 것은 적절하지 않다. 왜냐하면 경제적 안전은 경제체계, 더욱 구체적으로 말해 시장질서가 제대로 작동할 수 있도록 하는 것이기 때문이다. 그런데 이러한 역할은 기존 법체계에서는 경제법이 수행해 왔다. 이를테면 독점규제법은 시장질서가 자유롭고 평등하게 작동할 수 있도록 시장을 규제해 왔다. 그러므로 경제적 안전 역시 재난 및 안전관련 법체계의 규율대상에서 제외하는 것이 합리적이다.

3. 긴급복지에 관해

이 책은 앞에서 긴급복지를 사회적 안전 개념에 포섭시켰다. 그러면 긴급복지를 재난 및 안전관련 법체계가 규율하는 것이 바람직한가? 이는 부분적으로 가능하다고 생각한다. 이를 판단하려면, 복지 개념을 유형화할 필요가 있다.

복지는 크게 통상적 복지와 긴급복지로 구분할 수 있다. 이 중에서 통상적 복지는, 물론 그 자체 안전 개념에 포섭시킬 수 있지만, 재난 및 안전관련 법체계가 아닌 복지관련 법체계, 이를테면 사회법이 관할해야 한다. 법체계 역시 기능적으로 영역화되어 있다는 점을 고려해야 한다. 이와 달리 긴급복지는 더욱 신중하게 검토해야 한다. 긴급복지가 필요한 경우는 다시 두 가지로 유형화할 수 있다. 위험이 실현되거나 재난이 발생하여 시민들에게 심각한 피해가 발생한 경우에는 안전관리의 측면에서 긴급복지를 실행해야 한다. 그렇게 하지 않으면 자칫 시민들의 생존이 위협받을 수 있기 때문이다. 이러한 맥락에서 보면, 긴급복지는 재난 및 안전관련 법체계가 관리해야 한다. 그러나 경제위기 등으로 시민들의 생존이 위협받는 경우에는 재난 및 안전관련 법체계가 아닌 복지관련 법체계로 대응하는 것이 바람직하다고 생각한다.

사항색인

저자약력

주요학력
고려대학교 법과대학 졸업(법학사)
고려대학교 대학원 법학과 졸업(법학석사)
독일 프랑크푸르트대학교 법과대학 박사과정 졸업(법학박사)

주요경력
미국 워싱턴주립대학교 로스쿨 방문연구원 역임
영남대학교 법무감사실장 역임
현재 영남대학교 법학전문대학원 교수 및 인권교육연구센터장
현재 법과사회이론학회 부회장
현재 한국법철학회 학술이사 및 편집위원
현재 한국법사회학회 출판이사
현재 한국비교형사법학회 이사

주요저작
『부동산 명의신탁』(2010)
『서브프라임 금융위기와 법』(2011)
『법철학: 이론과 쟁점』(2012, 2017)(공저)
『민사법질서와 인권』(2013)
『한국의 법철학자』(2013)(공저)
『권리와 인권의 법철학』(2013)(공저)
『빅데이터와 인권』(2016)
『법과 진화론』(2016)(공저)
『법해석학』(2017)
『현대 법사회학의 흐름』(2017)(공저)외 저서 및 논문 다수

제4차 산업혁명과 법

초판발행   2017년 12월 25일
중판발행   2022년 4월 30일

지은이   양천수
펴낸이   안종만 · 안상준

편 집   김선민
기획/마케팅   이영조
표지디자인   조아라
제 작   우인도 · 고철민

펴낸곳   (주) **박영사**
             서울특별시 종로구 새문안로3길 36, 1601
             등록 1959. 3. 11. 제300-1959-1호(倫)
전 화   02)733-6771
f a x   02)736-4818
e-mail   pys@pybook.co.kr
homepage   www.pybook.co.kr
ISBN   979-11-303-3129-4   93360

* 파본은 구입하신 곳에서 교환해 드립니다. 본서의 무단복제행위를 금합니다.
* 저자와 협의하여 인지첩부를 생략합니다.

정 가   18,000원